Felicitas von Aretin
Starke Schwestern

Für Thomas

*Mein Dank gilt Dr. Eva Madelung
und der Brambosch-Schaelen-Stiftung
für Ihre großzügige Unterstützung.*

© Verlag Herder GmbH, Freiburg im Breisgau 2022
Alle Rechte vorbehalten
www.herder.de

Satz und Gestaltung: Gestaltungssaal, Rohrdorf
Innenillustration: © siehe Abbildungsnachweis Seite 270

Herstellung: PB Tisk, a.s., PŘÍBRAM
Printed in the Czech Republic

ISBN Print 978-3-451-03364-3

Felicitas von Aretin

Starke Schwestern

Klosterreisen – Inspirationen für ein anderes Leben

FREIBURG · BASEL · WIEN

Inhalt

Einleitung: *Echte Stärke kommt von innen* — 8

Die Situation der Glaubensgemeinschaften in Deutschland und Österreich — 14

Porträts von Ordensschwestern

Versöhnung

Sr. Elija, Karmelitin, Kloster Karmel Heilig Blut, Dachau — 22
Wie das Wachhalten der Erinnerung zu einer innigen Lebensfreundschaft führt

Äbtissin Sr. Francesca Šimuniová, Benediktinerin, Abtei Venio in München — 36
Wie die Tschechin für Ausgleich zwischen den Nationen sorgt

Sr. Katharina Kluitmann, Franziskanerin von der Buße und der christlichen Liebe, Lüdinghausen — 46
Wie sich die Ordensoberenkonferenz mit dem Thema Machtmissbrauch auseinandersetzt

Sr. M. Anne Strubel, Arme Franziskanerinnen von der Heiligen Familie, Kloster Mallersdorf — 58
Wie eine Ordensschwester gestressten Frauen Raum für Stille bietet

Lama Yeshe Sangmo, Leiterin des buddhistischen Studien- und Meditationszentrums Möhra — 64
Wie krisenhafte Lebensübergänge Menschen in ihrer seelischen und geistlichen Entwicklung weiterbringen können

Neue Formen des Zusammenlebens

Sr. Jordana Schmidt, Dominikanerin von 72
Bethanien, Krefeld
*Wie eine Ordensfrau ihr Leben als Mutter mit
Kindern teilt*

Sr. Maria Fokter, Missionarin Christi, Unfallklinikum 86
Murnau
*Wie die Österreicherin ihre Lebenskrise überwand
und sich seither als Intensivkrankenschwester um
Patienten kümmert*

Dr. Eva von Westerholt, Äbtissin im protestan- 96
tischen Kloster Walsrode
Wie ein gemeinsames Leben im Alter gelingen kann

Sr. Gisela Porges, Don Bosco Schwester, WG Haus 106
Mornese in Salzburg
*Wie das Zusammenleben mit Studentinnen
gelingen kann*

Klostergründungen

Shifu Simplicity, spirituelle Leiterin des 112
Miao Fa Zentrums Berlin
*Wie eine buddhistische Nonne es schaffte,
in Brandenburg ein Kloster zu gründen*

Ulrike Köhler, Jesus-Bruderschaft in Kloster 120
Volkenroda
*Wie eine christliche Gemeinschaft in Volkenroda
eine ganze Region zum Blühen bringt*

Gerondissa Diodora Stapenhorst vom Heiligen Orthodoxen Kloster Dionysios Trikkis & Stagon, Obernhof 130
Wie eine orthodoxe Nonnengemeinschaft in Kloster Arnstein Gastfreundschaft zelebriert

Werteorientiertes Leiten von (Kloster-)Betrieben

Sr. Emmanuela Kohlhaas, Benediktinerin in Düsseldorf-Angermund 144
Warum ein Kölner Frauenkloster so viel Zulauf hat und einen neuen Konvent gründet

Sr. Maria Schlackl, Provinzkonsulatorin der österreichischen Salvatorianerinnen, Linz 154
Wie eine Ordensschwester für die Würde von Frauen und gegen Zwangsprostitution kämpft

Sr. Birgit-Marie Henniger, Priorin der Communität Christusbruderschaft in Selbitz 162
Was eine Bankmanagerin veranlasste, in ein evangelisches Kloster einzutreten

Transformation

Sr. Josefa Maria Grießhaber, Barmherzige Schwester vom Hl. Vinzenz von Paul, München 172
Wie spirituelle Werte an Krankenhausmitarbeiterinnen weitergegeben werden

Ulrike Kühn, Oberin der Evangelischen Diakonissenanstalt Augsburg, und **Sr. Erika**, Diakonisse 180
Wie die Weitergabe christlicher Werte gelingen kann

Ayya Phalañānī, Äbtissin des buddhistischen 190
Klosters Aneñja Vihāra, Rettenberg
*Wie ich in einem buddhistischen Theravada-Kloster
Bescheidenheit lernte*

Sr. Maria Paola Zinniel, Provinzoberin der 200
Barmherzigen Schwestern vom heiligen Kreuz,
Kloster Hegne
*Wie ein Kloster seine Werte in einer Stiftung
weiterträgt*

Dagmar Doko Waskönig, Zenmeisterin und 214
buddhistische Nonne in Hannover
Wie Meditieren in Stille der Seele Frieden bringt

Mutter Ancilla Betting, Altäbtissin der 222
Abtei Oberschönenfeld und Priorin der Abtei
Marienkron, Mönchshof
*Wie Fasten hilft, die eigentlichen Werte des Lebens
zu entdecken*

Aussichten – *Interview mit* **Sr. Josefa Thusbaß,** 232
Ökonomin der Missions-Dominikanerinnen Schlehdorf, *und* **Ulrike Rose,** *Baukultur-Vermittlerin. Initiatorinnen des Vereins Zukunft Kulturraum Kloster e.V.*

Fazit 235

Glossar 240

Personenverzeichnis 257

Literaturverzeichnis 266

Abbildungsnachweis 270

Einleitung
Echte Stärke kommt von innen

Der Anfang kostete Mut. Monate im Krankenhaus lagen hinter mir. Sie hatten mir gezeigt, wie wenig sich das Leben planen lässt. Nach und nach verstand ich, dass sich Stärke nicht im Außen finden lässt, sondern im Inneren. Das musste ich lernen. Dann gab es die erste Konsequenz: Meine Festanstellung in der Wissenschaftskommunikation endete. Wenig später stieg ich in eine Event- und Marketingagentur ein. Dann brach die Pandemie aus – mit all ihrer Unberechenbarkeit. Erneut saß ich – wie wir alle – fest. Diesmal arbeitend am Küchentisch. Mein Vorteil war: Ich kannte mich aus, im vergangenen Jahr hatte ich alles auf mich zukommen lassen müssen, da Heilungsprozesse kaum kalkulierbar sind. Als ich gesund wurde, beschloss ich, meinen Fokus zu verlegen – mir mehr Zeit für Familie, Freunde, Kinder, Genuss, Kunst und Reisen zu nehmen. Mehr zu genießen. Letztendlich hatte ich meine Angst vor Neuem verloren und war bereit, das Leben geschehen zu lassen.

Die Reise, die mein Leben anders werden ließ, begann deshalb bei einer Tasse Tee auf einem Sofa. In einem Geistesblitz kamen mir Ordensleute in den Sinn, von denen ich annahm, sie würden ihr Leben – wie wir alle in der Pandemie – ebenfalls an einem Ort in einer Gemeinschaft verbringen – mit dem Vorteil, nachhaltig und spirituell zu leben. Viele hielt ich für frustriert. Mich interessierten die Veränderungswilligen, die sich der Realität von Nachwuchssorgen, Überalterung, Missbrauch, Kirchenkrise, Frauenordination und Klostergründungen stellen. »Starke Schwestern« – die bereit sind, in einer komplexen Situation unkonventionelle Wege zu gehen. Mich reizte zu erfahren, was die Voraussetzungen für ein erfülltes geglücktes Dasein sind. Was es bedeutet, wenn ein Mensch sich »unmodernen« Tugenden wie Armut, Gehorsam und Enthaltsamkeit verpflichtet. Den Gegenentwurf zu einem konventionellen Leben wagt, jenseits von Reichtum, Leistung, Profit und gesellschaftlichem Glanz. Statt mich nur auf die krisengeschüttelten katholischen Klöster zu fokussieren, weitete ich meinen Blick.

Je stärker ich versuchte, das Projekt abzuschütteln, umso mehr holte es mich ein. Und je mehr ich mich ihm widmete, um so spannender wurde es und umso mehr lernte ich Vorurteile zu hinterfragen. Ich entdeckte Vielfalt: Schwestern, die sich aktiv um Versöhnung bemühen, neue Formen des Zusammenlebens erproben, in der heutigen Zeit Klöster gründen, ihre Konvente demokratisch führen. Schwestern, die christliche und spirituelle Werte auch für Kirchenferne ins Heute übersetzen. Die Pandemie schenkte mir im Ergebnis Zeit und ich beschloss, eine Reihe Klöster zu besuchen – sobald dies möglich sein würde.

Mit Ordensfrauen hatte ich während meiner Gymnasialzeit hinlänglich schlechte Erfahrungen gemacht und eine Mischung aus Intoleranz und Ignoranz erfahren. Gläubigkeit vermittelte sich für mich daraus ebenso wenig, wie sie mich überzeugte. In Erinnerung war mir eine Religionslehrerin, die Missbrauchsgeschichten aus der Zeitung vorlas. Ich hatte mir einen seelischen Panzer zugelegt und Klöster nur noch besucht, weil sie mich kunsthistorisch interessierten. Dennoch studierte ich auch Kirchengeschichte, schrieb eine Hausarbeit über den zweiten Generalminister der Franziskaner Elias von Cortona. Mich begann die Geschichte zu interessieren. Wie diese Reise zu finanzieren sei, war unklar. Darauf hätte ich mich in einem anderen Lebensabschnitt nicht eingelassen. Vermutlich, aus Angst zu scheitern oder mich gar zu blamieren. Aber mir erteilte das Leben eine Lektion im Loslassen. Je länger diese Reise dauerte, desto mehr veränderte ich mich. Ich lernte, dass im richtigen Moment stets das Richtige passiert, wenn die innere Bereitschaft stimmt. Bei meiner Recherche stieß ich unerwarteterweise auf buddhistische Nonnen in Deutschland und lernte verschiedene Traditionen kennen. Bislang war meine Sichtweise auf die charismatische Figur des Dalai Lama beschränkt. Neugierig geworden wollte ich wissen, was eine junge Deutsche veranlasst, buddhistische Nonne zu werden. Abenteuerlust? Überzeugung? Lebensfremdheit? Als ich mich bei einer Stiftung bewarb, deren Auftrag es ist, buddhistische Nonnen bekannter zu machen, erhielt ich den Zuschlag für ein Projekt. Wieder fügte sich eines zum anderen.

Meine Reisen führten mich quer durch Deutschland und Österreich. In Berlin besuchte ich eine deutsche Notfallärztin, die in Taiwan Schülerin eines asiatischen Meisters wurde und zurück in Deutschland ohne Finanzmittel beschloss, ein Kloster zu gründen. Ihr Zutrauen war ansteckend. Wenige Monate später hatte sie das Grundstück finanziert. Beim Teetrinken mit ihr lernte ich, wie schwer es ist, sich ganz auf Hitze und Geschmack zu konzentrieren. Beim Zazen in einem Hannoveraner Zentrum erfuhr ich von einer Zenmeisterin und Nonne, welche harte, jahrelange Übung es ist, den Geist bei einer einfachen Meditation im Sitzen zu beruhigen. Vor der nächsten Reise hatte ich Respekt. Im Allgäu hatte eine ehemalige Jüdin ein Kloster in der buddhistischen Theravada-Tradition angeregt. Die Regeln waren streng. Bei der Meditation saß ich frustriert auf einem Holzstuhl und dachte darüber nach, warum mich die katholische Kirche hatte abblitzen lassen. Meine Gedanken sprangen wie ein Affe hin und her. Bei der Morgenmeditation kam ich ins Loslassen und entschied spontan, mein Klosterprojekt einfach sein zu lassen. Das hatte eine befreiende Wirkung auf mich. Ich fühlte mich leicht und unbeschwert.

Kurze Zeit später hatte ich auf unkonventionelle Weise das Gesamtprojekt finanziert. Mein Projekt gerettet. Als nächste Übung lernte ich Geduld.

Viele katholischen Klöster haben keine Anlaufstelle. Anfragen landen im Nirgendwo oder werden nicht beantwortet. Bisweilen fühlte ich mich in meine Gymnasialzeit zurückversetzt. Manchmal schienen Klischees zutreffend. Ich hätte mich mokieren können. Stattdessen konzentrierte ich mich darauf, wenig zu bewerten und mich auf die Begegnungen einzulassen.

Fast unbemerkt von der Öffentlichkeit findet im deutschsprachigen Raum ein radikaler Umbruch statt, der mit einer zunehmenden Entchristlichung der Gesellschaft begonnen hat und mit dem Verschwinden der klösterlichen, katholischen Lebensform endet. Oft ist es eine starke Ordensfrau, die versucht, das Ruder herumzureißen, ihre Schwestern bei der Transformation mitzunehmen. Einige katholische Kongregationen reagieren rechtzeitig und gestalten aktiv mit, ob und wie ihre Konvente in psychosomatische Kliniken, Tagungszentren, Coworking-Places und Hotels verwandelt und alte christliche Werte neu vermittelt werden. Häufig ist es so, dass eine ökologische Landwirtschaft, ein Kräutergarten und eine Imkerei so fortschrittlich geführt sind, dass sie direkt zum gesellschaftlichen Vorbild werden können für Laien. Im Buch beschreibe ich eine Reihe unkonventioneller Möglichkeiten, wie eine Transformation von Werten und Klosterbetrieben gelingen kann. Andere aber schaffen die Wende nicht und werden in Kürze sang- und klanglos untergehen. Oft haben hingegen engagierte, mutige katholische Ordensfrauen präzise Vorstellungen wie sich die Amtskirche ändern muss, um in Europa zu überstehen, wie beispielsweise die Benediktinerinnen Sr. Emmanuela Kohlhaas oder Sr. Philippa Rath oder die Franziskanerinnen Sr. Katharina Kluitmann und Sr. Katharina Ganz.

Auch über die vielfältigen Formen der Lebensgestaltung hatte ich falsche Vorstellungen. So kann eine Dominikanerin als Pflegemutter mit zwei Mädchen in einem Haus in Essen wohnen; eine Missionarin Christi als Intensivpflegekraft allein in einer Murnauer Dienstwohnung leben. Eine kontemplativ in Klausur sich befindende Karmelitin Überlebende des Konzentrationslagers Dachau fotografieren und eine intensive Freundschaft mit einem jüdischen Kaufmann und Künstler pflegen. Es ist möglich, dass österreichische Don Bosco Schwestern in einer WG mit Studentinnen wohnen.

Ich war überrascht, mit welchem Wagemut, mit welcher Professionalität und Innovationskraft sich manche Ordensfrauen der Krise stellen. In Kloster Hegne arbeiteten Franziskanerinnen in einem mehrjährigen Coachingprozess daran, ihre Standpunkte neu zu definieren, um Klosterwerke sukzessive in eine Stiftung zu überführen und an die Mitarbeiterschaft in ihrem Sinn zu übergeben. Den österreichischen Zisterzienserinnen in Marienkron gelang es, eine so alte Klostertradition, wie das Fasten, mit der Einrichtung eines hochmodernen Kurhauses ins Heute zu übertragen. Eine buddhistische Nonne wagte mit ihrer Gemeinschaft die Gründung eines Klosters in der Mitte Deutschlands – und bringt hier im protestantischen Kernland eine Region zum Blühen. In Volkenroda war es der Vision der evangelischen Jesus-Bruderschaft zu verdanken, aus einem verfallenen Zisterzienserkloster einen Magnet für Sinnsuchende zu machen. Hier wie in allen reformfähigen Klöstern bieten Schwestern zusätzlich zur Spiritualität Lebensberatung an. Und die Menschen nehmen diese Angebote in ihrer Sehnsucht nach Ruhe, Stille und Linderung ihrer Sorgen und Nöte in Krisenzeiten gerne an. Was mich bei meinen vielen Besuchen berührte war, wie sehr sich bei aller Unterschiedlichkeiten der Orden, Kongregationen und Religionen die Ansätze für ein sinnerfülltes Leben gleichen. Wie sehr ein Glaube an eine höhere Macht Berge versetzen kann und Menschen in unsicheren Zeiten wie diesen trägt. Ich war berührt, wie einfach es im Grunde ist, Bedingungen für ein erfülltes Dasein herauszukristallisieren. So hatte ich das Glück und das Vergnügen mich mit sehr unterschiedlichen, starken Frauen manche Stunde über den Sinn des Lebens unterhalten zu dürfen. Wen ich traf und was ich daraus lernte erfahren Sie auf den folgenden Seiten – und in meinem Blog, der sich dem Making-of, dem Blick hinter die Kulissen meines Schreibens und Recherchierens, widmet.

Hinweis: Für uns Laien kommunizieren viele Ordensleute in einer unverständlichen Sprache mit nicht mehr bekannten Begriffen. Ich habe deshalb dem Buch sowohl ein Fachglossar als auch ein Personenglossar angefügt.

Die Situation der Glaubensgemeinschaften in Deutschland und Österreich

Die Kirchen im deutschsprachigen Raum befinden sich in einer nie dagewesenen Krise. So gehörten in Deutschland 2021 erstmals die Mehrzahl der Menschen keiner der beiden großen Volkskirchen mehr an. Katholiken und Protestanten bilden gemeinsam eine Minderheit.

Viele Katholiken sind enttäuscht von stockenden Reformen, verärgert über autoritäre Strukturen und entsetzt über den Umgang mit Finanzen und Missbrauch. Als moralische Instanz hat insbesondere die katholische Kirche an Akzeptanz verloren. Die lang praktizierte Weigerung, wiederverheirateten Geschiedenen die Sakramente von Kommunion und Buße zu spenden, wirkt ebenso antiquiert wie das kirchliche Arbeitsrecht, das Kündigungen von Schwulen oder Transsexuellen erlaubt. Lange konnten sich Pfarrgemeinden auf die Unterstützung von Frauen verlassen. Heute herrscht selbst bei Konservativen mitunter Unverständnis, warum Frauen weder Diakoninnen noch Priesterinnen werden können. Für viele Gläubige entfernt sich die Kirche zunehmend von christlichen Werten. Die Hoffnung, der Synodale Weg oder die Bewegung »Maria 2.0« könnten den katholischen Reformprozess beschleunigen, schwindet, vor allem nach der jüngsten Kritik des Papstes.

Die jüngsten Austrittszahlen sprechen hier eine eindeutige Sprache: 2021 traten rund 360.000 Katholiken in Deutschland und 72.000 in Österreich aus der Kirche aus. Auch die protestantischen Kirchen bleiben nicht vom Schwund verschont. Obgleich hier Pfarrleute heiraten und Familien gründen können, kehrten rund 280.000 Menschen der Kirche in

Deutschland den Rücken. 2021 hatte die katholische Kirche 21,6 Millionen Mitglieder, die evangelische 19,7 Millionen. Die orthodoxe Kirche zählt mit rund drei Millionen Mitgliedern zur drittgrößten Glaubensgemeinschaft. 2019 gab es in Deutschland 4,5 bis 4,7 Millionen Muslime. In Österreich bekannten sich 2021 4,8 Millionen Menschen zum katholischen Glauben, 775.000 waren 2018 orthodoxe Christen, 700.000 Muslime (2016) und 272.000 evangelisch.

Auch die Mitgliederzahlen der großen Freikirchen in Deutschland, wie der Methodisten und der Baptisten, sind rückläufig. In Deutschland leben zudem geschätzt rund 260.000 bis 300.000 Buddhisten und Buddhistinnen, in Österreich geschätzt 30.000, die meisten stammen ursprünglich aus Asien. Österreich war 1983 das erste europäische Land, das den Buddhismus anerkannt hat, in Deutschland ist dies bis heute nicht der Fall.

Die Situation der Ordensgemeinschaften in Deutschland und Österreich in Zahlen

Die katholischen Frauenorden befinden sich statistisch gesehen im freien Fall und sind von Überalterung und Nachwuchssorgen betroffen. 2021 lebten noch 11.829 Ordensfrauen in Deutschland in rund 1.000 klösterlichen Niederlassungen. 92 Prozent der Frauenorden sind tätige Orden, die größten Gruppen bilden benediktinisch, franziskanisch und vinzentinisch geprägte Kongregationen. 83 Prozent der Schwestern sind über 65 Jahre alt. 2021 traten überhaupt nur 53 Novizinnen in ein Kloster ein, davon 38 in tätige Orden, 15 in kontemplative. In Österreich gab es 2021 rund 2.800 Ordensfrauen und 18 Novizinnen. 63 Prozent der Schwestern sind über 75 Jahre alt. Um die Dramatik der Situation am

Beispiel Deutschlands zu veranschaulichen: 1941 waren es noch 97.516 Ordensfrauen, und von 1915 bis 1935 gingen durchschnittlich 6.205 Frauen jährlich ins Kloster. Setzt sich die derzeitige Entwicklung fort, wird die Mehrzahl der Frauenorden in spätestens zwei Jahrzehnten gänzlich von der Bildfläche verschwinden. Schwestern anderer Konfessionen und Religionen sind im deutschsprachigen Raum in der Minderheit.

Die historische Entwicklung von katholischen Frauenorden bis zum Zweiten Vatikanum

Klöster dienten Frauen als Frei- und Schutzräume und konnten zu eingrenzenden Orten werden, wenn Frauen aus Versorgungsgründen eintreten mussten. Im Laufe der Jahrhunderte folgte auf eine Blüte der Orden ein Niedergang. Bis in die frühe Neuzeit entwickelten sich Frauenorden parallel zu den Männerorden und mitunter gegen den Widerstand der Brüder. In den Zeitläuften gehörten Frauenkongregationen zur kirchlichen Avantgarde, wie es die Spezialistin für Frauenorden, Ute Leimgruber, beschreibt. Frauenorden waren Orte der Bildung. Orte, an denen Frauen unabhängig in Gemeinschaft leben konnten. Orte, die eine Berufstätigkeit erlaubten und Orte, wo Frauen Liegenschaften und Betriebe verwalteten, Menschen führten und politische Macht ausübten.

Bald nach dem Tod von Jesus Christus fühlten Männer wie Frauen eine intensive Gottessehnsucht und zogen sich als Eremiten in die Einöde zurück. In Städten wie Rom bildeten Witwen und Unverheiratete asketische Frauengemeinschaften. Die ersten Klöster entstanden im Nahen Osten im 4. Jahrhundert. Der ägyptische Mönch Pachomios verfasste für seine Mitbrüder die erste Ordensverfassung und setzte seine Schwester als Äbtissin eines Frauenklosters ein. Benedikt von Nursia prägt das abendländische Mönchstum mit seiner um das Jahr 540 geschriebenen Ordensregel, die er für seine Gemeinschaft im italienischen Kloster Monte Cassino entwickelte. Benedikts Schwester Scholastika folgte ebenfalls der Regel von »Bete und Arbeite« und unterstellte ihr Kloster dem männlichen Zweig der Benediktiner. Europaweit entstanden zahlreiche Klöster. Die Nonnen lebten ein streng rhythmisiertes Leben, in dessen Fokus Gebet und Schweigen standen. Ferner verpflichteten sie sich dazu, im Eintritts-Kloster bis zum Tod zu bleiben und schworen Gehorsam, Armut und Keuschheit.

Im 6. Jahrhundert erlebten Frauenklöster unter dem Einfluss des iroschottischen Mönchstum einen Aufschwung: Die fränkische Königsfamilie und der Hochadel stifteten Klöster und Abteien für ihre Töchter, die über wirtschaftlichen und politischen Einfluss verfügten. Die frühen Frauenklöster boten gebildeten Nonnen eine geistliche wie intellektuelle Heimat und sorgten für eine profunde Mädchenbildung.

Im 11. Jahrhundert wurde die Abhängigkeit der Klöster von der weltlichen Macht kritisiert. In Cîteaux entstand 1098 das erste Zisterzienserkloster. Die Mönche gründeten Klöster in abgeschiedenen Gegenden, machten das Land fruchtbar und folgten einer besonderen Spiritualität. Zunächst lehnten die Brüder einen weiblichen Zweig ab. Verweltlichung, Reichtum und Macht der Klöster lösten ein Jahrhundert später erneut eine Reformbewegung aus, die vom städtischen Bürgertum unterstützt wurde.

Im 13. Jahrhundert entwickelten sich die Bettel- und Predigerorden, vornehmlich Franziskaner und Dominikaner. Diese Orden verstanden sich als Seelsorge- und Missionsorden mit einem karitativen Sendungsauftrag und angepassten Gebets- und Ruhezeiten (vita mixta). Die Bettelorden verlegten ihre

Klöster in die Städte. Auf Klosterbesitz wurde verzichtet. Franz von Assisi und Dominikus zogen als Wanderprediger durchs Land, wobei vor allem der spanische Heilige mit seinen Predigten Häresien in den Blick nahm. Klara von Assisi verfasste als erste Frau der Kirchengeschichte eine Ordensverfassung für ihre Gefährtinnen. Dominikus gründete vor Männerklöstern zuallererst ein Frauenkloster. In den Dominikanerinnenklöstern entwickelte sich eine eigene Frömmigkeitsform, die Mystik. Die Schwestern versuchten Gott nah zu sein, indem sie das Leiden Christi körperlich nachempfanden und sich für Randgruppen bis zur Erschöpfung aufopferten. Ein Zentrum deutscher Mystik war das Kloster Helfta.

Das Spätmittelalter brachte eine Reihe umfassend gebildeter starker Frauenpersönlichkeiten hervor, deren Visionen von der Kirche anerkannt wurden. Hildegard von Bingen, Katharina von Siena und Teresa von Ávila berieten die Mächtigen ihrer Zeit und beeinflussten mit ihren Schriften Politik, Kirche und Gesellschaft.

Die Reformation als Reaktion auf Fehlentwicklungen in der römisch-katholischen Kirche führte im frühen 16. Jahrhundert zu einer Kirchenspaltung, auf die eine politische Zersplitterung des Deutschen Reiches und der Dreißigjährige Krieg folgten. Vor allem Fürsten und Freie Reichsstädte in Nord- und Mitteldeutschland wechselten die Konfession. In protestantischen Gebieten folgte eine Auflösung der Klöster und eine Vertreibung der Nonnen. Im niedersächsischen Raum wurden hingegen katholische Klöster in protestantische Damenstifte umgewandelt, die bis heute bestehen.

Als Reaktion auf die Reformation erlebten katholische Klöster im südlichen Europa eine Blüte. Der Spanier Ignatius von Loyola gründete 1534 die Societas Jesu, den militärisch organisierten Bildungs- und Missionsorden. Die Jesuiten fühlten sich dem Papst besonders verpflichtet. Einen weiblichen Zweig der Jesuiten gab es nicht, da seit dem Konzil von Trient eine karitative Tätigkeit von Frauen außerhalb der Klausur untersagt war. Ordensgründerinnen wie die Engländerin Mary Ward oder die Italienerin Angela Merici gerieten mit diesen Vorschriften in Schwierigkeiten. Die von ihnen angeregten Schulorden der Englischen Fräulein und Ursulinen setzten sich erst nach ihrem Tod durch.

Das Zeitalter der Aufklärung, das in der Französischen Revolution von 1789 mündete, markiert einen Niedergang des Ordenslebens. In Österreich verbot Kaiser Joseph II. 1782 alle beschaulichen Orden. Im Deutschen Reich wurden die meisten Abteien und Klöster im Zuge der Säkularisation von 1803 aufgehoben, geistliche Fürstentümer aufgeteilt. Kongregationen galten als Horte der Reaktion. Ordensfrauen erlebten Unterdrückung und Verfolgung. Unter strenger staatlicher Kontrolle konnten nur einige in der Schulerziehung und der Krankenpflege tätige Orden weiterarbeiten.

Im späten 19. Jahrhundert hatten Kongregationen wieder einen gewaltigen Zulauf, der als »Frühling der Frauenorden« und Feminisierung kirchlicher Kulturformen umschrieben wird. Die Industrialisierung mit Landflucht und Verstädterung führte zu einer Verarmung weiter Bevölkerungsteile. Um den Familienunterhalt zu sichern, arbeiteten Frauen als billige Arbeitskräfte in Fabriken. Alkoholismus, vernachlässigte Kinder, Gewalt, unhygienische Zustände bestimmten ein oft dysfunktionales Familienleben. Ein Krankheitsfall, Behinderung, Arbeitslosigkeit bedeuteten eine familiäre Katastrophe.

In dieser Situation kam es zu zahlreichen Neugründungen von Frauenorden, die sich der Krankenpflege, der Armenfürsorge und der Kindererziehung verschrieben. Basierend auf einer tiefen Frömmigkeitskultur sahen es Orden als ihr Charisma an, christliche Familien auf den rechten Weg zurückzuführen und zu stärken. Hierfür gründeten Vinzentinerinnen

Krankenhäuser, Ursulinen Schulen und Salesianerinnen engagierten sich in der Jugendarbeit. Schwestern arbeiteten in Pfarreien, der Sozialfürsorge und in Kindergärten und lebten außerhalb der Mutterhäuser. Oft waren es Orden, die Frauen eine Ausbildung und eine Berufstätigkeit ermöglichten.

Das protestantische Pfarrerpaar Fliedner gründete 1843 parallel das erste Diakonissenmutterhaus in Kaiserswerth bei Düsseldorf. Nach diesem Vorbild wurden im Laufe des 19. und 20. Jahrhunderts viele weitere Diakonissenmutterhäuser in Deutschland, aber auch ganz Europa gegründet. Die Schwestern trugen die Diakonissentracht, lebten im Mutterhaus in einer Lebens-, Glaubens- und Dienstgemeinschaft und arbeiteten unter anderem als Fürsorgerin, Krankenschwester, Lehrerin oder gingen als Missionarin nach Afrika oder Asien.

Nach 1870 entstanden katholische Frauenorden, die sich in Sozialstationen in Afrika und Asien engagieren, wie die Steyler Missionare. Die Vielzahl der Neugründungen führte dazu, dass der Vatikan 1917 und 1950 eine Neuordnung der Orden in drei Gruppen vornahm: kontemplative Nonnenorden (wie Benediktinerinnen, Zisterzienserinnen, Karmelitinnen) mit ewigem Gelübde und Leben in der Klausur; karitativtätige Orden bischöflichen oder apostolischen Rechts, wie die Franziskanerinnen und Dominikanerinnen; sowie Gesellschaften mit gemeinsamem Leben ohne Gelübde.

Die Nationalsozialisten drängten Ordensfrauen aus dem Schulwesen und der Kinder- und Jugendarbeit, erlaubten aber bisweilen die Pflege von Kriegsverwundeten. Erneut wurden Schwestern vertrieben, Klöster im sogenannten Klostersturm aufgehoben.

Nach dem Krieg schlossen sich junge Leute zu religiösen Gemeinschaften zusammen, gingen ihrer Berufstätigkeit nach und lebten nach den evangelischen Räten. In der katholischen Kirche bildeten sich anerkannte Säkularinstitute. Im Protestantismus kam es erstmals seit der Reformation im 16. Jahrhundert in Deutschland Gründung von Christus- und Jesus-Bruderschaften.

Zu einer Erneuerung des Ordenslebens führte das Zweite Vatikanische Konzil nach 1965: Die Orden – insbesondere die kontemplativen – öffneten sich der modernen Welt, verbesserten die Ausbildung der Schwestern, justierten ihr Gehorsamsverständnis neu und akzeptieren ein verändertes Verhältnis zu Laiengläubigen. Damals gab es in Deutschland noch rund 90.000 Ordensfrauen. Seither ist ein dramatischer Rückgang von Novizinnen zu verzeichnen, so dass die Zahl der Schwestern 2015 bereits bei 16.688 Schwestern lag.

Heute sind Ordensfrauen weitgehend aus der Öffentlichkeit verschwunden: Überalterung und Nachwuchssorgen führen zu einer Aufgabe von Klosterbetrieben, der Überführung von Schulen, Kliniken und Altersheimen in neue Trägerschaften oder Stiftungen. Ordensprovinzen werden zusammengelegt. Konvente werden geschlossen. Der Missbrauchsskandal hat vor Klostermauern nicht haltgemacht. Das Klostersterben findet fast unbemerkt von der Öffentlichkeit statt. Amtskirche und Politik haben für die großen Areale keine schlüssigen Nachnutzungskonzepte. Mit den Klöstern drohen eine Kultur, eine Spiritualität und Lebensform unterzugehen, die Europa über Jahrhunderte definiert hat. Parallel suchen Menschen in Klöstern nach Ruhe und Lebenssinn, fühlen sich von ihnen als »Zwischenort« im Vergleich zur Amtskirche ernst genommen und verstanden. Neben dem Niedergang findet derzeit ein vorsichtiger Aufbruch reformwilliger und -fähiger Konvente statt, von denen eine Reform der katholischen Kirche ausgehen könnte. Um diese und nur um diese soll es in diesem Buch von katholischer Seite gehen – erweitert um buddhistische, protestantische und orthodoxe Klostergemeinschaften.

| Versöhnung |

»Sich Gott zuwenden, ihn als reales und mir zugewandtes Du ernst nehmen, das heißt ihn als im eigenen Inneren als gegenwärtig zu betrachten.«

Sr. Elija Boßler

Karmelitin, Kloster Karmel Heilig Blut, Dachau

Wie das Wachhalten der Erinnerung zu einer innigen Lebensfreundschaft führt

Stacheldraht. Grauer Himmel. Der schmale Gang zum Kloster ist von Betonmauern begrenzt. Wer das Kloster Karmel Heilig Blut besucht, dem drückt die Schwere auf die Seele. Erst als sich der Gang zum begrünten Kirchhof weitet, der Blick auf den puristischen Kirchenbau und die Klosterpforte fällt, nimmt der Druck langsam ab. Seit 1964 leben die Karmelitinnen auf dem Terrain des ehemaligen SS-Wildparks. Das Gelände grenzt an das ehemalige Konzentrationslager Dachau an und ist von diesem durch einen Wachturm getrennt. Ab 1933 inhaftierten die Nationalsozialisten hier politische Gegner und Geistliche, um sie mundtot zu machen. Das Konzentrationslager fungierte als Prototyp späterer Vernichtungslager und Dachau avancierte zum Synonym für Nazi-Gräueltaten. Bis zur Befreiung der Häftlinge im April 1945 durch die US-Armee starben im KZ Dachau über 41.500 Menschen an Unterernährung, medizinischen Versuchen, wurden in den Suizid getrieben oder direkt ermordet. Nach dem Krieg wollte niemand an diese Verbrechen erinnert werden. Die US-Militärregierung nutzte die Gefangenen-Baracken als Internierungslager für ehemalige SS-Männer. Ab 1948 nahm die bayerische Staatsregierung dort Flüchtlinge und Vertriebene auf. Das »Internationale Dachau Komitee« (CID), die Vertretergemeinschaft aller nationalen Häftlingsgruppen, bemühte sich, das ehemalige KZ zu einer Gedenkstätte umzugestalten. So entstand 1968 das internationale Mahnmal auf dem früheren Appellplatz.

Aus Anlass des Eucharistischen Weltkongresses 1960 in München ließ Weihbischof Johannes Neuhäusler, der selbst vier Jahre in Dachau Häftling gewesen war, die Todesangst-Christi Kapelle errichten. Sie wurde im Beisein hoher kirchlicher Vertreter und vieler Dachau-Überlebender feierlich eingeweiht. Neuhäusler wusste, dass die Weihe des halboffenen Rundbaus aus Isarsteinen international beobachtet wurde: »Die Welt wird darauf schauen, was wir ausrichten, wird aufhorchen, was wir sagen, wird deuten, was wir tun«. Inzwischen ist der Weihbischof auf Grund seiner »pauschalen« Aussöhnung mit Nazi-Verbrechern umstritten. »Die Nachricht über den Bau dieser Kapelle brachte die Priorin des Bonner Karmels auf den Gedanken, in Dachau ein Kloster zu errichten«, erinnert sich Sr. Elija, die seit Beginn im Karmel Dachau lebt. In einem Brief an den Münchner Kardinal Julius Döpfner führte die Priorin Sr. Maria-Theresia 1962 aus: »Dachau wird in der ganzen Welt als Inbegriff des Konzentrationslagers angesehen. Sein Name wird immer mit den furchtbarsten Gräueln der Menschheit konfrontiert bleiben. Ein Ort, wo so gefrevelt wurde, wo so viele Menschen Unsagbares gelitten haben, dürfte nicht zu einer neutralen Gedenkstätte oder gar einem Besichtigungsort erniedrigt werden. Es sollte stellvertretend Sühne geleistet werden [...] Der Orden des Karmels ist in besonderer Weise zu opferndem und sühnendem Gebet berufen.«

Ihr Anliegen stieß auf offene Ohren. 1964 weihte Weihbischof Neuhäusler in Anwesenheit vieler Gläubiger und Vertretern aus Politik und Gesellschaft die Kirche ein. Dem Münchner Baumeister Prof. Josef Wiedemann war es gelungen, die Anlage durch berührende Schlichtheit zu einer Stätte des Gebetes und der Stille werden zu lassen, in dem die Grundgestalt ein Kreuz ist, die Achse die Fortsetzung der Lagerstraße. Der

Versöhnung

Ziegelstein-Kirchenbau kommt ganz ohne Schmuck aus. Nur die geschnitzte, sogenannte KZ-Madonna aus dem früheren Priesterblock dient als Hoffnungsgestalt.

Als die spätere Sr. Elija 1965 bei einem Ausflug mit einem Freund das KZ-Gelände und das neue Kloster besuchte, ist sie von der besonderen Atmosphäre des Ortes ergriffen. Sie spürt eine undefinierbare Verbindung von Konzentrationslager und Kloster, von Unmenschlichkeit und Gebet. Erst im Mai war die Gedenkstätte Dachau eingeweiht worden. Über die NS-Zeit hatte die Paderbornerin während ihrer Schulzeit gehört, ohne sich damit tiefer zu befassen. Eher begeisterte sie sich für die in aller Welt bekannte und so jung gestorbene französische Karmelitin Thérèse von Lisieux. »Ein Onkel war Steyler Missionar, deshalb wollte ich als Kind Missionsschwester werden«, erzählt Sr. Elija, die als Elisabeth Boßler in einer katholischen Familie in Westfalen aufwuchs. Sie begann eine Ausbildung als Sozialarbeiterin. Um das elterliche Geschäft zu übernehmen, machte sie noch eine kaufmännische Lehre. »Als ich nach München ging, fürchtete mein Vater, ich könne einen Süddeutschen heiraten. Außerdem nahm er an, dass ich eine Fremde unter den Bayern sein würde«, erinnert sich Sr. Elija amüsiert, die unser Gespräch immer wieder unterbricht, um an der Klosterpforte einzuspringen.

In der Residenzstraße arbeitete Elisabeth Boßler in einer Modeboutique, wo die Münchner Gesellschaft ein und ausging. Sie genoss mit Freunden unbeschwert das Leben. »Für meine Chefin war ich wie eine Tochter«, sagt sie. Doch der Eindruck von Dachau ließ sie nicht mehr los. Elegant gekleidet und dezent geschminkt, meldete sie sich an der Klosterpforte und sprach mit der Priorin und Novizen-Meisterin. Anfang Februar 1966 tritt sie in den Karmel Dachau ein. Die ersten Gründungsschwestern leben zurückgezogen in Klausur. Schweigen und Gebet strukturieren den Tag, der von häuslicher Arbeit und Tun in den Werkstätten unterbrochen wird. Gemeinsames Stundengebet, zwei Stunden persönliche Gebetszeit und eine Stunde Erholung wechseln einander ab. Die Mahlzeiten werden schweigend während einer Lesung eingenommen. Zu Gründungszeiten sehen die Nonnen Familie, Freundinnen und Freunde nur durch ein Gitter.

> »Es war für alle eine geschlossene, eigene Welt, die man bejahen musste, wenn man hier mitleben wollte. Aber wenn man jung ist und hohe Ideale hat, ist man motiviert, das meiste wie selbstverständlich anzunehmen«,

schildert Sr. Elija ihre Anfänge im Kloster. Die Gemeinschaft wuchs rasch. Junge Frauen aus aller Welt wollten in den neuen Karmel eintreten. 1967 legte Sr. Elija die Zeitliche Profess und 1971 die Ewige Profess ab. Als ihre Vorliebe für schnelle Autos bekannt wurde, war sie von Anfang an für die Einkäufe des Klosters vorgesehen. Bis heute erledigt sie im Wechsel mit anderen Schwestern die notwendigen Fahrten. »Unser Kloster wird von den Dachauern sehr gut angenommen«, erzählt Sr. Elija. »Wir bekommen oft Gemüse und Obst, manchmal Brot und andere gute Sachen geschenkt. Das bedeutet, die Menschen vertrauen auf das Gebet und hoffen auf unsere Fürbitte.«

Beeindruckt vom alttestamentlichen Propheten Elija, wünschte sich die 23-Jährige diesen Namen. Elija lebte im 9. Jahrhundert v. Chr. als Einsiedler auf dem Berg Karmel in Israel, wo er zum Vorbild für Eremiten und zum »Vater des Karmelordens« wurde. Der Name ist deshalb im Orden

Versöhnung

nicht ungewöhnlich, sondern sowohl in Männer- wie in Frauenklöstern häufig. »Ich wollte Elija heißen, da der Prophet gegensätzliche Gottesbilder in sich vcreint«, erläutert die Ordensschwester. Im Alten Testament stirbt Elija nicht, sondern fährt in einem Feuerwagen in den Himmel, weshalb er als Vorbote des Messias angesehen und sowohl im Judentum als auch im Islam und im Christentum verehrt wird. Wer Sr. Elija von dem Prophet erzählen hört, erlebt umfassendes Wissen gepaart mit Menschlichkeit und tiefem Gottvertrauen, das ihr Leben im Kloster bestimmt.

Morgens nach der Eucharistiefeier und abends vor der Vesper stehen je eine Stunde Meditation auf dem Tagesprogramm. Zwei Stunden am Tag für das persönliche Gebet hat kein anderer Orden. »Dieses persönliche Beten oder inneres Gebet, wie es unsere Ordenspatronin die Heilige Teresa von Ávila nennt, will geübt sein. Wir beten in Gemeinschaft und auch allein. Die Stille setzt einen entsprechenden Ort, Zeit und eine Haltung voraus. Alle äußeren und inneren Aktivitäten müssen draußen bleiben«, bemerkt Sr. Elija und ergänzt: »In das Alleinsein vor Gott drängen sich viele Gedanken auf, die mich tagsüber beschäftigen, Aufgaben, die vor mir liegen, vergangene Gespräche, das ist nicht einfach abzuschalten«, sagt sie ernst, »ich versuche frei zu werden von dem, was da in mir redet«, so die Karmelitin. »Mein Schweigen bedeutet nicht Leere, sondern im Gegensatz zu anderen Religionen habe ich ein Gegenüber, ein personales DU.« Und nach kurzem Innehalten verstärkt sie:

> »Es ist ein gefülltes Schweigen. Stille hilft dazu,
> ist aber nicht alles. Das innere Gebet
> ist nicht messbar, kennt keine Kategorie von
> Gelingen oder Erfolghaben«,

bemerkt sie lachend. »Das muss ich Gott überlassen, er braucht nur mein Bemühen«, und ergänzt »und das ist oft mühsam«. Sr. Elija zitiert die Heilige Teresa: »Meiner Ansicht nach ist das innerliche Gebet nichts anderes als das Zusammensein mit einem Freund, mit dem wir oft und gerne allein zusammen sind, um mit ihm zu reden, weil wir sicher sind, dass er uns liebt.« Mit Gott als Freund im ständigen Dialog zu stehen, das gehört zu den teresianischen Kernbotschaften.

Mit diesem Wissen ausgestattet setzte der Münchner Architekt Josef Wiedemann die innere Freiheit ästhetisch in der Klausur um. Wer die langen, geräumigen Flure entlang geht, dessen Seele und Geist kommen zur Ruhe und der erlebt Geborgenheit. Die puristisch gestalteten Zellen sind das je eigene Refugium für jede Schwester, ein Ort der Stille, der Einsamkeit, der Ruhe und des Gebets. »Jeder soll in seiner Zelle bleiben, Tag und Nacht im Gesetz des Herrn betrachten und im Gebet wachen, wenn er nicht durch anderweitige Beschäftigung rechtmäßig in Anspruch genommen wird.« So heißt es in der »Ursprünglichen Regel« von 1210. Es war die Heilige Teresa von Ávila, die den Karmel-Orden im 16. Jahrhundert in Spanien reformierte. Seitdem werden diese Schwestern und Brüder »Unbeschuhte Karmelitinnen und Karmeliten strenger Observanz« genannt.

> »Sich Gott zuwenden, ihn als reales und mir zugewandtes Du ernst nehmen, das heißt ihn als im eigenen Inneren als gegenwärtig zu betrachten«,

erläutert die Nonne das teresianische Gottesbild. Teresa hat in ihren über 15.000 Briefen und verschiedenen Büchern eine Gebetslehre für ihre Schwestern verfasst, die heute noch für

Versöhnung

viele Menschen, besonders für ihre Schwestern im Karmel, gültig ist. Teresa, die mit dem Heiligen Johannes vom Kreuz in Spanien 17 Frauen- und zwei Männerklöster gründete, kannte Phasen tiefer Gottesferne und innerer Zerrissenheit. Während ihrer Krankheiten fühlte sie sich unwürdig für den Dialog mit Gott. Sie hat sich als »elend und erbärmlich« bezeichnet, aber auch gewusst, dass Gottes Güte »größer ist als alle Übel, die wir tun.« Sr. Elija, die an zwei Ausstellungen über die Mystikerin hauptamtlich mitarbeitete, 1982 zum 400. Todestag und 2015 zum 500. Geburtstag, skizziert die große Spanierin mit ihren Worten: »Durch ihre Lebensklugheit, ihre gesunde Frömmigkeit und echte Demut hatte Teresa eine starke Ausstrahlung, ja, bis heute noch.« Die damalige Kirchenobrigkeit hingegen stand ihr kritisch gegenüber, der päpstliche Nuntius Filippo Sega sprach von Teresa als »ein unruhiges, herumvagabundierendes, ungehorsames und verstocktes Weibsbild, das unter dem Vorwand von Frömmigkeit falsche Lehren erfand [...] und wie eine Lehrmeisterin andere belehrte.« Sr. Elija ergänzt: »Was hätten die Kirchenmänner gestaunt, wenn sie gehört hätten, dass Teresa 1622 heilig und 1970 als erste Frau zur Kirchenlehrerin ernannt worden und damit in den ehrwürdigen Kreis der Kirchenväter aufgenommen ist.«

Die Karmelitinnen blicken neben Teresa auf weitere berühmte Frauen zurück, wie Sr. Thérèse von Lisieux, die ebenfalls Kirchenlehrerin ist und Sr. Teresia Benedicta, Edith Stein, die als vormals jüdische Philosophin 1942 in Auschwitz ermordet wurde. Nicht nur in Dachau, auch in Auschwitz gründeten 1984 polnische Karmelitinnen ein Kloster im Gedenken an die Opfer. Sie lebten zunächst in einem nicht unbelasteten Gebäude, in dem das tödliche Zyklon B für die Vergasung gelagert war. Es grenzt direkt an das Stammlager Auschwitz.

Nach scharfen Kontroversen von jüdischer Seite übersiedelten die Schwestern 1991 in ein nahegelegenes, für sie neu erbautes Kloster. 1982 errichtete Kardinal Joachim Meisner den Karmel Maria Regina Martyrum mit Schwestern aus Dachau an der gleichnamigen Kirche. Die Kirche war als Gedenkstätte 1964 nicht weit von Plötzensee erbaut, wo in der NS-Zeit viele Widerstandskämpfer hingerichtet wurden. Für zwei Jahre gehörte Sr. Elija zu den Gründungsmitgliedern. Auch wenn sie in Berlin Freunde fand, blieb die geteilte Stadt eine Belastung für sie. Letztlich sei es »gut gewesen, diese Schwierigkeiten durchzustehen«, aber auch, nach Dachau zurückzukehren. »Klosterleben bleibt eine tägliche Herausforderung. Wir Schwestern sind lebenslänglich aneinandergebunden, das Zusammenleben in enger Gemeinschaft ist nicht immer einfach«, meint sie mit Schalk in den Augen. »Jede bringt ihre Fähigkeiten, ihre Stärken und Schwächen mit. Da gibt es natürliche Reibungen.« Im Konvent leben derzeit 14 Ordensschwestern aus vier Nationen. Der Altersdurchschnitt liegt bei 72 Jahren. Im Sechs-Wochen-Turnus wechseln die Klosterdienste. Im Hauskapitel werden anstehende aktuelle Themen besprochen. Das gemeinsame, auch kritische Gespräch gehört elementar zu einer lebendigen Gemeinschaft dazu.

Papst Johannes XXIII. berief 1962 das Zweite Vatikanum ein, was mit dem päpstlichen Ordensdekret »Perfectae Caritatis« in viele Orden Bewegung brachte. In Dachau hatte die Gründerin und erste Priorin Sr. Maria Theresia ein offenes Ohr, einen gesunden Menschenverstand und ein Herz für ihre junge Gemeinschaft mit vielen Novizinnen. Sr. Elija erlebte den Wandel der strengen, alten klösterlichen Formen und Rituale in eine zeitgemäße Praxis. Es war dem Ort und den Besuchern geschuldet, sich den Anliegen und Gebetsbitten der Gäste, aber auch den Fragen der Besucher der KZ-Gedenkstätte im Sprechzimmer zu stellen.

> »Wir informieren uns über das
> Weltgeschehen und diskutieren aktuelle
> Entwicklungen oder politische Krisen.
> Vor allem aber mündet alles in das
> fürbittende Beten ein.«

Sie ergänzt: »Das war von Anfang an so, zumal zur Noviziats-Ausbildung die Dachau-Geschichte und Zeitgeschichte gehört.«

Mehr und mehr wurde die KZ-Gedenkstätte von einem Ort der Erinnerung zu einem Lernort. Die Besucherzahl stieg an, geführte Rundgänge nahmen zu, ebenso Vorträge und themenzentrierte Angebote. Ehemalige Häftlinge, Pilger, Schülergruppen kamen von der KZ-Gedenkstätte durch den Eingang des Wachturms in die Kirche und an die Klosterpforte. Aus aller Welt strömten Besucher hierher: Der Litauer kehrte mit einem Neffen an den Ort des Schreckens zurück, der Großvater aus Jerusalem mit einer Enkelin, der Niederländer mit seiner Frau. Sinti aus allen Ländern erinnerten an die Ermordung ihrer Familien. Andere suchten in Dachau ihre familiären Wurzeln. Französische, italienische, polnische und orthodoxe Geistliche feierten Gedenkgottesdienste in der Karmelkirche. Die Pfortenschwester koordinierte Besuchergruppen. Am Jahrestag der Befreiung kamen ehemalige Gefangene mit ihren Angehörigen zum ökumenischen Gottesdienst. Mit verschiedenen Häftlingsorganisationen entwickelten sich im Laufe vieler Jahre ein intensiver Kontakt und eine gute Zusammenarbeit mit dem Karmel Dachau.

Ehemalige Dachau-Häftlinge erzählten den Schwestern von ihren Albträumen, Erinnerungen, ihrer Überlebensstrategie und ihren Depressionen, von zerstörten Lebensplänen, von veränderter Heimat, von verlorenen Freunden und Verwandten. Die Nonnen lernten auszuhalten, zuzuhören, zu trösten und mit den ehemals Verfolgten zu beten. »Dachau stellt jeden Tag eine Herausforderung dar«, sagt Sr. Elija, die viele Jahre Erfahrung hat in der geistlichen Begleitung suchender Menschen.

> »Ich bin mit ihnen ein Stück Lebensweg gegangen, neben ihnen, aber ohne sie zu tragen,« und meint damit, »gehen muss jeder selbst.«

In ihrem Tun stützt sie sich auf die Worte Teresas von Ávila: »Nichts soll dich ängstigen, nichts dich erschrecken. Alles geht vorüber. Gott allein bleibt derselbe. Alles erreicht der Geduldige, und wer Gott hat, hat alles. Gott allein genügt.«

In den achtziger Jahren ging Sr. Elija mehr und mehr auf ehemalige Häftlinge zu. Sie kamen zum Kloster, übernachteten dort vereinzelt. Sie hält Erzählungen fest und fotografiert die Zurückkehrenden ohne Studio oder besondere Kamera. Es entstehen Fotos, die aus Gesprächen gewachsen sind, die Nähe vermitteln. »Ich habe sehr viel Freundlichkeit, sehr viel Wohlwollen und Zuneigung empfangen und gespürt.« Sie gewinnt den Eindruck: »Die ehemaligen Häftlinge erlebten bei jedem Besuch ein anderes Dachau, sie begegneten Menschen, die sie achteten, die ihnen helfen wollten, die ihnen echtes Interesse und Mitgefühl entgegenbrachten.« Mit den meisten blieb über alle Sprachen und Entfernungen hinweg eine herzliche Freundschaft. »Es gab ein, zwei Überlebende, bei denen ich deutliche Ablehnung wahrnahm«, entsinnt sich Sr. Elija, die nur dann fotografierte, wenn es ihr gelang, eine persönliche Beziehung aufzubauen. Ihre Schwarz-Weiß-Aufnahmen

Versöhnung

machen sie bekannt. Die Fotos werden in mehreren Ausstellungen gezeigt und von Büchern und Katalogen ergänzt.

1988 lernt sie den Auschwitz-Überlebenden Max Mannheimer kennen, den sie im Gespräch nur Max nennt. »Gott hat mir ein großes Geschenk mit dieser Begegnung gemacht«, sagt sie und es ist spürbar, welche Rolle der jüdische Künstler und Kaufmann bis zu seinem Tod 2016 spielte. Als Vorsitzender der Lagergemeinschaft Dachau stellte sich Max Mannheimer unermüdlich Fragen von Schülerinnen und Schülern. Er hielt Vorträge, mahnte bei Gedenkfeiern, ermutigte zu Zivilcourage und zur Demokratie, verurteilte Rassismus. Sein Credo: »Ihr seid nicht für das verantwortlich, was geschah, aber dass es nicht wiederg eschieht, dafür schon.«

Fast dreißig Jahre lang treffen sich Max und Sr. Elija im Kloster. Sie reisen nach Auschwitz, ringen um die Frage, warum Gott diese Schrecken zuließ, sind längst nicht immer einer Meinung. Aber Respekt und Achtung vor der Lebens- und Glaubenswelt des anderen waren immer Grundlage ihrer Freundschaft. Sr. Elija begleitete Max durch die Tiefen seiner Depression. Seine Malerei, anfänglich ein Übermalen und Vergessen-Wollen, wurde zu einem gemeinsamen Thema. Mit zunehmendem Alter überließ Max ihr die Verwaltung seiner Bilder. Sie lachten zusammen, feierten seinen Geburtstag mit Kindern und Enkeln. Er brachte ihr jüdisches Leben nah, beriet sie bei ihren Foto-Ausstellungen. Sie liebte seinen Charme, seine Kraft, seinen Lebenswillen. Er ihren Verstand, ihre Empathie und ihren Humor. Bis heute gehört sie zu seiner Familie. Max bestärkte sie 2007, die Herausforderung im bayerischen Franziskanerinnen-Kloster Reutberg anzunehmen, wo Sr. Elija im Auftrag der Erzdiözese München zwei Jahre als Oberin tätig war. Für viele war die Freundschaft zwischen Sr. Elija und Max, zwischen »Jude und Nonne« eine Provokation. Ein Jahr vor seinem Tod entstand das Video

»Dachauer Dialoge«, ein einstündiges Gespräch über Gott und die Welt, das später ins Kino kam. Unvergesslich ist die Szene, als er über seine Lagererfahrung erzählt und sie sich eine Träne wegwischt. »Wenn es Versöhnung gibt, dann haben wir sie in unserer Freundschaft lebendig werden lassen«, sagt Sr. Elija. Für sie bedeutet es viel, dass mit seinem Namen zwei Schulen, zwei Stadtplätze und eine Bildungseinrichtung benannt wurden. »Das hat er nicht mehr erlebt, aber er wäre glücklich gewesen.«

Corona hat es im Kloster ruhiger werden lassen, mit dem langsamen Aussterben der Zeitzeugen veränderten sich auch die Kommenden. Schulklassen, Studentengruppen und Gedenkstätten-Besuchende konnten während der Pandemie durch den geschlossenen Wachturm das Kloster über Monate nicht besuchen, eine Maßnahme, die inzwischen aufgehoben ist. »Doch die globale Welt mit all ihren Dramen, Katastrophen und Kriegen kommt trotzdem durch die modernen Medien in unsere Gemeinschaft«, sagt Sr. Elija und ergänzt, »das gehört schon zu unserer Gründungsintention, dass wir für vergangenes und gegenwärtiges Unrecht Gott um Hilfe bitten. Zurzeit besonders mit Fokus auf die Menschen in der Ukraine.« Wenn die Pandemie vorbei ist, will Sr. Elija wieder Kontakt zu den neuen Mitarbeitenden der KZ-Gedenkstätte aufnehmen.

> *»Das Wachhalten der Erinnerung,*
> *das bin ich Max Mannheimer*
> *und den Opfern von Dachau schuldig.«*

| Versöhnung |

»Vielleicht sind wir als ein Orden mit Anbindung an die Welt geeignet, den Keim für einen fruchtbaren Dialog zwischen Generationen, Nationen und Religionen zu legen.«

Äbtissin Sr. Francesca Šimuniová

Benediktinerin, Abtei Venio in München

Wie die Tschechin für Ausgleich zwischen den Nationen sorgt

Wer der neuen Äbtissin der Münchner Abtei Venio begegnet, mag von ihrer lockeren Art, dem rot-orangenen Leinenkleid, den Ledersandalen und ihren lockig-unbändigen Haaren überrascht sein. Seit 2021 leitet die Tschechin die Benediktinerinnen-Gemeinschaft »Von der Verklärung des Herrn« die aus zwanzig Schwestern in München und Prag besteht.

> »Für mich kam nur ein Konvent in Frage, in dem ich berufstätig sein kann. Nonnen waren mir immer zu brav«,

sagt Francesca Šimuniová lachend. Mit der Abtei Venio hat sie den richtigen Ort gefunden: Alle Schwestern arbeiten in »zivilen« Berufen und tragen Chormantel und Schleier nur beim Gebet in der Kapelle.

Das wollte schon die Gründerin der Kommunität Marianne Johannes. Im jugendbewegten München der zwanziger Jahre scharte sie eine Gruppe gläubiger Frauen um sich, die in der Fürsorge und Sozialarbeit tätig waren. Im bayerischen Benediktinerkloster Ettal hatte sich die spätere Mutter Agnes von der Schönheit des gregorianischen Chorals, des gesungenen Gebetes und der Wirkung des rhythmisierten Tagesablaufs berühren lassen. Langsam entwickelte sich aus dem Kreis junger Frauen, die das Stundengebet sangen, eine benediktinische Gemeinschaft. 1927 erteilte Kardinal Michael von Faulhaber die Erlaubnis zum gemeinschaftlichen Leben, die »vita communis«. Pate stand das Benediktinerkloster Beuron, dessen Mönche wie die Patres in Maria Laach für die Erneuerung liturgischer Formen eintraten. »Diese Reformklöster sorgten für das Wiederbeleben des gregorianischen Chorals. Der Priester las nicht leise murmelnd die Messe auf Latein, sondern beteiligte die Gemeinde am Wortgottesdienst«, erklärt Sr. Francesca. »Die Kirche erwacht in den Seelen«, hat der Religionsphilosoph Romano Guardini den Wandel beschrieben.

Von Anfang an lebten die Schwestern nach der Benedikt-Regel und arbeiteten außerhalb des Klosters. Damit stellt der Konvent eine Besonderheit in der benediktinischen Ordenslandschaft dar, was erklärt, warum er kirchenrechtlich erst 1992 als Institut bischöflichen Rechts anerkannt und 2013 zur Abtei erhoben wurde. »Für viele Menschen verkörpert unsere Gemeinschaft eine zukunftsträchtige Form des Ordenslebens.«
Das An- und Ausziehen des schwarzen Chormantels symbolisiert den Wechsel von innerer und äußerer Welt. »Der Chormantel schützt uns vor dem, was wir von draußen mitbringen.« Es helfe den Schwestern, sich zu sammeln und für das Gebet zu leeren. Nach einer halbstündigen Gebetszeit weite sich der innere Raum.

> »Oft verliert der Ärger durch das Runter- und zur Ruhekommen an Bedeutung.«

Der Tag wird durch drei Gebetszeiten, die Messe, das persönliche Gebet und die Arbeit strukturiert. Nach der Benedikt-Regel gilt, dass dem Gottesdienst nichts vorzuziehen sei. Für berufstätige Schwestern sind die Morgenhore um 6.30 Uhr und die Vesper um 18 Uhr bindend – sofern dem keine Verpflichtungen entgegenstehen. »Wenn eine Schwester zum Schichtdienst eingeteilt ist, ist klar, dass sie die Vesper verpasst«, so die Äbtissin. Laudes und Vesper dienen als Rahmen, um »Herz und Stimme in Einklang zu bringen«. Am Morgen begrüßen die Schwestern den Tag mit gregorianischen Gesängen, während langsam das Licht an der Altarwand aufsteigt und über das große bronzene Kreuz in der Kapelle zieht. »Danach sind Sie wach«, sagt Sr. Francesca trocken.

Meist verlassen die berufstätigen Schwestern früh das Haus. Viele arbeiten halbtags und sind als Juristin, Sozialarbeiterin, EDV-Spezialistin, Lehrerin oder Ärztin und Krankenschwester tätig – oft in verantwortlichen Positionen. In Zivil fallen die Benediktinerinnen nicht auf. Meist wissen Patienten, Kollegen, Kunden oder Eltern über die Ordenszugehörigkeit Bescheid und wenden sich – auch als Nichtgläubige – in Krisen an ihre Kolleginnen. Für berufstätige Schwestern ist Freizeit Mangelware. Abende sind mit Gesprächen und Rekreation belegt. Klostergäste suchen Kontakt. Termine wie Elternabende oder Nachtschichten fallen an. Junge Schwestern müssen lernen abzuschalten und auch fürsorglich mit sich zu sein. Dieser Spagat verläuft nicht reibungslos. Es ist mehr Individualität als in anderen Orden möglich: Die Schwestern richten sich ihre Zimmer persönlich ein und pflegen ihren individuellen Kleidungsstil. Das Gemeinschaftsleben bleibt dennoch herausfordernd und verlangt, Bedürfnisse zurückzustellen und sich in andere einzufühlen. Sichtweisen, Biografien und Glaubensgewissheiten prallen aufeinander. Ältere Schwestern erlebten im Zweiten Weltkrieg die Bombennächte und wurzeln im katholischen Milieu. Andere prägten die Studentenproteste. Jüngere wuchsen nach der Wende in einer säkularisierten Welt auf. Das hat Einfluss auf das Konflikt- und Kommunikationsverhalten der Schwestern.

»Im Konvent geht es nicht darum befreundet zu sein, sondern eine verbindliche Lebensgemeinschaft aller Generationen und Charaktere zu leben«, erläutert Sr. Francesca. Vor allem ältere Schwestern erzählten weniger persönliches, während jüngere Schwestern vieles miteinander teilen. Die Abtei ist dabei in der glücklichen Situation, dass sowohl in München als auch in Prag vor Kurzem zwei Frauen in das Postulat aufgenommen wurden. »In unserer Gemeinschaft leben sowohl alte Schwestern zurückgezogen wie Seniorinnen als auch Junge, die auf Instagram oder Facebook posten und ein Auto fahren«, berichtet Sr. Francesca, die im Moderieren von Konflikten langjährige Übung besitzt. Bei persönlichen Krisen suchen Schwestern einen Therapeuten oder eine Therapeutin auf. Der Konvent lässt sich in diesen Fällen extern beraten.

Um 12 Uhr läuten die Glocken. Hauptsächlich pensionierte Schwestern, die sich um Haus und Garten kümmern, kommen zur Mittagshore. »Unsere berufstätigen Schwestern erleben es als Geschenk, wenn sie während der Andacht zur Ruhe kommen dürfen.« Bei Mittag- und Abendessen herrscht Schweigen »als Fortführung des Gebets«.

In München-Nymphenburg leben die Schwestern seit 1952 in einer weinbewachsenen Villa der Jahrhundertwende, umgeben von einem Garten mit altem Baumbestand. Eine Atmosphäre der Stille überkommt die Besucherin in der schlichten Kapelle ohne ablenkende Kunst. Vor der Pandemie beherbergte das Kloster Gäste und veranstaltete Konzerte und Ausstellungen. »Uns begleiten eine Reihe gläubiger Menschen, die mit uns Gottesdienste feiern und die Messe besuchen«, erzählt Sr. Francesca, die hofft, dass bald wieder Menschen zu Exerzitien und Gesprächsrunden ins Kloster kommen. Mit ihrer Biografie steht die Äbtissin für Ökumene und Versöhnung. Schon als Novizin lebte sie in Prag und München.

> *»Ich will Prag nicht nach München holen,*
> *aber die tschechische Sichtweise stärken«,*

Versöhnung

meint sie. 2007 hatten die Münchner Benediktinerinnen ein Experiment gewagt und mit tschechischen Schwestern aus Polen eine internationale Zweigstelle »Auf dem weißen Berg« gegründet. Ein Jahr später trat die 35-jährige Stanislava Šimuniová in den Orden ein, wo sie den Namen Francesca bekam. Die Schutzpatronin Roms war als ältere Witwe Nonne geworden und hatte im 15. Jahrhundert einen karitativen Frauenorden gegründet.

Auch hinter der protestantisch getauften Stanislava Šimuniová lag vor dem Eintritt ein von politischen Umbrüchen geprägtes Leben. Als Tochter eines slowakischen Kommunisten 1973 geboren, erlebt sie als Schülerin den Zusammenbruch des Systems. »Mein evangelischer Großvater mütterlicherseits verteidigte den Kommunismus. Mein Vater empfand den Katholizismus als bigott und verlogen«, erinnert sie sich. Die Mutter erzog ihre Kinder protestantisch und nahm sie zu unerwünschten Gottesdiensten in die Villa eines dynamisch-jungen Pfarrers mit. Als im November 1989 Studierende den Sturz der kommunistischen Diktatur in Prag einläuten, besucht Stanislava Šimuniová eine Prager Mittelschule. Im Verlauf der »samtenen Revolution« wählte das Volk den Regimekritiker Václav Havel zum Präsidenten. Ihm lag die deutsch-tschechische Aussöhnung am Herzen. Es herrschte ein Gefühl von Aufbruch und Freiheit. Die spätere Äbtissin schrieb sich für Sonderpädagogik an der Karls-Universität ein und genoss das Studierendenleben bei existenzialistisch-philosophischen Diskussionen in den neu entstandenen Cafés und Clubs. Da ihr Geld und ihre Sprachkenntnisse für große Auslandsreisen nicht reichen, trampt sie nach Niedersachsen, um an einer lutherischen Volkshochschule Deutsch zu lernen. Spätestens hier beginnt die spirituelle Spurensuche, nimmt Gott einen größeren Platz in ihrem Leben ein.

> *»Mein Glaubensweg war spannend,*
> *sehr wechselvoll und schön.«*

Als protestantische Missionarin in Sibirien erträgt sie die Einsamkeit mit Gottes Beistand. Während ihres Stipendien-Aufenthalts an einer internationalen dänischen Schule wird ihr deutlich, wie wichtig ihr Gebet und Kirchenbesuche sind. Über ihre Arbeit für die katholische Caritas und über die katholische Studentengemeinde lernt sie Benediktiner des Prager Klosters Břevnov kennen. »Ich habe Ora-et-labora-Wochen besucht und war vom Rhythmus und dem Stundengebet fasziniert und liebte die katholische Messe.«

Ihr Leben sortiert sich neu: Als tschechische Landesbeauftragte der Aktion Sühnezeichen Friedensdienste kümmert sie sich ab 2003 um deutsche Jugendliche, die in tschechischen Gedenkstätten mitarbeiten. Die Arbeitssprache ist Deutsch. »Wir Tschechen improvisieren, lassen Dinge auf uns zukommen und sind entspannter«, erzählt sie und ergänzt, dass ihr die besten Ideen spontan kämen. Jetzt hilft ihr die Kenntnis der deutschen Mentalität, sich in beiden Ländern zu bewegen.

Als in ihr der Ruf lauter wird, ins Kloster zu gehen, vermitteln sie die tschechischen Patres an die Abtei Venio. Hier spielt die Integration Osteuropas eine große Rolle. »Einige Schwestern stammten aus der ehemaligen Tschechoslowakei oder hatten Eltern oder Verwandte aus Böhmen, die nach 1945 vertrieben wurden, so wie die Familie einer tschechischen Schwester 1939 aus dem Sudentenland wegmusste«, berichtet Sr. Francesca und erinnert an die zweite Priorin der Abtei, Sr. Agape Gensbaur, die als Deutsche aus Prag vertrieben worden war. Lange Jahre wurde das deutsch-tschechische Verhältnis von Krieg, Vertreibung, Schuldzuweisungen, Verdrängen

Versöhnung

und Schweigen geprägt. In der Abtei Venio entwickelten die Schwestern hierfür eine besondere Sensibilität.

Diese Verbundenheit spürten die tschechischen Schwestern aus der polnischen Benediktinerinnen-Abtei Przemyśl. Auf der Suche nach einer Neugründung in ihrer Heimat, wo es seit 1919 keine Benediktinerinnen mehr gab, lebten sie probeweise im Münchner Konvent und entschieden sich 2004, sich durch die Übertragung ihrer Gelübde dauerhaft an die Gemeinschaft zu binden. Dem vorausgegangen war ein achtsamer Annäherungsprozess beim gemeinsamen Beten, Singen und bei Gesprächen sowie Diskussionen über das Leben in Prag – begleitet von Supervision. »Die Mitschwestern stammten aus einem Klausurkloster und hatten ihre Berufe aufgegeben«, erklärt Sr. Francesca. Um den Lebensunterhalt zu bestreiten, kehrten sie in ihre Berufe zurück. Das war nicht einfach.

Während der kommunistischen Herrschaft gab es in der damaligen Tschechoslowakei keine Benediktinerinnen mehr. Ordensleute wurden verfolgt, liquidiert, verhaftet und ins Exil getrieben. Nach 1989 erhielten die tschechischen Benediktinermönche das 993 gegründete Stift Břevnov in Prag zurück. Es gelang, die zerfallene Barockanlage zu restaurieren und die Erzabtei zum Zentrum benediktinischer Spiritualität zu machen. »Meine spätere Mitschwester Anežka Najmanová lernte in der Abtei 1990 die jahrtausendealte benediktinische Tradition kennen«, erzählt Sr. Francesca, und sie sei so begeistert gewesen, dass sie in Tschechien den weiblichen Benediktiner-Orden wiederbeleben wollte. Die Břevnover Patres überlassen dem Venio-Konvent schließlich das Pfarrhaus der Wallfahrtsstätte St. Maria de Victoria am Weißen Berg. Nach der aufwändigen Renovierung kehren die tschechischen Schwestern gemeinsam mit einer deutschen Mitschwester nach Prag zurück, wo es nun seit über 80 Jahren wieder Benediktinerinnen gibt.

»Für uns Tschechen symbolisiert der Weiße Berg mit der Wallfahrtskirche St. Maria de Victoria einen historisch belasteten Ort, an dem der Dreißigjährige Krieg nach der Schlacht unsere Geschichte langfristig beeinflusste«, sagt Sr. Francesca. Die heutige barocke Pilgerkirche feiert den Sieg der Habsburger über die protestantischen Stände. Die berühmte Schlacht von 1620 begründete ein nationales Trauma und steht für die 300-jährige Unterdrückung Böhmens. 1728 bannt der bayerische Maler Cosmas Damian Asam mit seinem Deckengemälde in der Hauptkuppel den Triumph der Katholiken ins Bild. »Wir beten in der Wallfahrtskirche an einem Ort, der im Nationalbewusstsein der Tschechen mit dem negativen Bild der katholischen Gegenreformation verbunden ist«, erläutert Sr. Francesca und verweist damit auf ihre protestantischen Wurzeln. Das sei eine tägliche Herausforderung, der sich die Schwestern mit der Pfarrgemeinde gemeinsam annehmen. Umso wichtiger sei ihr das Errichten eines ökumenischen Versöhnungskreuzes zu dem 400-jährigen Gedenken der Schlacht in Prag gewesen.

»Das Leben unserer Prager Schwestern wird ein Stück weit von der belastenden Geschichte dominiert«, so Sr. Francesca, und fügt hinzu, dass die Tschechen sich vom Glauben noch weiter entfernt hätten als die deutsche Gesellschaft. »Vielleicht sind wir als ein Orden mit Anbindung an die Welt geeignet, den Keim für einen fruchtbaren Dialog zwischen Generationen, Nationen und Religionen zu legen.« Hierfür renovierten die Benediktinerinnen ein Gästehaus, in dem Menschen zur Ruhe kommen und Kraft schöpfen können.

Künftig wird die Äbtissin ein Viertel des Jahres in Prag verbringen, wo die vier Schwestern es gewohnt sind, ohne Leiterin auszukommen. »In München verlangen die jungen und älteren Schwestern mehr Aufmerksamkeit und Begleitung«, meint Sr. Francesca, die als Äbtissin das Kloster nach innen und außen vertritt. »Ich halte nichts von einer Zentrierung auf mein Amt.« Dennoch lässt sie keinen Zweifel, dass die Verantwortung bei ihr liegt. »Ich merke, wie ich nach dem Schrecken über meine Wahl in das Amt hineinwachse und einen partizipativen Führungsstil entwickle.« Dies sei für ältere Schwestern nicht einfach, die einer Äbtissin mit viel Respekt und Gehorsam begegneten.

> »In dem Wort Gehorsam steckt das Wort ›hören‹, das heißt ich ›höre‹ mit der Schwester, welchen Weg uns Gott vorschlägt, was er zu sagen hat«,

erläutert Sr. Francesca. Der Konvent hat sie auf zwölf Jahre gewählt, was danach komme, liege in Gottes Hand. »Es ist sein Projekt, wie es danach weitergeht.«

| Versöhnung |

»Gemeinschaften mit einer Ghetto-Mentalität werden schließen, sanft entschlafen. Konvente, die sich an den Bedürfnissen des heutigen Menschen orientieren, haben eine Zukunft.«

Sr. Katharina Kluitmann

Franziskanerin von der Buße und der christlichen Liebe, Lüdinghausen

Wie reflektiert sich ein Orden mit dem Thema Machtmissbrauch beschäftigt

Am Abend vor dem Interview mit Sr. Katharina Kluitmann lief zur besten Sendezeit im Ersten Deutschen Fernsehen die Dokumentation »Wie Gott uns schuf«. Hundert gläubige Christen, die alle bei der katholischen Kirche angestellt sind oder waren, outeten sich als lesbisch, schwul, trans- und bisexuell. Mit ihrem Bekenntnis zur sexuellen Orientierung riskierten sie ihren Arbeitsplatz. Denn die katholische Kirche in Deutschland kann es sich arbeitsrechtlich noch erlauben, die lesbische Chefärztin, den schwulen Priester und den bisexuellen Diakon zu entlassen, sobald ihr Privatleben publik wird. »Nach dem Film stand mein Handy nicht mehr still und es ging ein Beben durch die Kirche«, berichtet Sr. Katharina, die den Film inhaltlich und künstlerisch sehr gut gemacht fand. Bis Mai 2022 stand die Franziskanerin der Deutschen Ordensobernkonferenz (DOK) als Vorsitzende vor – einem Zusammenschluss der Höheren Oberen der Orden und Kongregationen in Deutschland. Der DOK gehören rund 410 Obere an, die rund 12.600 Schwestern und 3.500 Brüder vertreten. Sr. Katharina selbst ist Franziskanerin von der Buße und der christlichen Liebe, Lüdinghausen, deren Provinzoberin sie seit 2012 war.

Hinter Sr. Katharina liegen anstrengende Zeiten. Für vier Jahre war sie das Gesicht der Orden, wenn es um Kirchenkrise, Nachwuchssorgen, Überalterung oder den Missbrauchsskandal ging. »Ich habe den Kopf hingehalten und war vor allem beim Thema Missbrauch ständig in den Medien präsent«, so die 57-Jährige. Als Psychotherapeutin fällt es ihr nicht schwer, über Sexualität zu sprechen. »Die Missbrauchsthematik war in den vergangenen vier Jahren nochmals sehr virulent. Wir wussten nicht genug über das, was in den einzelnen Gemeinschaften geschehen ist und geschieht: an Taten, aber auch an Aufklärung, Aufarbeitung und Prävention.« Während ihrer Amtszeit führte die DOK 2019 eine Befragung zum Thema »Sexueller Missbrauch« unter ihren Mitgliedern durch, an der sich die meisten Orden beteiligten. Die Befragung bestätigte, dass der Missbrauchsskandal nicht nur die diözesan verfasste Kirche betraf, sondern ebenso die Ordensgemeinschaften. Im Mittelpunkt der Erhebung standen die bei den Orden und Kongregationen eingegangenen Meldungen zu Grenzverletzungen, Übergriffen und sexuellem Missbrauch. Die Situation in den Orden spiegelt ein gesamtgesellschaftliches Phänomen wider, wonach Männer häufiger als Frauen zu körperlichen Übergriffen neigen. Insgesamt 654 Ordensleute wurden beschuldigt. 1.412 Personen meldeten sich bei den Gemeinschaften mit Missbrauchsvorwürfen. 22 Prozent der Frauengemeinschaften und knapp 70 Prozent der Männergemeinschaften waren mit Missbrauchsvorwürfen konfrontiert. Demnach gab es eine kleine Gruppe von Ordensschwestern, die sich ebenfalls missbräuchlich gegenüber ihnen Anvertrauten verhielten oder solche Missbräuche zuließen. »Derartige Übergriffe passierten in den fünfziger bis siebziger Jahren vor allem in Heimen, Behinderteneinrichtungen und der stationären Psychiatrie.« Bei den männlichen Kongregationen fanden Übergriffe hauptsächlich in Klosterschulen und Internaten oder in Pfarreien statt. »Die Befragung war ein erster, wichtiger Schritt, um mehr über das Ausmaß sexueller Gewalt unter Ordensleuten zu erfahren«, so Sr. Katharina, die von einer Dunkelziffer ausgeht.

»Prävention muss dazu führen, dass junge Menschen in kirchlichen Kontexten einen Schutzraum erleben, wo sie sich anvertrauen und über Gewalt- und Missbrauchserfahrungen auch außerhalb der Orden sprechen können.« Konzepte und Schutzmaßnahmen variieren von Gemeinschaft zu Gemeinschaft, da Orden sehr unterschiedlich in Größe und Sendungsauftrag sind. Orden, die Minderjährige in klostereigenen Kindergärten, Schulen, Internaten oder Heimen betreuen, sind in der Regel in der Präventionsarbeit inzwischen gut aufgestellt. Die meisten Ordensgemeinschaften haben sich mit dem Thema »sexuelle Gewalt« inhaltlich auseinandergesetzt, so der DOK-Bericht. »Viele Kongregationen sind stark überaltert. Dort haben weder Schwestern noch Brüder Kontakt zu Kindern und Jugendlichen. Da ist Präventionsarbeit in diesem Sinn weder möglich noch nötig«, sagt Sr. Katharina.

Im Mai 2021 unterzeichneten die ehemalige DOK-Vorsitzende und der damalige Unabhängige Missbrauchsbeauftragte der Bundesregierung, Johannes-Wilhelm Rörig, eine »Erklärung zur Aufarbeitung sexualisierter Gewalt«. Darin verständigten sie sich über verbindliche Rahmenbedingungen für eine unabhängige Aufarbeitung im Bereich der Orden.

Ordensschwestern und andere Frauen können auch selbst Betroffene von körperlichen Übergriffen sein. »Das Thema Missbrauch an erwachsenen Frauen durch Kleriker und Brüder war lange tabuisiert.« Aus Scham und Angst konnten oder wollten Betroffene nicht sprechen. Bislang liegen keine konkreten Zahlen über missbrauchte Schwestern in Deutschland vor. »Ich halte Missbrauch von Klerikern an Ordensfrauen in Deutschland nicht für ein Massenphänomen und glaube nicht, dass er sozusagen ›mit System‹ betrieben wird.« Dies sieht in anderen Weltgegenden anders aus: In Afrika, Asien und Ozeanien sind zahlreiche Fälle bekannt, wie eine Befragung des katholischen Hilfswerks missio jüngst zu Tage brachte. Für Aufsehen sorgte der französische ARTE-Film

»Gottes missbrauchte Dienerinnen« aus dem Jahr 2019. Zwei französische Redakteure gingen über zwei Jahre weltweit den Vorwürfen von Ordensfrauen nach, von Klerikern ausgebeutet worden zu sein. Inzwischen hat Papst Franziskus 2019 als erster Pontifex eingeräumt, dass Ordensschwestern in der Kirche missbraucht wurden und wohl auch noch werden.

»Missbrauch hat systemische Ursachen. Macht begünstigt alle Missbrauchsformen, egal, ob es sich um Minderjährige, Erwachsene im Ausbildungsverhältnis, Schutzbefohlene oder Ordensfrauen handelt.« Zunehmend in den Fokus rücke das Phänomen des geistlichen Missbrauchs, für den es bislang noch keine eindeutige Definition gibt. Für die Ordensfrau ist der »geistliche Missbrauch« ein Sammelbegriff, der für die verschiedenen Formen des emotionalen und/oder des Machtmissbrauchs im Kontext des geistlichen, religiösen Lebens steht. Problematische Machtstrukturen in der Seelsorge können geistlichen Missbrauch und emotionale Abhängigkeiten begünstigen, beispielsweise in der Beichte, der Einzelsorge und in Gemeinschaften, die sehr abgeschottet leben. »Diese Missbrauchsform entsteht nicht erst dann, wenn es zu sexuellen Handlungen kommt«, sagt Sr. Katharina und fügt hinzu, dass es gerade das Gefährliche sei, dass diese Missbrauchsform »im frommen Gewand« daherkomme.

Scham und die schweren gesundheitlichen Folgen für Betroffene sind der Psychologin aus ihrer therapeutischen Arbeit für Menschen in kirchlichen Berufen vertraut. So baute sie das 2004 eröffnete »Centro – Psychologische Begleitung für Menschen im Dienst der Kirche« im Bistum Münster mit auf. Die Beratungsstelle wendet sich an Priester, Ordensleute und pastorale Mitarbeitende, die Selbsterfahrung wünschen oder an psychischen Krankheiten wie Depressionen oder an einem Burnout leiden. »Ohne Werbung zu machen, hatten wir eine

Versöhnung

lange Warteliste«, erzählt Sr. Katharina. Bei ihrer anspruchsvollen Aufgabe halfen ihr sowohl ihr Theologiestudium als auch eine psychotherapeutische Ausbildung und ein Psychologiestudium an der Päpstlichen Universität Gregoriana in Rom. Dort kam sie in Berührung mit den Schriften des 2002 verstorbenen Jesuitenpaters und Mediziners Luigi Rulla. Dieser hatte 1971 an der Gregoriana das »Istituto di Psicologia« gegründet und beschäftigte sich mit den psychologischen und spirituellen Aspekten der Entscheidungsfindung bei geistlichen Berufungen. In Rom lebte Sr. Katharina als Teil einer internationalen Gemeinschaft und wohnte mit anderen Ordensfrauen aus zwanzig verschiedenen Ländern in einem ehemaligen Wohnheim für Bedienstete. »Ich habe meine vier Jahre in Rom sehr genossen und das italienische Leben mit seinem Flair kennengelernt.«

2007 erschien ihre empirische Untersuchung über die Situation junger Frauen in apostolisch tätigen Ordensgemeinschaften in Deutschland, mit der sie promovierte. Darin analysierte sie die Motivation, die Erwartungen, die psychische Gesundheit und die Reife der Frauen. Eine der Kernfragen lautete: »Wie steht es um die psychische Gesundheit und Reife dieser Frauen?« Die Untersuchung basierte auf Interviews mit 150 Probandinnen aus 56 verschiedenen Gemeinschaften. »Ich habe sehr viel mehr Antworten bekommen, als ich erwartet hatte, vor allem sehr ehrliche.«

Die Ergebnisse wurden breit rezipiert. »Die jungen Schwestern stehen oft vor großen Herausforderungen. Die Konvente sind vollkommen überaltert, Novizinnen einem riesigen Erwartungsdruck ausgesetzt«, resümiert Sr. Katharina und spricht den Generationenkonflikt in manchen Konventen an. Ältere Schwestern hätten bisweilen zu wenig Verständnis für ihre jüngeren Mitschwestern. Diese befänden sich in einem Spagat zwischen Gemeinschaftsleben, Gebetszeiten und Berufstätigkeit und würden häufig nach kurzer Zeit Ämter im Kloster übernehmen. Zudem prallen unterschiedliche Kommunikationsformen und ein mitunter aus der Zeit gefallener Lebensstil zwischen Spitzendeckchen, Blumentapeten und kitschigen Heiligenfiguren aufeinander, der mancher Jungen die Luft zum Atmen nimmt.

Frauen treten heute in der Regel später in ein Kloster ein, kommen aus unterschiedlichen religiösen Milieus und verfügen über mehr Berufs- und Lebenserfahrung. »Wir wollen, dass sich auch gebildete und autarke Novizinnen im Kloster wohlfühlen und dazu gehört, dass junge Menschen ihrem Lebensalter gemäß leben können.« Nicht alle Frauen, die sich für ein Leben im Orden interessieren, sind geeignet. »Ich fände es gut, wenn in einem psychologisch-psychiatrischen Gutachten die Reife der Interessierten vor den Gelübden getestet würde.«

Sehr bewusst wählte Sr. Katharina als Titel ihrer Dissertation: »Die Letzte macht das Licht an?«

> »Ordensleben ist so genial, das wird es immer geben.«

Der Boom der Frauenkongregationen im 19. Jahrhundert sei jedoch die Ausnahme. »Wir kehren gerade zum Normalfall zurück, nämlich, dass es eine kleine Minderheit der christlichen Menschen gibt, die in einem Kloster leben.« Die Ordensgeschichte sei von einem ständigen Auf und Ab geprägt. »Gemeinschaften mit einer Ghetto-Mentalität werden schließen, sanft entschlafen. Konvente, die sich an den Bedürfnissen des heutigen Menschen orientieren, haben eine Zukunft.« Sr. Katharina rechnet damit, dass in den kommenden zwanzig Jahren viele Gemeinschaften verschwinden werden. Der radikale Schrumpfungsprozess habe auch positive Seiten: Konvente vernetzten sich zunehmend, ältere Schwestern verschiedener Orden verbrächten ihr Alter in einem Pflegeheim, Schwestern verschiedener Gemeinschaften lebten in kleinen Konventen zusammen und engagierten sich für innovative Projekte. In der Ausbildung der wenigen Novizinnen fänden auch ordensübergreifend Seminare und Kurse statt. »Ich würde sagen, wo es gut läuft, werden die Grenzen durchlässiger, ohne dass man deshalb jetzt formal fusionieren muss.«

Besonders beim Thema Macht kann die Kirche von den Orden lernen:

> »In den Gemeinschaften gibt es Leitung auf Zeit. Das verändert die Macht.«

Für die Amtskirche hält Sr. Katharina einen Abbau unnötiger Hierarchien und bürokratischer Strukturen für ebenso unabdingbar wie Transparenz und andere Kommunikationsstrukturen. Die Ordensfrau war schon während ihrer Zeit als DOK-Vorsitzende Delegierte der Orden beim Synodalen Weg und hat beispielsweise die Forderung nach Abschaffung des Pflichtzölibats für Priester unterstützt. Aus ihrer reichen Erfahrung mit eingefahrenen Strukturen und Machtansprüchen weiß sie, wie lange Reformprozesse dauern können, welche Blockaden es zu überwinden gibt. »Der Heilige Franz von Assisi hat immer gesagt, dass es um das Evangelium ohne Schnörkel geht, ohne Kommentare, ohne zu viel Drumherum. Das würde ich mir wünschen: eine größere Einfachheit«, so Sr. Katharina.

»Ich werde bei der ersten Priesterweihe einer Frau noch dabei sein – und wenn ich mit dem Rollator komme«, meint sie mit einer gewissen Selbstironie. Die Frage, selbst Priesterin zu werden, hat sie sich lange Jahre nicht gestellt. Daran interessieren sie nur bestimmte Aspekte wie das Predigen und das Abnehmen der Beichte. Schon seit den Zeiten als Messdienerleiterin habe sie »ein Faible für das Thema Beichte« gehabt.« Gerne würde sie Beichtmutter sein und die Beichte abnehmen. Ihre eigene Gemeinschaft trägt die Buße schon im Namen. Dort fühlt sich die Ordensfrau am richtigen Platz. »Mein Wunsch war es, ein intensives geistliches Leben in Gemeinschaft mit anderen führen zu können und meinen Glauben, meine Überzeugungen weitergeben zu können, indem ich in der Gesellschaft tätig bin.« Nach einem Theologie- und Psychologiestudium in Bonn und Rom, trat sie 1990 mit 25 Jahren in den Franziskanerinnenorden in Lüdinghausen ein, wo sie 1999 ihre Ewige Profess ablegte. Die Ordensfrau Catharina Damen hatte 1835 die Gemeinschaft in den Niederlanden gegründet, um »das Evangelium mitten unter den Menschen zu leben«.

Ordensschwester wollte Sr. Katharina schon früh werden. Mit einem jüngeren Bruder wächst sie in Düsseldorf auf. Die Mutter engagiert sich in der Kirchengemeinde, der Vater, ein gelernter Schneidermeister, lebt seine Kreativität als Künstler aus, erfindet eine spezielle Papp-Reißtechnik und produziert Drucke. Früh begeistert sich die Tochter für Jugendmessen, Liturgie und Stundengebet und wächst in einem traditionellen katholischen Milieu vom Kindergarten bis hin zum Sportverein auf. Nach dem Abitur fühlt sie sich unter Druck mit der Überlegung, in welchen Orden sie eintreten könnte. Der Gedanke, Karmelitin zu werden, wird wegen der strengen vatikanischen Regeln für kontemplative Frauenkongregationen verworfen. Heimlich schmuggelt sie an den Eltern Flyer verschiedener Ordenskongregationen vorbei, die sie beim Katholikentag eingesteckt hat und sich per Post schicken lässt. Als sie kurz vor der Silberhochzeit ihrer Eltern von ihrem geplanten Eintritt in einen Orden erzählt, bricht für die Mutter eine Welt zusammen. »Meine Eltern hatten noch Klischeevorstellungen vom Ordensleben und befürchteten, mich niemals mehr zu sehen.«

Heute lebt ihre Gemeinschaft vor, wie Umbrüche positiv genutzt werden können, wenn rechtzeitig die Weichen neu gestellt werden.

> »Als Gemeinschaft haben wir es vorbildlich hinbekommen, nicht an unseren Werken zu kleben, sondern loszulassen«,

meint Sr. Katharina. Die meisten, darunter viele betagte Schwestern, leben in dem 1896 eingeweihten, dreigeschossigen Backsteinbau, dem St.-Antonius-Kloster in Lüdinghausen. Lange Zeit unterrichtete ein Teil der Ordensfrauen in der klostereigenen Mädchenschule, die bereits 1975 in die Trägerschaft der Stadt als städtisches Gymnasium überging. Das vom Orden betriebene Altenheim wurde 2010 in eine Stiftung übertragen und wird im christlichen Sinn weitergeführt. Die noch aktiven Schwestern im St.-Antonius-Kloster bieten eine Fülle von Angeboten für verschiedene Zielgruppen an: Von Exerzitien, geistlichen Gesprächen, Führungen und für interessierte Frauen ein Mitleben im Kloster. »Im Grunde sind wir als Orden zu unseren Wurzeln zurückgekehrt.«

Im Laufe der Zeit hat die Frauengemeinschaft stets auf die Nöte der Zeit reagiert, ihren Sendungsauftrag angepasst. Heute leben die Schwestern nicht notgedrungen an einem Ort, sondern helfen – oft auch ehrenamtlich – dort aus, wo sie gebraucht werden. Sr. Judith arbeitet und lebt im Gasthaus und der Gastkirche mitten in der Fußgängerzone von Recklinghausen, wo sie sich unter anderem um Straffällige, Obdachlose und Menschen mit Alkohol- und Drogenproblemen kümmert, Trauernde begleitet und einen Frauentreff organisiert. Seit 2011 haben die Franziskanerinnen eine Stadtwohnung im Pfarrzentrum nahe der Münsteraner Überwasserkirche angemietet. Derzeit leben dort noch Sr. Katharina und eine Novizin. Neun Jahre lang teilten sich die Lüdinghauser Franziskanerinnen die Mietwohnung mit Schwestern einer anderen franziskanischen Kongregation. Sr. Katharina kann sich gut vorstellen, die freigewordenen Zimmer an Interessentinnen zu vermieten, die ein modernes Klosterleben kennen lernen wollen. Jede Schwester wohnt in einem eigenen, schlicht eingerichteten Zimmer mit Meditations- und Gebetsecke. Gemeinsam wird gebetet, gegessen und es werden Termine abgesprochen. Hausarbeit wird aufgeteilt. Lachen und Heiterkeit gehören zum gemeinsamen Leben dazu.

> »Wir leben verbindlich unseren Glauben,
> sind aber in der Form frei,
> tolerant und ökumenisch orientiert«,

sagt die ehemalige Provinzoberin, die damit ihren Glauben so praktizieren kann, wie sie es sich gewünscht hat.

Parallel erlebt sie die von der Pastoraltheologin Ute Leimgruber in ihrer Habilitation »Avantgarde in der Krise« beschriebene »ars morendi« von Konventen, die auf Grund ihrer Überalterung keine Zukunft haben. 2021 wählte das Provinzkapitel der niederländischen Provinz von der göttlichen Vorsehung Sr. Katharina zur neuen Provinzoberin. Ihre Aufgabe ist es, die Mutterprovinz aufzulösen, Liegenschaften zu verkaufen und dafür zu sorgen, dass die Mitschwestern medizinisch und geistlich gut versorgt werden. »Catharina hat hier aufgemacht, Katharina macht hier zu«, hätten ihr die charismatischen Schwestern gesagt. Sprachbegabt wie sie ist, spricht sie nun noch niederländisch, um sich mit den 28 hochbetagten Schwestern verständigen zu können. Ihr Wohnort wird dennoch Münster bleiben, alle zwei bis drei Wochen will sie in die Niederlande reisen.

> »Wir Orden sind so eine Art Sauerteig. Es bricht zwar derzeit eine Sozialform, eine Kultur ab, aber der Glaube und die Faszination, die lebt, auch, wenn Volkskirche sich gerade sehr verändert. Wir Ordensleute wissen noch nicht genau, wo es langgeht. Ich sehe aber an so vielen Ecken neue Ideen, dass ich sicher bin, dass es Ordensleben immer geben wird.«

| Versöhnung |

»Die Not des Menschen heute ist es, einen Ort zu finden, wohin er mit allem, was ihn ausmacht, mit allen Fragezeichen in seinem Leben, mit seinen Schwierigkeiten im Glauben kommen kann und darf.«

Sr. M. Anne Strubel

Arme Franziskanerin
von der Heiligen Familie,
Kloster Mallersdorf

Wie eine Ordensschwester gestressten Frauen Raum für Stille bietet

Das Brot ist eine Delikatesse, wie es mehlbestäubt, duftend und mit Kruste aus der Klosterbäckerei kommt. Die Backstube, wo sie den Sauerteig zu runden Laiben formen, ist einer der wenigen Handwerksbetriebe, in denen die Schwestern noch tätig sind. Wie viele andere karitative Frauenkongregationen leiden die Armen Franziskanerinnen von der Heiligen Familie darunter, dass niemand mehr in ihren Orden eintritt und die Schwestern betagter werden.

Über hundert Jahre lang waren die Ordensfrauen in der Pfalz und im ländlichen Bayern eine Institution. Sie kümmerten sich um Waisen, verwahrloste Kinder, Alte, Kriegsinvaliden sowie Arme und gründeten Schulen, Kliniken, Altenheime und Kindergärten. Mit ihrer Tätigkeit etablierten sie Strukturen der Sozialfürsorge und gaben Frauen aus ärmeren Schichten Berufsmöglichkeiten als Krankenschwestern, Erzieherinnen, Lehrerinnen, Näherinnen und im hauswirtschaftlichen Bereich.

Der Pirmasenser Stadtpfarrer Paul Josef Nardini gründete den franziskanischen Orden, um insbesondere Familien beizustehen: In der Schuhstadt Pirmasens arbeiteten Männer lange Stunden in der Fabrik. Die Frauen verkauften die Schuhe landauf und landab. Ihre Kinderschar blieb sich selbst überlassen und hatte oft keine ausreichende Schulbildung. »Unser Ordensgründer zielte auf eine christliche Erneuerung des Familienlebens besonders in den niedrigen, armen Ständen ab. Die schulische Ausbildung der Kinder lag ihm sehr am Herzen«, berichtet Sr. M. Jakobe, die 2013 zur Generaloberin gewählt wurde.

Das Mutterhaus der Schwestern ist in Mallersdorf, in der Nähe von Straubing, weshalb die Schwestern vereinfacht »Mallersdorfer Schwestern« genannt werden.

1869 erwarben die Ordensfrauen die ehemalige Benediktinerabtei, die majestätisch auf einem Berg thront. In der Blütezeit bewirtschafteten die Schwestern 140 Hektar Land und verrichteten dabei körperliche Schwerstarbeit. Sie pflanzten Weinreben, ernteten Trauben, bauten Gemüse, Obst und Blumen an. Gemeinsam mit Angestellten betrieben sie eine Metzgerei, Brauerei und eine Schreinerei.

»Für mich waren die Mallersdorfer Schwestern ein feststehender Begriff«, erinnert sich Sr. Anne Strubel, die in einem katholisch geprägten Dorf in der Nähe von Pirmasens aufwuchs, wo der Selige Priester Nardini eine hohe Verehrung genießt. Nach der Schule arbeitete sie als Stationshilfe in der Kinderklinik, die von den Mallersdorfer Schwestern geleitet wurde. In ihrer Familie gehörten tägliche Gebete und der Besuch von Gottesdiensten zum Leben dazu. Die Entscheidung, in den franziskanischen Orden einzutreten, reifte langsam: 1973 wird Anne Strubel Novizin und legt 1981 ihre Ewige Profess ab.

Im Orden schloss sie eine Erzieherinnen-Ausbildung ab, arbeitete viele Jahre in einem Kindergarten und in der Seelsorge und absolvierte eine Ausbildung zur geistlichen Begleiterin und für Exerzitien. Des Weiteren belegte sie Kurse in Katechese, Liturgie und Trauerbegleitung. Heute steht die 72-jährige den Frauen zur Seite, die »Stille Tage« im Kloster verbringen. »Früher wirkten Schwestern in Niederlassungen außerhalb des Mutterhauses und waren den Menschen nahe. Heute laden wir sie zu uns ins Kloster nach Mallersdorf ein«, so Sr. Jakobe.

Versöhnung

Allgemein wird der Weggang der Schwestern bedauert, die durch ihr Wirken – auch im Ruhestand in ihrer ehrenamtlichen Tätigkeit und kleinen Diensten – in den Pfarreien und bei der Bevölkerung geschätzt waren. In den letzten Jahren zogen sich die Schwestern aus verschiedenen, nicht ordenseigenen Einrichtungen zurück, wie aus den Priesterseminaren Regensburg und München. Die ordenseigene sechsstufige Mädchenrealschule wurde an die Schulstiftung der Diözese Regensburg übergeben, die Nardiniklinikum GmbH an zwei Standorten in Landstuhl und Zweibrücken ebenfalls an eine Stiftung übertragen. In Mallersdorf werden Betriebe, nachdem Mitarbeitende in Rente gehen, eingestellt. Es wirken zurzeit 48 Angestellte im Sinne der Schwestern.

Zählte die Kongregation 1955 noch 3.398 Schwestern in 371 Niederlassungen, so sind es heute noch 507 Schwestern. Vor allem die Niederlassungen in Rumänien und Südafrika wachsen. Dort engagiert sich der Orden für Arme, Alte, Kranke und Kinder.

Nach wie vor befinden sich zwei Kindergärten, ein Kneippkurhaus in Bad Wörishofen sowie die Fachakademie für Sozialpädagogik in den Händen der Schwestern, die diese Einrichtungen leiten. Die alten Schwestern helfen nach ihren Möglichkeiten mit, wie zum Beispiel in der Wäscherei, der Küche oder an der Pforte. In der Klosterbrauerei stellt Sr. Doris als deutschlandweit einzige Ordensfrau jährlich 3.000 Hektoliter Bier her und ist bekannt »wie ein bunter Hund«.

Das Kloster bietet Familien, Singles, Jugendlichen und Kindern ein breites Programm, wie Firmtage, Wanderungen, Exerzitien, Meditationen und Seminare, an. Ratsuchende finden an der Klosterpforte Gehör, wo sie mit einer warmen Mahlzeit, Kleidung und wenn nötig auch mit Lebensmitteln versorgt werden. »Zu uns kommen auch Menschen, die um finanzielle Hilfe bitten. Sie können manchmal ihre Miete oder Stromrechnung nicht mehr zahlen«, so Sr. Jakobe.

Die Angebote für »Stille Tage« richten sich an Frauen, die im Kloster auftanken oder Abstand von einer Krankheitsdiagnose, beruflichen Problemen, einem Todesfall oder einer Trennung bekommen wollen. »Von der Studentin bis ins hohe Alter nehmen Frauen deutschlandweit das Angebot wahr«, so Sr. Anne, die die Tage der Stille verantwortet. Die Ordensfrau registriert einen wachsenden Bedarf, egal, ob es sich um kirchennahe oder kirchenferne Menschen handelt, und stellt klar, dass die geistliche Begleitung keine notwendige Psychotherapie ersetzen kann. »Die Not des Menschen heute ist, einen Ort zu finden, wo er mit allem, was ihn beschäftigt, mit allen Fragezeichen in seinem Leben, mit seinen Schwierigkeiten im Glauben ankommen kann und darf.« Die Betreuung erfolgt individuell. Außer dem Mittagessen gibt es keine festen Termine. »Ich sage oft:

> *Die Seele entscheidet, wo es heute langgeht.«*

Sr. Anne setzt Impulse, führt Gespräche und ist froh, wenn sie Perspektiven und nächstmögliche Schritte aufzeigen kann. »Begleitung in den Stillen Tagen heißt für mich, ich kann die Wunden nicht wegnehmen, ich versuche zu helfen, damit zu leben.« Ein Ziel sei erreicht, wenn Frauen sich mit sich selbst versöhnten.

Eine Teilnahme am Stundengebet und der heiligen Messe ist möglich. Heilige Messe, Gebet, Meditation und Spaziergänge im Garten der Stille sind Fixpunkte wie Kraftquelle für die Frauen. Im Geiste Nardinis vertraut Sr. Anne die Sorgen der Frauen in der Eucharistiefeier Gott an. Es gehört zu der besonderen franziskanischen Spiritualität, dass Schwestern während des Tages die Eucharistische Anbetung pflegen und das »Allerheiligste« verehren, das heißt die in der heiligen Messe konsekrierte Hostie. Die Ordensfrauen tragen die Anliegen der Kirche und die Bitten der Menschen vor Gott, gemäß dem Ordensmotto: »Die Liebe Christi drängt uns.«

»Wir haben unsere ordenseigenen Einrichtungen für die Zukunft gut aufgestellt. Unser Augenmerk und unsere Planungen sind nun auf unser Mutterhaus gerichtet«, so die Generaloberin. Der ausgebildeten Krankenschwester und Betriebswirtin liegen Menschen am Anfang und Ende des Lebens am Herzen. Sie ist dankbar, dass die Gemeinschaft noch Mitschwestern hat, die »Hebammendienste« leisten dürfen, um Sterbende in die Ewigkeit Gottes zu begleiten. Sr. Jakobe geht von einer deutlichen Verkleinerung der Kongregation aus und blickt dennoch positiv in die Zukunft. Einen Aufnahmestopp für Postulantinnen wollen die Ordensfrauen nicht verhängen. Es gibt Frauen, die sich für ein Ordensleben interessieren, aber sich dann nicht dauerhaft binden wollen oder können. Der Generaloberin ist nicht bange. »Wenn Gott möchte, dass es uns weiterhin gibt, dann werden auch Frauen wieder in unseren Orden eintreten, wenn nicht, wird er uns andere Wege zeigen«, und sie zitiert eine Aussage von Nardini: »Übergebe alles dem Allmächtigen, er möge es nach seinem Willen lenken.«

| Versöhnung |

»Die tägliche Meditationspraxis lehrt uns, anzunehmen, was ist. Wir kultivieren den Mut, die Verletzlichkeit alles Lebendigen anzugucken.«

Lama Yeshe Sangmo

Leiterin des buddhistischen Studien- und Meditationszentrums Möhra

Wie krisenhafte Lebensübergänge Menschen in ihrer seelischen und geistlichen Entwicklung weiterbringen können

Vielleicht sind es die ausgelassene Stimmung und Heiterkeit, die im Dharmazentrum Möhra herrschen, die die Besucherin sogleich in Bann nehmen. Die große Fensterfront lässt die üppige Fauna in die Innenräume wachsen und beschert ein Meer aus Farben in Blau, Gelb und Rot. Herzlich begrüßt mich Lama Yeshe Sangmo, die seit 2005 das buddhistische Studien- und Meditationszentrum in Thüringen leitet. Seit dem Kauf des maroden Gebäudes ist viel geschehen: Der ehemalige Gasthof und das Ferienwohnheim »Kosmos« wandelten sich in ein lichtdurchflutetes Dharmazentrum mit Stiftungs- und Gästehaus sowie mehreren Wohnhäusern am Stadtrand von Möhra, das eng mit den beiden großen Zentren in Frankreich, Dhagpo Kagyü Ling und Dhagpo Kündreul Ling, zusammenarbeitet. In Deutschland gibt es neben Möhra weitere Zentren in Freiburg, Obermoschel und Darmstadt.

»Als ich das erste Mal von Frankreich nach Möhra kam, befand sich das Haus in einem furchtbaren Zustand«, erinnert sich Lama Yeshe Sangmo. Die Fenster waren zugenagelt, Strom und Wasser funktionierten nicht. Der Hof glich einem Autofriedhof mit Schrottautos. Nur dank zahlreicher Helfer und Helferinnen gelang es, innerhalb weniger Monate das Gebäude umfassend zu renovieren. Der Verein »Karma Kündröl Püntsok Ling« hatte das Haus in einer Versteigerung erworben. »Wir hatten genau 70.000 Euro zur Verfügung«, erzählt die ordinierte Nonne »und genau die Summe hat es gekostet.«

Die Idee, ein buddhistisches Zentrum in der Mitte Deutschlands zu gründen, geht auf das spirituelle Oberhaupt der Karma-Kagyü-Schule, den 17. Gyalwa Karmapa Thaye Dorje, zurück. In den 70er Jahren reiste sein Vorgänger, der 16. Gyalwa Karmapa Rangjung Rigpe Dorje, drei Mal in den Westen. Als Ort für sein Hauptzentrum wählte er ein Gelände in der französischen Dordogne. 1975 folgte Gendün Rinpoche diesem Wunsch und kam zusammen mit Jigme Rinpoche nach Frankreich. 1983 gründete Gendün Rinpoche ein Retreatzentrum in der Auvergne, das bald großen Zulauf von Praktizierenden fand. Später entstanden klösterliche Gemeinschaften für Nonnen und Mönche in Le Bost und Laussedat (Dhagpo Kündreul Ling).

»Wir haben die Retreatgebäude und das Kloster für Frauen in Frankreich selbst gebaut«, erinnert sich Yeshe Sangmo, und auch daran, wie beeindruckend sie Gendün Rinpoche bei ihrer ersten Begegnung fand. 1988 wird sie seine Schülerin. »Mich hat seine direkte raumgebende Präsenz angezogen«, berichtet sie über ihren 1918 in Osttibet geborenen Lehrer. Nach Jahrzehnten eines ganz der Meditation verschriebenen Kloster- und Einsiederlebens habe sich der Meister der Verbreitung der Buddha Lehre in Europa verschrieben. So hatte er den Eindruck, dass diese den Menschen hier helfen kann, konstruktiv mit leidbringenden Emotionen umzugehen. »Mich hat auch berührt, dass Gendün Rinpoche sich so für Frauen eingesetzt hat«, sagt sie. Damit habe er sich über die Rangordnung der Geschlechter in Tibet hinweggesetzt.

»Das Herz aller spirituellen Praxis ist das Entwickeln von Liebe und Mitgefühl. Das Ausmaß, in dem diese beiden entwickelt sind, prägt die Art und Weise, wie jemand dem spirituellen Weg folgt, und zeigt, wieweit sich sein Geist geöffnet hat.«

Versöhnung

Dieses Zitat von Lama Gendün Rinpoche fasse seine Lehre gut zusammen.

Als Yeshe Sangmo 1991 das Novizengelübde bei ihrem Meister ablegte, lag ein weiter Weg und ein Familienleben hinter ihr. Kurz nach Kriegsende in Hannover als Ilse Pohlan geboren, verbrachte sie eine typische Nachkriegskindheit mit »Herumstöbern zwischen den Ruinen«. Ihr Vater arbeitete als Regierungsbeamter im Justizministerium. Ihre Mutter, eine Bauerstochter, kümmerte sich um den Haushalt und ihre zwei Kinder. »Meine Eltern waren beide protestantisch«, erzählt Yeshe Sangmo, die früh schon einen Pioniergeist spürte. Wie viele der 68er-Generation löst sie sich rasch von den bürgerlichen Vorstellungen ihrer Eltern.

»Als ich Ende zwanzig war, durchlebte ich eine tiefe Lebenskrise ohne jedes Urvertrauen und eine Phase der Neuorientierung begann, in der ich mit vielen Konventionen brach«, erzählt die ehemalige Kunstlehrerin. Bald merkt sie, dass ihr ein Lehrer fehlt, der ihre Suche nach Spiritualität unterstützt. Dann geht alles schnell: Sie lernt das dänische Ehepaar Ole und Hannah Nydal kennen, die sich dem für westliche Laien konzipierten Diamantweg des Buddhismus verschrieben haben. Mit dem Paar reist sie durch Tibet und Nepal, wo sie alle wichtigen Lamas der Karma-Kagyü-Linie kennenlernt. Danach dauert es sechs Jahre, bis sich Ilse Pohlan dem Buddhismus als Novizin verschreibt.

Yeshe Sangmo interessiert sich von Anfang an für Lebensübergänge, jene Momente im Leben, in denen alles auseinander zu brechen scheint: Teenager in der Pubertät, Lebenskrisen und Menschen, die in Richtung Sterben gehen. Entsprechend baute sie in Möhra ein Kursprogramm auf. »In den Seminaren vermitteln wir nicht nur Meditations- und Achtsamkeitspraxis, sondern auch, wie wir mit leidbringenden Emotionen und Konflikten geschickt umgehen lernen.« Sie möchte vor allem jungen Menschen zu einem Leben in größtmöglicher innerer Freiheit inspirieren und begleiten. Sie lehrt, was Meditation bedeutet, tauscht sich in Gesprächen mit ihnen über den Umgang mit Emotionen aus und vermittelt Grundlagen zu einem Lebensalltag, der von Mitgefühl und Achtsamkeit geleitet ist. Auch Bogenschießen, Baum- und Kistenklettern stehen auf dem Programm im Sommercamp, genauso wie Arbeiten mit Holz, Kalligrafie oder Theaterspielen. »Unsere Seminare sind über Monate hinweg ausgebucht. Oft gibt es Wartelisten.«

»Viele Familien finden in Möhra ein zweites Zuhause, in dem sie innere Werte kultivieren und Mitgefühl, Großzügigkeit, Gewaltlosigkeit und Spaß am Leben lernen«, so die Leiterin.

Das Sterben habe sie seit ihrer Jugend interessiert. Im Stiftungshaus der Karmapa-Stiftung Möhra betreut sie mit anderen Mitgliedern der Gemeinschaft Sterbende spirituell.

> »Im tibetischen Buddhismus wird der Tod als natürlicher Übergang bewertet und es gibt ein unglaublich tiefes Wissen darüber«,

sagt Yeshe Sangmo und verweist auf Kommentare zum Tibetischen Totenbuch, einer buddhistische Schrift aus dem achten Jahrhundert, das Erlebnisse von Sterbenden schildert, wie die Nachtod-Erfahrung und die Wiedergeburt.

Mit der Wiedergeburt hat die Zentrumsleiterin eine sehr persönliche Erfahrung: »Ich habe den heutigen spirituellen Leiter von Möhra, Gendün Rinchen, schon als Baby getroffen«, erzählt sie. Bis der Franzose 1999 von dem 14. Shamar Rinpoche Mipham Chökyi Lodrö als Karma Gendün Rinchen anerkannt wurde, dauerte es jedoch eine Weile. Seit Kurzem führt der 23-Jährige das Zentrum in eine internationale Zukunft mit größerer Sichtbarkeit, Vernetzung im Sinne des Mandala-Prinzips und mehr Projekten. »Es findet hier gerade ein sehr spannender Generationswechsel statt«, sagt Yeshe Sangmo, die sich langsam von ihren vielfältigen Aufgaben zurückzieht. Sie ist aber weiterhin im Vorstand des Stiftungsrats der Karmapa-Stiftung Möhra tätig, die sich unter anderem für ein generationsübergreifendes Wohnprojekt in Möhra einsetzt.

> »Wir möchten Begegnungsstätten schaffen, die die Menschen dabei unterstützen aus der Isolation herauszufinden und ein natürliches, inspiriertes und angemessenes Leben – gerade auch in Übergangsphasen – gestalten zu können«, erklärt sie.

Das 1257 urkundlich erwähnte Möhra profitiert von dem buddhistischen Zentrum, das aus ganz Europa Gäste anzieht. Inzwischen ist das Dharmazentrum ein wichtiger Dienstleister in der Region und die Nachfrage an Immobilien ist deutlich gestiegen.

»Für die baldige Akzeptanz der Gemeinde war es sehr wichtig, von Anfang an Handwerker aus der Region einzubeziehen«, erinnert sich Yeshe Sangmo an ihre turbulente Zeit. Ein Klempner habe dem Zentrum Lampen geschenkt, der protestantische Pfarrer hat von Anfang an Kooperation, Gespräche und Unterstützung angeboten.

Die Gemeinde war über Jahrhunderte tief im Protestantismus verwurzelt. So stammten Luthers Eltern ursprünglich aus Möhra, das den Titel »Lutherstammort« trägt. Auf dem Dorfplatz in Möhra erinnert ein überlebensgroßes Denkmal an Martin Luther. In Worms hatte er vor Kaiser Karl V. seine Schriften verteidigt und damit den Glaubensgraben vertieft. Im restaurierten Lutherstammsitz wurde sein Vater geboren. Der angesehenen Familie gehörten fünf große Höfe. Kurz vor der Geburt von Martin Luther zogen seine Eltern ins nahegelegene Eisfeld, wo die Großeltern eine Kupferschiefergrube betrieben. Noch heute zehrt das Fachwerkdorf von dem Ruhm der bekannten Familie. Ein kleines Straßenschild weist auf das zwei Kilometer entfernte Dharmazentrum Möhra hin, das in der grünen Weite der hügeligen Landschaft liegt.

Künftig will Yeshe Sangmo mehr Zeit der Meditation widmen. Als Novizin absolvierte sie zwei Mal in Frankreich das traditionelle Dreijahresretreat mit zwölf Frauen in der Präsenz und unter Anleitung ihres Lehrers Gendün Rinpoche. »Das Zusammenleben auf engem Raum hat natürlich auch Konflikte rasch aufkommen lassen. Aber im Segensfeld von Gendün Rinpoche konnten wir direkter uns selbst sehen und Probleme konnten wie im »Schleudergang« gereinigt werden. Lama Gendüns Mitgefühl hat uns getragen und inspiriert. In diesen Jahren intensiver Meditation erhielt sie von ihrem Meister die Übertragung der Karma-Kagyü-Linie und legte im Jahr 2000 das Gelongma-Nonnengelübde ab.

»Die tägliche Meditationspraxis lehrt uns, anzunehmen, was ist. Wir kultivieren den Mut, die Verletzlichkeit alles Lebendige anzugucken. Wir sehen klar: Leben ist Veränderung und wir üben in der Meditation eine tiefere Haltung des Annehmens«, erklärt Yeshe Sangmo

> *»In Kombination mit einem warmen Herzen, einem liebevollen Blick auf das was gerade ist, wächst dann langsam Mitgefühl. Mitgefühl für uns selbst, Mitgefühl für andere, Mitgefühl für alles Lebendige.*

Wenn wir davon einen Geschmack bekommen, dann wird vieles leichter und wir erfahren ganz direkt den Nutzen von Meditation«, erzählt die Nonne, deren gelassene Heiterkeit sich auf die Besucherin überträgt.

| Neue Formen des Zusammenlebens |

»Ich erlebe unsere Gemeinschaft in Aufbruchstimmung mit Lust auf Neues und bin gespannt, wohin es uns führt.«

Sr. Jordana Schmidt

Dominikanerin
von Bethanien, Krefeld

Wie eine Ordensfrau ihr Leben als Mutter mit Kindern teilt

Im Kindergarten ist sie einfach »Frau Schmidt«. Wenn Sr. Jordana in Jeans und lässigem T-Shirt ihre Vierjährige abholt, würde niemand vermuten, dass sie seit 27 Jahren Ordensschwester bei den Dominikanerinnen von Bethanien ist. »Wir tragen keinen Habit, damit Eltern und Kinder nicht denken, dass das Kind mit einer Nonne unterwegs ist«, erzählt die 53-Jährige lachend. Die Ordensfrau lebt seit einem Jahr mit zwei kleinen Mädchen in einem Einfamilienhaus mit wildem Garten und Katze und könnte in der Nachbarschaft gut als Alleinerziehende durchgehen. Nur am Lilienkreuz, dem Symbol für Reinheit, ist sie als Dominikanerin zu erkennen. Nach Krefeld führte sie eine Ebay-Kleinanzeige. »Ich habe für uns ein Haus gesucht, in dem wir als Familie leben können«, erzählt Sr. Jordana. Sie habe sich in das »verrückte« Hausbesitzerpaar mit inzwischen fünf Kindern verliebt, die mit einem Wohnmobil durch die Welt reisen und das Haus dauerhaft vermieten wollten. Derzeit wohnt dort außerdem eine ukrainische Lehrerin mit Tochter, mit der sie Bad und Küche teilt. Sr. Jordana betreut die Mädchen im Rahmen einer sozialpädagogischen Lebensgemeinschaft wie eine Mutter rund um die Uhr. Der Jugendhilfeträger »Wellenbrecher« beschäftigt die Schwester als freie Mitarbeiterin. Kaum jemand hier weiß, dass Sr. Jordana ein bekanntes Fernsehgesicht und eine Bestseller-Autorin ist.

Es war ein langer Weg mit Umwegen, bis die Ordensschwester den für sich stimmigen Ort fand, wo sie ihre Beziehung zu Gott in Freiheit und Würde gestalten konnte. Begleitet von einem Kamerateam kehrte Sr. Jordana jüngst in das aufgegebene dänische Zisterzienserinnen-Kloster Sostrup zurück, um über ihre traumatischen Erfahrungen mit Machtmissbrauch während ihres Noviziates zu erzählen. Mit 21 Jahren war sie 1990 in den kontemplativ lebenden Frauenkonvent eingetreten und nahm im Noviziat den Namen Sr. Franziska an. Der Konvent lebte in einem wunderbaren Ambiente in einem alten Backsteinschloss. Die charismatische Priorin des Konvents stammte aus einer bekannten niederländisch-deutschen Unternehmerfamilie und nutzte ihre finanziellen Ressourcen, um neben dem Schloss einen modernen Klosterbau zu errichten. Damit sicherte sie sich eine gewisse Unangreifbarkeit im Orden und der Amtskirche, die ihren autoritären und disziplinierenden Führungsstil tolerierten.

Was sich für die spätere Sr. Jordana wie eine liberale und fröhliche Gemeinschaft anfühlte, entpuppte sich als ein sektiererisches, geschlossenes Machtsystem. Die Priorin verlangte absoluten Gehorsam und Unterordnung, zensierte die Post, kontrollierte und beschränkte Kontakte zu Familien und Freunden und unterband Freundschaften im Konvent. »Skeptische Gedanken und neue Ideen wurden zum Teufelswerk erklärt und mit harten Strafen – wie im Speisesaal auf dem Fußboden knien – geahndet«, erinnert sich Sr. Jordana, die die ausgeübte Kontrolle als Infantilisierungsmaßnahmen beschreibt. Nach vier Jahren gelingt es ihr 1994 mit Hilfe ihrer Familie und den Dominikanerinnen, zwei Wochen vor ihrer Ewigen Profess, das Kloster zu verlassen. Andere Schwestern lösten sich langsamer aus der klösterlichen Umklammerung, einige Nonnen landeten gar in der Psychiatrie. Heute ist das Kloster in Dänemark aufgelöst. Die Schwestern traten geschlossen aus. Allerdings leitet die Priorin eine neugegründete Gemeinschaft in Düsseldorf – mit Billigung vom Kölner Kardinal Rainer Maria Woelki, was zeigt, wie Seilschaften funktionieren.

»Die Jahre in Dänemark haben mein Leben verändert und geprägt«, sagt Sr. Jordana, die in einer Psychotherapie ihre Erlebnisse aufgearbeitet hat, um sie in ihr Leben zu integrieren. Den Ordensaustritt erlebte sie zunächst als Scheitern, so als habe sie eine schwierige Aufgabe nicht geschafft. Es dauerte lange, bis sie wieder Vertrauen in sich selbst und in klösterliche Institutionen hatte.

> *»Meine Gottesbeziehung hat mich im dänischen Kloster gerettet. Gott war mein Anker und wollte mich frei und glücklich.«*

Sie macht intensive Gotteserfahrungen und erlebt Gott als großen Liebenden, der ihr im Dialog stets zur Seite steht, sie stützt und sie zu einem Leben in Freiheit, nicht in Abhängigkeit, animiert. Ihr Verhältnis zu Gott beschreibt sie als Selbstgespräch mit göttlichen Anregungen.

Ihr Bild des Erlösers hat sich im Laufe der vergangenen Jahre immer mehr geweitet. Die Ökumene war in ihrer Herkunftsfamilie verankert. Ihr Vater ist Protestant, die Mutter Katholikin. Die Eltern suchen in den sechziger Jahren lange nach einem Priester, der ein konfessionell gemischtes Paar traut. Wie damals üblich, muss das Paar versprechen, die Kinder katholisch zu erziehen. Die jüngste Tochter wächst in ein rheinländisch geprägtes katholisches Milieu herein. Sie möchte gerne Messdienerin sein, genießt die Weite und den Klang in den Kirchenräumen und ist fasziniert von der Gemeinschaft der Kirchengemeinde. Später singt sie im Kirchenchor und engagiert sich in der Gemeinde-Jugendarbeit. Parallel hütet sie die Kinder des evangelischen Pfarrers. »Ich bin ein religiöser Mischling«, meint Sr. Jordana amüsiert. »Mir wurde ein wunderbarer Glaube geschenkt.«

Die Eltern erziehen sie zur religiösen Toleranz und vermitteln ein tief verwurzeltes Urvertrauen. Das Eingebundensein in eine Familie mit drei Geschwistern bietet Geborgenheit und Schutz. Sr. Jordana wünscht sich später ebenfalls im Kreis einer Großfamilie mit Haus und Garten zu leben. Nach dem Abschluss der Mittleren Reife beginnt sie eine Ausbildung zur Kinderkrankenschwester am Uniklinikum Düsseldorf und entpuppt sich bei der Pflege von Babys als Naturtalent. Sie genießt ein unbeschwertes Leben für das sinnbildlich ein altes Auto, eine »Ente« steht, mit der sie mit Freunden und Schwesternschülerinnen durch Düsseldorf und bis nach Schweden und Dänemark braust. Im letzten Ausbildungsjahr reift der Wunsch, Ordensschwester zu werden. Sie entscheidet sich für die Zisterzienserinnen und merkt bald, dass sie in diesem Kloster nicht zurechtkommt. »Wahrscheinlich wollte mich die Priorin insgeheim loswerden.« Auf jeden Fall gestattet sie ihr nach vier Jahren, ein Praktikum im Kinderdorf der Dominikanerinnen von Bethanien zu machen. So kommt sie in Kontakt mit dem Konvent, der ihr später nach ihrer »Flucht« aus dem dänischen Kloster Unterkunft, Taschengeld und einen Freiraum zum Heilen lassen wird.

Der im 19. Jahrhundert in Frankreich von Pater Johannes Josef Lataste gegründete Frauenorden der Dominikanerinnen von Bethanien hatte sich zunächst der Gefängnisseelsorge verschrieben. In Beichtgesprächen mit Zuchthäuslerinnen erlebte der Pater den Wunsch der Frauen, ihr Leben nach Abtreibungen, Gewalt und Vergewaltigungen neu auszurichten. »Unser Ordensgründer erkannte, dass sich unter den Verurteilten zum Klosterleben berufene Frauen fanden, die Gott rehabilitiert hatte. Die Gründungsidee war für die Zeitgenossen eine Zumutung und löste eine moralische Revolution aus«, erklärt Sr. Jordana. 1866 gründete Lataste mit Sr. Henrika Dominika den ersten Konvent in Frasne im Norden Frankreichs; hier konnten Frauen aus dem Gefängnis und andere berufene Frauen gleichwertig als Schwestern leben. Patronin des Ordens wurde die Heilige Maria Magdalena, die eine besonders innige Beziehung zu Jesus Christus unterhielt, weshalb ihr der Auferstandene als Erste erschien. In der Kirche galt Maria Magdalena lange als reuige Sünderin, weshalb sie von Künstlern häufig als Prostituierte und gefallene Frau dargestellt wird. Im Orden wird sie als starke Frau geehrt, die der Gottesmutter in Liebe um nichts nachstand.

Nach dem Zweiten Weltkrieg konzentrierten sich die Dominikanerinnen auf die Erziehung von Kindern, die ohne Eltern aufwachsen mussten. »Die damalige Generaloberin beschloss, Kriegswaisen aufzunehmen, die internierte Kinder von Nazi-Kollaborateuren waren, und mit denen niemand etwas zu tun haben wollte.« Bekannt geworden ist der Orden durch seine Kinderdörfer, in denen traumatisierte und gewaltgeschädigte Kinder und Jugendliche mit einer Kinderdorfmutter groß werden konnten. Die Kinderdorfmütter begegnen den Kindern mit Liebe und einem uneingeschränkten Angenommensein.

»Mich faszinierte das Mitten-im-Leben-Stehen dieser Gemeinschaft und das beschränkte sich nicht darauf, dass ich entlaufene Hühner über den Zaun hievte«, erzählt Sr. Jordana mit der ihr eigenen Selbstironie und ergänzt: »Ich war angekommen. Die Welt war wieder farbig.« Der progressive Orden gibt der späteren Sr. Jordana die notwendige Luft zum Atmen, indem er ihre persönliche und berufliche Weiterentwicklung fördert. Zwar will sie auf Grund ihrer intensiven Gotteserfahrung in Dänemark 1994 sofort »den nächsten Schleier nehmen« und Dominikanerin werden. Doch die Priorin verordnet ihr eine »Auszeit« mit Kinobesuchen, Reisen, Treffen mit Familie und Freunden und einer intensiven Aufarbeitung ihrer Erfahrungen des klösterlichen Machtmissbrauches. Sie wohnt mit fünf Novizinnen in einem Haus mit einem persönlich eingerichteten Zimmer mit Schaukelstuhl und Musik – und atmet auf. »Ich konnte ich selbst sein und es begann eine wunderbare Zeit mit nächtlichen Spaghetti-Essen, Diskussionen und viel Spaß.«

Nach zwei Praktika in einer Mutter-Kind-Einrichtung und in einem Aktionszentrum für Jugendliche studiert die Novizin ab 1997 in Köln an der katholischen Fachhochschule Heilpädagogik und zieht in den Konvent nach Bergisch Gladbach. Zuvor legt sie die Profess für drei Jahre ab, womit sie sich stärker an die Dominikanerinnen bindet. Bereits im Noviziat hatte sie nach dem zweiten Ordensmeister der Dominikaner, Jordan von Sachsen, einem Seligen aus dem 13. Jahrhundert, den Ordensnamen Jordana gewählt.

> »Zum ersten Mal nach meiner Klosterkrise hatte ich wieder stark das Gefühl:
> Gott ist bei mir«,

reflektiert sie. 2002 legt sie in einer bewegenden Feier ihre Ewige Profess ab und wählt für die Predigt eine Stelle aus dem Johannes-Evangelium: »Ihr sollt das Leben haben und es in Fülle haben.« Dieser Psalm wird zum Motto ihres Lebens.

Und wieder ist mit der Profess der nächste Schritt auf der Karriereleiter verbunden: Sr. Jordana arbeitet für zehn Jahre als Erziehungsleiterin im Kinderdorf Schwalmtal-Waldniel bei Mönchengladbach mit rund 90 Kindern – eine herausfordernde wie beglückende Tätigkeit. »In dieser Position habe ich alle Gruppen pädagogisch begleitet, eng mit den Kinderdorfmüttern, Erzieherinnen und dem Jugendamt zusammengearbeitet, um die beste Lösung für jedes Kind zu finden.« Gemeinsam mit anderen entwickelt sie zukunftsweisende

Projekte wie therapeutisches Reiten, eine Raucherprävention und Seminare, in denen Kinder Fertigkeiten entwickeln, um in Konflikten locker zu bleiben.

In dieser Zeit wird sie zu deren »Anwältin« und setzt sich für Kinderrechte ein: das Recht auf Leben, ein Zuhause, Gewaltfreiheit oder das Recht auf Tiere. Was die Kleinen sich wünschen, in welcher Welt sie leben wollen, das entwickelte Sr. Jordana malend, singend, spielend und schreibend mit sechs bis sechzehn Jahre alten Kindern aus den drei Kinderdörfern. Gemeinsam mit zwei Kinderliedermachern entsteht die CD »Echte KinderRechte«. Immer wieder steht sie singend mit den Kindern auf der Bühne und gewinnt sogar Altbundeskanzlerin Angela Merkel als Schirmherrin für das Projekt. »Es war und ist ein Herzensanliegen von mir, Kindern eine Stärkung, eine Stimme, eine Sicherheit zu geben.«

Um den vielfältigen Aufgaben gewachsen zu sein, lässt sich Sr. Jordana zusätzlich zum Studium der Heilpädagogik zur System- und Familientherapeutin ausbilden. Dabei entdeckt sie die Schriften des österreichischen Psychiaters und Neurologen Viktor Frankl, der perfekt zu ihrem verschlungenen Berufungsweg zu passen scheint. Nachdem der jüdische Arzt vier Jahre verschiedene Konzentrationslager überlebte, schrieb er das Buch: »Trotzdem Ja zum Leben sagen« und entwickelte die Logotherapie, die Patienten befähigt, dem »existenziellen Vakuum« der Depression und der Verzweiflung den Sinn des eigenen Lebens entgegenzusetzen. »Der Mensch ist nicht frei von seinen schicksalhaften Bedingungen, aber frei zu diesen Bedingungen Stellung zu nehmen«, schreibt Viktor Frankl, über den Sr. Jordana ihre Diplomarbeit verfasste.

> »Frankl hat mein Leben sehr beeinflusst,
> da ich überzeugt bin, dass jedes menschliche
> Leben einen Sinn hat, den man finden muss.«

Aus der Freude am eigenen Tun entwickelt Sr. Jordana eine weitere Leidenschaft, die ebenfalls sehr dominikanisch ist: Das Predigen in moderner Form. Die Ordensfrau spricht offen und pointiert von ihrer Berufung mit Zweifeln und Irrungen und erfüllt damit das Bedürfnis der Öffentlichkeit, einen Blick hinter die geheimnisvollen Klostermauern zu werfen. Bald wird sie vom Fernsehen entdeckt, in Talkshows eingeladen, in denen sie Ordensleben in moderner Form vermittelt. Sie erzählt davon, dass sie sich vor ihrem Ewigen Gelübde heftig in einen Mann verliebte und überlegte, den Konvent zu verlassen. Und sie erhält in einer Talkshow Applaus, als sie erzählt, dass sie notfalls aus dem Orden austreten würde, wenn das Jugendamt ihr das jüngste Kind wegnehme, um sie zu adoptieren. Mit ihrer offenen Art, ihren Zweifeln und den alltäglichen Sorgen einer Mutter wirkt sie wie eine Botschafterin progressiver Frauenorden.

Den Titel »Fernsehnonne« brachte ihr die ARD-Sendung »Das Wort zum Sonntag« ein, die durchschnittlich zwei Millionen Zuschauer hat. »Ich wurde angefragt und das ist mir vom Himmel in den Schoss gefallen«, erinnert sich Sr. Jordana, »und Berufungen lehnt man nicht ab.« Vier Jahre lang trat die Ordensfrau im Wechsel mit anderen 27-mal als Sprecherin auf. Ihr Markenzeichen sind Interviews an ungewöhnlichen Orten. Den Beginn macht der Eurovision Song Contest in Athen, wo sie von Schwalmtal aus Lieder kommentiert. »Ich hatte eine große Fangemeinde, aber es machte mir keine Freude mehr, nur noch aus dem Studio zu senden«, erzählt sie. So hatte der Sender beschlossen, ausschließlich aus dem Studio herauszusenden. Sie hörte deshalb im November 2009 auf.

Ihre Popularität führt zum nächsten »Geschenk des Himmels«, nämlich einem sechswöchigen Roadtrip in einem roten Chevrolet auf den Spuren des ersten mittelalterlichen Kreuzzugs von Istanbul durch den Libanon und Israel sowie dem Westjordanland nach Jerusalem. Dem bekannten Fernseh-Moderator Rainer Maria Jilg gefiel, dass sie als Ordensfrau für den WDR die Eurovision-Lieder kommentiert hatte. Rasch gelang es ihm, sie 2011 für eine Reise jenseits touristischer Pfade zu begeistern, um mit charismatischen, spirituellen Menschen unterschiedlicher Religionen über Gott und die Welt zu plaudern. Für die Ordensfrau ist es die erste Reise außerhalb Europas, mitten hinein in eine krisengeschüttelte Region, wo Menschen sich im Namen Gottes seit Jahrhunderten bekriegen. Sie lässt sich auf das Experiment sowie eine Freundschaft mit dem Regisseur ein, justiert ihre Frömmigkeit neu und ringt mit dem Regisseur um religiöse Antworten.

Über 2.000 Kilometer legt das Team im Auto auf verstaubten Landstraßen und Gebirgspässen, durch die Wüste und chaotischen Verkehr zurück. Sr. Jordana taucht ein in die muslimische und die jüdische Welt der Gastfreundschaft in einer ständig gewalt- sowie kriegsbereiten Krisenregion. In der türkischen Stadt Konya folgt sie hypnotisiert dem Tanz sufischer Derwische, die für Toleranz unter den Religionen und Völkern stehen. In einem Flüchtlingslager wird sie mit dem Schicksal Mahmets konfrontiert, der ursprünglich als Dekorateur arbeitete, für die Demokratie kämpft und deshalb vor syrischen Schergen mit seiner Familie in die Türkei floh. In Tel Aviv lernt sie in einem Altenheim einen jüdischen, älteren Herrn kennen, der ihr von seiner Flucht aus Deutschland nach Israel und der Ermordung seiner Eltern berichtet. In Jerusalem macht sie der Psychiater Moshe Kalian mit dem »Jerusalem-Syndrom« bekannt, bei dem Pilger sich in psychotischen Schüben für den Messias halten. Am Ende der Reise steht ein barfuß getanzter Walzer auf einer Jerusalemer Dachterrasse unter dem Geläut der Glocken und den Gesängen eines Muezzins.

Die Reise hinterlässt reiche Spuren: Sr. Jordana baut Vorurteile ab und spürt der Ähnlichkeit von Spiritualität und Gottzugewandtheit in den drei Buchreligionen nach.

> *»Ich bin Menschen begegnet, die Gott wirklich gesucht haben in der Tiefe und die ihn gefunden haben. Da habe ich gemerkt, wie ähnlich wir uns alle sind«,*

sagt Sr. Jordana. Das Abenteuer wird zur täglichen Ermutigung, Berührungsängste abzubauen und Fremden neugierig zu begegnen. »Jeden Abend habe ich meine Erlebnisse in mein Diktiergerät gesprochen und vor Kurzem nochmals angehört«, sagt Sr. Jordana. »Was ich heute noch auf meinem Körper spüre, ist der Wüstenwind, der mir ins Gesicht blies.«
Es gibt ein Foto der Ordensfrau im weißen Habit der Dominikanerinnen in der Wüste Negev auf einem liegenden Kamel sitzend, das entstand, als das Kamerateam bei einer beduinischen Hochzeit eingeladen war. Das Bild prangt auf dem Cover des Buches »Auf einen Tee in der Wüste«, das die Ordensfrau mit der Unterstützung einer Freundin schrieb, um von ihren wunderbaren Erfahrungen aus den Begegnungen mit Gott suchenden Menschen zu berichten – über die dreiteilige ZDF-Fernsehdokumentation »Die Nonne und Herr Jilg« hinaus. Das Buch wird ein großer Erfolg.
Der Verlag animiert sie, ihre ungewöhnliche Lebensgeschichte in einem weiteren Buch zu erzählen. In »Ente zu verschenken. Barfuß auf dem Weg zu mir selbst«, berichtet sie launig davon, wie sie den Ruf Gottes lange Zeit nicht hören wollte. Als sie beschließt, ihre Berufung zu leben und ins Kloster zu gehen, verschenkt sie bei einer Abschiedsparty ihr Auto, eine Ente.
»Ich erhalte immer wieder Anfragen, Bücher zu schreiben«,

erzählt sie und fügt hinzu, dass sie sogar für eine Kochsendung angefragt wurde. So kann sie sich sie sich vorstellen, ihre vielfältigen Erfahrungen als Kinderdorfmutter in einem pädagogischen Buch aufzuschreiben, wenn die Kinder groß sind. »Ich wollte immer Muttersein mit Schwesternsein kombinieren«, resümiert sie ihren ungewöhnlichen Lebensweg.

2012 beschließt Sr. Jordana an die Basis zurückzukehren, um als Kinderdorfmutter mit fünf kleinen Kindern in Schwalmtal in einem gemütlichen Brückenhaus mit Garten zu leben. Jedes Kind hat hier sein eigenes Zimmer. Gespielt, gelacht und geredet wird in einem gemütlichen Wohnzimmer mit hellen Möbeln. Die Kinder haben verschiedene Tiere wie Meerschweinchen, Kaninchen, Hühner und eine Katze. Sr. Jordana jongliert mit Elternabenden, Geigenunterricht, Fußballtraining, Schwimmbadbesuchen, Therapiestunden und Nachhilfe. Sie versucht Werte zu vermitteln, ohne katholisch zu missionieren. Wenn die Jüngste nachts weint, steht sie auf. Wenn der Älteste mit den Hausaufgaben nicht weiterweiß, hilft sie ihm. Sie kocht, bastelt, organisiert Ausflüge und schlichtet Streit – und weiß doch um ihre Zwitterstellung als Mutter und Pädagogin.

»Ich wollte, dass die Kinder so familiär wie möglich groß werden konnten, denn alle hatten schlechte Startbedingungen im Leben«, erzählt Sr. Jordana rückblickend von ihrem »Fulltime-Knochenjob«, den sie als Berufung empfindet. Als Kinderdorfmutter in einer Jugendhilfeeinrichtung waren ihre Rechte begrenzt. Zwar durfte sie Klassenarbeiten unterschreiben und die Tochter zum Keramikkurs anmelden, ob ein Jugendlicher aber eine Lehre machen oder weiter zur Schule gehen soll, darüber entschied ein Vormund oder die leiblichen Eltern. Regelmäßig entwickelte Sr. Jordana Dienstpläne und schrieb Berichte für das Jugendamt.

Dann wurde die Gemeinschaft auseinandergerissen. Zwei Jungen benötigten eine intensivere Betreuung. Andere kehrten zurück zu ihren leiblichen Eltern, auch, wenn die Situation für die Jugendlichen dort mehr als schwierig war. »Es war für mich eine sehr schmerzliche Erfahrung,« erzählt Sr. Jordana, die das Gefühl entwickelte, der Situation weder pädagogisch noch menschlich gewachsen zu sein. »Ich konnte meine Werte nicht mehr richtig leben, weil ich nur noch versuchte zu überleben«, berichtet sie aus ihrer Burn-Out-Erfahrung. »Ich habe mich 2020 entschieden, dass ich nicht mehr als Kinderdorfmutter arbeiten möchte und der Orden hat dies mitgetragen.« Stattdessen betreut sie zwei Mädchen und ist damit sehr zufrieden, da sie mehr Zeit mit jeder einzelnen verbringen kann.

Sr. Jordanas persönliches Erleben deckt sich ein Stück weit mit dem des Konvents: Während der Orden 1950 noch Träger von zwölf Kinderdörfern war, sind es heute nur noch drei. Die einst innovative Kinderdorf-Idee hat sich zugunsten von anderen pädagogischen Konzepten überholt. Die Dominikanerinnen haben die Betriebsträgerschaft vor 20 Jahren abgegeben und eine gGmbH gegründet, d.h. sie sind weiter Träger der Bethanien Kinderdörfer, führen aber nicht mehr das operative Geschäft. Viele der jüngeren Schwestern sind schon jetzt in Kirchengemeinden und Altenheimen als Seelsorgerinnen, Pädagoginnen oder Musikerinnen tätig.

Überhaupt hat sich das Leben der Dominikanerinnen den Zeitläuften angepasst: In Bergisch-Gladbach leben noch elf Schwestern. In Waldniel in Nordrhein-Westfalen gibt es zwei Konvente: Einen für die älteren Schwestern, einen für vier berufstätige Schwestern mit Sr. Jordana als Priorin. Da die Ordensfrau in Krefeld wohnt, kommt der Konvent nur ein bis zweimal im Monat am Dienstagabend zum gemeinsamen

Gruppengottesdienst und anschließendem Essen zusammen. Seit dem Lockdown wird viel über Video-Telefonie kommuniziert. »Wir überlegen, was wir voneinander brauchen, was wir künftig bewirken wollen«, so Sr. Jordana, die fest davon überzeugt ist, dass die Dominikanerinnen von Bethanien weiterhin aktuell sind, weiterhin etwas zu sagen haben, wenn sie sich um die Menschen am Rande kümmern. »Ich erlebe unsere Gemeinschaft in Aufbruchstimmung mit Lust auf Neues und bin gespannt, wohin es uns führt.«

Für Sr. Jordana selbst ist der Orden eine Oase in der katholischen Kirche, denn er bietet ihr den Rahmen, um ihre Gottesbeziehung in Freiheit zu leben. »Ich spüre bei vielen Menschen eine Sehnsucht nach einer spirituellen Gemeinschaft, wo sie sich über ihren Glauben, ihre Ängste, Sorgen und Freuden austauschen können«, sagt Sr. Jordana und ergänzt, die Menschen wollten einen lebensnahen Priester ohne Autoritätsabstand.

> *»Ich wünsche mir freie, rebellische, herzliche, friedfertige, großzügige Christen, die für ihre Werte gemeinsam aufstehen«.*

So und nur dann hat für sie die katholische Kirche in Deutschland eine Zukunft.

| Neue Formen des Zusammenlebens |

»Seit ich in Afrika war, kann ich auf der Intensivstation arbeiten.«

Sr. Maria Fokter

Missionarin Christi,
Unfallklinikum Murnau

Wie die Österreicherin ihre Lebenskrise überwand und sich seither als Intensivkrankenschwester um Patienten kümmert

Atmen bedeutet leben. Atemlos werden und sich im Alltag auf den Atem zu fokussieren, das sind zwei Pole, die das auf Jesus Christus ausgerichtete Leben von Sr. Maria Fokter bestimmen. In den vergangenen Monaten hat die Fachkrankenschwester für Anästhesie und Intensivpflege schwerkranke Corona-Patienten gepflegt, deren Atemlosigkeit erlebt. »Das Wesentliche ist, dass die Patienten wieder frei atmen können«, sagt sie. In dem Unfallklinikum der Berufsgenossenschaft in Murnau kümmern sich Ärzteschaft und Pflegepersonal gemeinsam um Schwerverletzte und Unfallopfer aus dem überregionalen Traumazentrum des bayerischen Landkreises Garmisch-Partenkirchen. 2020 wurden mehr als 11.000 Patienten versorgt. Über vier Mal täglich landet der Rettungshubschrauber Christopher 74 auf dem Klinik-Landeplatz. Dann hört die Belegschaft schon, dass ein Schwerverwundeter sofort behandelt werden muss. Sr. Maria Fokter ist jeweils für zwei Patienten zuständig, die sie in ihrer Ganzheitlichkeit begleitet – medizinisch wie spirituell.

Die 53-Jährige gehört zum jungen Orden der Missionarinnen Christi, deren Sendungsauftrag es ist, den »Menschen die Liebe Gottes nahe zu bringen«. »Jesus Christus ist die Mitte meines Lebens. Auf ihn richtet sich mein Leben aus«, erklärt Sr. Maria ihren eigenen Halt und die Christuszentrierung des Ordens. Das Leben der internationalen Vereinigung fußt auf drei Säulen: Der Verbundenheit mit Gott, der Verbundenheit mit der Schwesterngemeinschaft und der Verbundenheit mit der beruflichen Tätigkeit. Hier die richtige Balance zu finden, bedeutet eine tägliche Herausforderung, bei der sich die Schwestern im Glauben unterstützen. Als junge Schwester sei ein Leben zwischen Beruf, Gemeinschaft und eigenem Glaubensleben schwierig für sie gewesen. Seit elf Jahren arbeitet die gebürtige Salzburgerin in Murnau und schätzt es sehr, dass die Intensivmedizin die Patientinnen und Patienten als Individuum in den Mittelpunkt stellt. »Wir sehen in dem Patienten den Menschen, den wir auf seinem Weg zur Heilung begleiten.« Nach vielen Erfahrungen in anderen Krankenhäusern weiß sie den wertschätzenden, kollegialen Umgang von Ärzteschaft und Pflegekräften ebenso zu würdigen wie die hohe fachliche Qualität.

Wer Sr. Maria auf Station in ihrer grünen OP-Kleidung sieht, würde nicht darauf kommen, dass sie einem katholischen Orden angehört. So tragen die Missionarinnen Christi keinen Habit und kein einheitliches Kreuz. Bei der endgültigen Bindung an den Orden, der Lebensweihe, bekommen die Ordinierten einen Ring, die Lebensweihe-Kerze und ein Kreuz. Die Krankenschwester wohnt seit neun Jahren in einer anderthalb Zimmer großen Dienstwohnung, am Berg, wenig unterhalb des Klinikums, mit einem phänomenalen Blick auf das Voralpenland. Wenn sie nicht in der Krankenhauskantine isst, kocht sie in ihrer Küchenzeile.

> »Mein Dienst ist so anstrengend,
> dass ich inzwischen gerne allein wohne,
> um mich auszubalancieren«.

Als Ausgleich geht sie aufmerksam in der Natur spazieren, wandert und bekommt so Kopf und Herz frei für ihren emotional und körperlich anspruchsvollen Job. »Gott entdecke ich in jedem Sonnenstrahl, in jedem Wassertropfen, wie in einem inneren Gebet.«

Es zeichnet die Ordensschwestern aus, dass sie dort leben, dorthin entsendet werden, wo sie arbeiten. Vielfach bilden mehrere Schwestern eine »Lebensgruppe«, die Gebetszeiten und Formen eigenverantwortlich nach den Leitlinien der Missionarinnen Christi regeln können. Für zwei Jahre wohnte Sr. Maria in einer Gemeinschaft im nahegelegenen Ort Obersöchering. Der unregelmäßige Schichtdienst und der Wunsch, altersgemäß zu leben, machten einen Umzug in die Personalwohnanlage nötig. Die ständige Konfrontation mit Krankheit und Tod, straffen Dienstpläne und zu wenig Pflegekräfte in der Pandemie gehören zum Alltag der Intensivpflege. Ihre Tätigkeit verlangt höchste Konzentration. Häufig begleitet Sr. Maria junge Menschen in den Tod, hält die Not und Verzweiflung von Angehörigen aus, erlebt, wie Familien und Freunde am Leid zu zerbrechen drohen – zumal, wenn der Glaube fehlt.

> *»Ich erfahre Jesus Christus in der Begegnung mit meinen Patienten und nehme diese Präsenz wahr, um die Menschen auch spirituell bestmöglich zu begleiten.«,*

erzählt Sr. Maria und berichtet von einer Fülle intensiver Patientenkontakte, die durch das gemeinsame Durchstehen der Todesnähe und Körperlichkeit, durch die Hilfe in intimen Belangen wie Nahrungsaufnahme, Körperpflege, Assistenz bei der Ausscheidung und Schmerzen entstünden. »Meine Patienten suchen mich aus, ich begleite ihren Krankheitszustand im Gebet und sehe darin Gottesfügung.« Auch für ihre jungen Kollegen ist Sr. Maria als Ordensfrau und Praxisanleiterin oft Anlaufstelle, wenn der Dienst überfordert, die

Kräfte nicht mehr ausreichen. Für Menschen der spirituelle Kraftort zu sein, ist eine große geistige und seelische Herausforderung. Ihrem gefestigten Gottvertrauen, ihrem Ruhen in der Geborgenheit des Glaubens, ging ein jahrelanges Ringen, ein schmerzhafter Aufarbeitungsprozess voraus.

> *»Ich glaube, dass es zu einem spirituellen und menschlichen Reifungsprozess dazugehört, aus Krisen gestärkt hervorzugehen«,*

sagt sie heute und ist dankbar, dass die Ordensgemeinschaft sie auch durch schwierige Lebensphasen hindurch getragen hat.

Schwester zu werden, ein geistliches Leben zu führen, das stand für Sr. Maria schon als Kind fest. Gemeinsam mit vier Geschwistern wächst die Österreicherin auf einem Gemüsebauernhof mit Gärtnerei auf. Die tiefgläubigen Eltern leben einen bodenständigen Glauben im Jahreskreis katholischer Feste vor, besuchen am Sonntag mit ihren Kindern die Messe, beten den Rosenkranz. Von klein auf wurde sie von ihren Eltern gefördert und angeregt, mit ihrem Taschengeld ein Patenprojekt zu unterstützen. »Als Kind habe ich mir gesagt, wenn ich später Schwester werde, dann brauche ich jetzt nicht beten«, erzählt sie amüsiert. In einen Orden einzutreten, ist für Sr. Maria kein ungewöhnliches Lebenskonzept. Zwei ihrer Tanten leben bzw. lebten als Schwestern der Missionarinnen Christi in Afrika und Brasilien. Die ältere Schwester Gertrud tritt vor ihr ebenfalls in den Orden der Missionarinnen Christi ein und betreut in Brasilien als Theologin verschiedene Jugendgruppen.

Auch Maria Fokter wählt diesen modernen Orden, der im Geiste des Zweiten Vatikanums das Leben bei den Menschen fördert und es jeder einzelnen Schwester erlaubt, im eigenen Rhythmus Glaubensfreiräume zu entdecken, zu wachsen und die eigene Identität als Person zu stärken. Zunächst absolviert sie eine Ausbildung zur Krankenschwester. Dann beginnt sie 1993 ihre Noviziatsausbildung im Generalat in München. Bis zur endgültigen Bindung an die Gemeinschaft, der Lebensweihe, liegen Jahre der persönlichen und geistlichen Ausbildung in Ordensgeschichte, Glauben, Vertiefung in die Texte der Bibel, Berufung, Glaubensverkündigung, Gebetsformen und in ignatianischen Exerzitien. Diese geistlichen Übungen gehen auf den Ordensgründer der Jesuiten, Ignatius von Loyola, zurück. Auch die Missionarinnen Christi folgen den geistlichen Praktiken, die zu Beginn des 16. Jahrhunderts entstanden und die Spiritualität des Ordens maßgeblich prägen. »In Einzelgesprächen mit der Noviziatsleiterin wird der persönliche Sendungsauftrag bearbeitet und Hilfestellung für eine vertiefte Glaubensbeziehung zu Christus gegeben.«

In der Zeit des Postulats, Noviziats und Juniorats lernten sich die interessierte Frau und die Schwestern der Gemeinschaft besser kennen. Die Krankenschwester vergleicht das Aufeinanderzugehen mit dem Verhältnis zur Schwiegermutter. »Beide Seiten sind für ein gutes Verhältnis verantwortlich, müssen schauen, was geht.« Parallel zur Ordensausbildung vertieft Maria Fokter ihre Kenntnisse als Krankenschwester, absolviert eine zweijährige Weiterbildung in der Onkologie und arbeitet im Nürnberger Klinikum.

Einschneidend und wegbestimmend werden ihre südafrikanischen Jahre im Juniorat in Sizanani der Erzdiözese Pretoria. Dorthin entsendet sie der Orden, damit die junge Krankenpflegerin südafrikanischen Mitschwestern beim Aufbau und der Organisation eines Versorgungszentrums für Aidskranke hilft. Die Situation vor Ort erweist sich als katastrophal. Die

Spuren der Apartheit wirkten sich immer noch aus. Der damalige Präsident Thabo Mbeki leugnet die Existenz der Immunschwächekrankheit Aids, obgleich rund zwanzig Prozent der Bevölkerung an der HIV-Infektion leiden. Die Menschen werden nicht über die Übertragungswege aufgeklärt. Es bestehen keine Behandlungsmöglichkeiten, es gibt keine Medikamente. Kinder, Jugendliche, Eltern infizieren sich. Viele Kinder werden Waisen, Mütter Witwen, Väter Witwer, Schwestern verlieren ihre Brüder, Brüder ihre Schwestern, Neffen ihren Onkel, Tanten ihre Geschwister. Insgesamt sollen rund 340.000 Menschen während der Amtszeit des Präsidenten an Aids gestorben sein. Erst seit 2004 greifen erste Behandlungen. Nach ihrer Lebensweihe 2002 schickt der Orden die junge Schwester erneut nach Afrika. Dort soll sie in Taung eine Gemeinschaft mit aufbauen, die sich um einen Kindergarten für Aids-Waisen kümmern wollen.

»In Afrika sind meine üblichen Schutzmechanismen in sich zusammengefallen«, resümiert sie ihre Hilflosigkeit gegenüber unerträglichem Leid, fehlender Achtung vor Frauen, verbunden mit aktiven Übergriffen. Die afrikanischen Erlebnisse münden in einer tiefen Glaubens- und Sinneskrise, die sie mit dem Zerbrechen einer Tonschale vergleicht. Gottvertrauen und Selbstgewissheit müssen in geistiger wie therapeutischer Arbeit erst wieder aufgebaut und gefunden werden. Dazu wurde ihr von der Gemeinschaft eine einjährige Fortbildung in St. Anselm, England, gewährt. Themen wie Trauerarbeit und Trauerbegleitung, Trauma-Councelling, persönliche Entwicklung wurden in diesem Kurs angeboten.

Die berufliche Umorientierung verläuft in den Folgejahren stockend: 2007 geht sie nach Jena, wo die Missionarinnen Christi in einem Ladenlokal mitten in der Innenstadt junge Erwachsene in Krisensituationen, in Umbrüchen, in der Berufsfindung und in Neuorientierungsphasen begleiten.

Neue Formen des Zusammenlebens

Wie die Jenaer Klientinnen und Klienten findet sich auch Sr. Maria allmählich wieder in das Berufsleben ein. Zunächst galt sie als arbeitssuchend und arbeitete als Pflegekraft halbtags in einem Altenstift, dann als Krankenschwester für Intensivmedizin im Universitätsklinikum. Sie wird in die Pflege der Intensivpatienten eingeführt, übernimmt Spätdienste, leidet aber an dem unpersönlichen Arbeitsklima und dem Umgang mit den Patienten. Ihre Mitschwestern in der Lebensgruppe lernen die Unregelmäßigkeit des Schichtdienstes kennen. Sie kann die Gebetszeiten nicht einhalten und ihre Lebensumstände passen nicht mit denen der anderen Schwestern zusammen.

Nachdem auch die berufliche Umorientierung als Leiterin des Hauses der Besinnung in Maria Kirchental in Österreich nicht zum Ziel führt, zieht Sr. Maria die Notbremse. »Eigene Traumen müssen bearbeitet werden, sonst können sie Patienten und Angehörige nicht geistig und spirituell begleiten«, sagt sie. Der Orden stärkt ihr den Rücken. Hilfe erhält sie im Recollectio-Haus der Benediktinerabtei in Münsterschwarzach. Hier erfahren Ordensleute, Priester, Diakone und spirituell Interessierte geistige und psychotherapeutische Hilfe in ihrem Heilungsprozess, unterstützt von gemeinsamem Beten und Zusammenleben in der benediktinischen Gemeinschaft, die Pater Anselm Grün zu ihren Mitgliedern zählt.

Mit dem Glauben versöhnt und überzeugt von der Tragfähigkeit der eigenen Berufung startet Sr. Maria 2011 in Murnau neu durch. Ihre reichhaltigen Erfahrungen hat sie für neue Mitarbeitende in einem Praxismanual zusammengefasst. Wichtig ist ihr, dass die Arbeit in der Klinik auf einem christlichen beziehungsweise humanen Menschenbild fußt und dem Menschen ganzheitlich begegnet wird. Ihre Dienstpläne werden so geplant, dass sie möglichst den Gottesdienst in der Klinik nicht verpasst, an dem sie mitwirkt. Täglich finden um 18 Uhr im Wechsel Eucharistiefeiern, Gottesdienste und Meditationen in der Klinikkapelle statt, die für bettlägerige Patienten im Radio und Fernsehen übertragen werden. Mit dem fünfköpfigen Team der Klinikseelsorge arbeitet sie eng zusammen, stellt den Kontakt zwischen Angehörigen, Patient oder Patientin, Behandlungsteam und Seelsorgenden her. »Ich trage als Missionarin Christi dazu bei, dass der Glaube an Gott im Klinikum wachgehalten und gelebt wird.«

Besonders berührt ist sie von der Schlichtheit und Schönheit der 2007 von dem Textilgestalter Hanns Herpich umgestalteten Kapelle. Dem Nürnberger gelang das Kunststück, einen dunklen und verwinkelten »Mehrzweckraum« in einen »Raum voller Transparenz und Großzügigkeit« zu verwandeln. Das Kapelleninnere wird von einer halbrund gespannten Textilwand dominiert, die mit LEDs von der Rückseite beleuchtet den Raum in unterschiedliche Farben hüllt und damit verschiedene Atmosphären erzeugt. Nach der schwierigen Coronazeit, in der der Besuch der Kapelle stark limitiert war, freut sie sich, dass wieder Gäste zu den Gottesdiensten kommen dürfen.

Im ersten Lockdown durfte sich wegen möglicher Covidpatienten keine der Pflegekräfte freinehmen. »Die Intensivstationen waren verpanzert, noch nicht einmal der Priester traute sich hinein.« Aus Angst vor Ansteckung trafen sich die Ordensfrauen für Versammlungen zwei Jahre nur online. Selbst die regelmäßig angebotenen ignatianischen Exerzitien fanden vor dem Computer statt. Wie viele Menschen war auch Sr. Maria weitgehend auf sich gestellt, unterbrochen von Besuchen bei ihrer ursprünglichen Lebensgruppe. Außerdem hielt sie Kontakt zu ihrer Großfamilie mit zwölf Nichten und Neffen. Inzwischen fährt sie wieder regelmäßig nach Hause, arbeitet dort im Garten mit, setzt im Frühjahr Pflanzen aus und hilft im Herbst bei der Ernte. Im Nachbarort der Murnauer Unfallklinik trifft sie regelmäßig Verwandte mit zwei kleinen Jungen, der Kontakt mit Kindern ist ihr wichtig.

Ihre eigene Transformation, ihr Versöhnungsprozess führten dazu, dass Sr. Maria Fokter emotional hoch belastete Situationen inzwischen bestens austarieren kann. »Seit ich in Afrika war, kann ich auf der Intensivstation arbeiten«, sagt sie und fügt hinzu, dass sie sich wieder auf die göttliche Führung verlässt, zumal Gott, bildlich gesprochen, die »zersprungenen Schüsselteile« zu einem großen Ganzen zusammengefügt habe. In der Kapelle des Münchner Generalats hängt ein armloser Christus, der im Partisanenkrieg die Sprengung einer Kirche überstand. Er steht für die Missionarinnen Christi einerseits für die menschliche Ohnmacht, andererseits für die Solidarität mit den Ohnmächtigen der Welt. »Christus hat keine Hände, nur unsere Hände, um seine Arbeit heute zu tun«, heißt es in einer Meditation aus dem 14. Jahrhundert. In der Christusfigur spiegelt sich das Motto des Ordens wider:

> »Wir glauben, dass Gott aus Liebe
> alles Menschliche und jedem Menschen alles
> Große und Abgründige in Jesus Christus
> angenommen, geheiligt und geheilt hat.«

| Neue Formen des Zusammenlebens |

»Ich finde es faszinierend, in einer langen Reihe starker Frauen zu stehen.«

Dr. Eva von Westerholt

Äbtissin im protestantischen Kloster Walsrode

Wie ein gemeinsames Leben im Alter gelingen kann

»Ich bin Angestellte des Landes Hannover und nicht der Kirche«, erklärt Äbtissin Dr. Eva von Westerholt, als sie in ihrer modernen Küche im Äbtissinnen-Haus ein ofenfrisch duftendes Huhn tranchiert. Kloster Walsrode gehört zu den fünfzehn evangelischen Damenstiften in Niedersachsen, von denen es einst über hundert gab. In einer Schenkungsurkunde König Ottos III. von 986 an den Grafen Wale wird das Heidekloster erstmals erwähnt. Heute erinnert eine farbige Lindenholzfigur in der Klosterkirche an den Grafen, dessen Tochter Mechthildis die erste Äbtissin des Kanonissen-Stiftes gewesen sein soll. »Das Kloster beherbergt seit über 1.000 Jahren christliche Frauengemeinschaften und gewährt ihnen Schutz«, erzählt die 28. Äbtissin des Klosters. Ihre Begeisterung vermittelt die promovierte Völkerrechtlerin mit jedem Satz. »Ich finde es faszinierend, in einer langen Reihe starker Frauen zu stehen.« Seit Januar 2020 steht sie dem evangelischen Damenstift vor.

Schon bei der feierlichen Einsegnung der Äbtissin brach das Stift mit einer jahrhundertealten Tradition: Während alle Vorgängerinnen in der Klosterkapelle inthronisiert wurden, wählten Konvent und Neuäbtissin die Stadtkirche St. Johannes-der-Täufer, um im Gottesdienst mit der Gemeinde zu feiern.

»Es ranken sich viele Mythen um das Kloster und seine Bewohnerinnen, die mitten in der Stadt hinter wuchtigen Klostermauern lebten«, berichtet die 62-Jährige. Ihr Ziel ist es, das Kloster mehr zu vernetzen. Heute schmückt ein Willkommensschild das schmiedeeiserne Tor. Jeder ist eingeladen, durch die einstöckigen Backsteinbauten aus der Barockzeit zu streifen, in der Kapelle, dem Remter und dem Langem Haus zu verweilen. Ruhe finden Besuchende im Park mit seinen uralten Walnussbäumen und Linden, dem Summen der Bienen, dem Gezwitscher der Vögel und dem Duft von Rosen und Kräutern – Entschleunigen ist Programm, spürbar die jahrhundertealte spirituelle Kraft des Orts. Mit seinen Häusern aus dem 18. Jahrhundert erinnert die Anlage an einen Gutshof, wären nicht hier und da Epitaphe und Grabmale verstorbener Äbtissinnen.

»Das Kloster hat inzwischen von 9 Uhr bis 19 Uhr geöffnet«, so die Protestantin. Es liegt am Jakobsweg und ist als Pilgerkirche anerkannt. Wer will, kann sich in der Kapelle den Pilgerstempel holen oder im Kloster übernachten. Länger Klosterluft zu schnuppern, die Seele im Klostergarten baumeln zu lassen oder um den Grundloser See zu laufen ermöglichen die Ferienwohnungen des Klosters. Bei warmem Wetter lädt der Konvent zu Gottesdiensten im Park ein. Im Klosterremter, einer Außenstelle des Walsroder Standesamts, und in der Kapelle finden Hochzeiten und Taufen statt.

> *»Gott hat mir mit Walsrode
> ein Angebot gemacht«,*

erzählt die zweifache Mutter, während ihr Jack Russell Terrier »Idefix« durch die Küche tobt. Nach dem Ehe-Ende verließ Eva von Westerholt Schloss Hamm in der Eifel und zog nach Frankfurt. Dort wohnte sie im Diplomatenviertel und arbeitete beim Bruder im Immobilienbereich mit. Trotz Essen mit Freunden, Kunstbesuchen, Oper und Konzertabenden blieb das Gefühl, das könne nicht alles gewesen sein. »Ich bin im Taunus in einer Intellektuellenfamilie aufgewachsen und habe dort viele Freunde«, erinnert sich Eva von Westerholt. Der Vater beriet als Anwalt große Banken und die Übergangsregierung von Namibia, Politiker der Südwestafrikanischen Volksorganisation (SWAPO) gingen in dem weltoffenen Elternhaus ein und aus. Nach Abschluss des Jurastudiums führte sie 1989 ein Stipendium nach Namibia und Südafrika. Dort erlebte sie das Ende der Apartheit mit und promovierte über die Verfassung des 1990 unabhängig gewordenen Staates.

Unbekümmert und frei tauchte sie in die internationale Gemeinschaft ein, arbeitete für die UN, begeistert von den wunderbaren Wüsten Namibias. Schweren Herzens verlässt sie nach zwei Jahren Afrika und beendet ihr Referendariat. Auf einer Silvester-Party lernt sie Ferdinand Graf von Westerholt kennen. Nach einem halben Jahr wird geheiratet. Das Paar zieht auf den Familienstammsitz im Münsterland, später nach Schloss Hamm in der Eifel. »Wir wollten nachhaltig etwas aufbauen und haben in die Gewinnung alternativer Energien, Wind- und Wasserkraft investiert«, sagt die ehemalige Schlossherrin, die Neuanfänge bewusst gestaltet.

So auch den, wie sie ihr Alter verbringen möchte. »Ich wollte nicht bis zur Rente im Immobilienbereich arbeiten.« Auf einem Online-Portal für Nonprofit-Organisationen liest sie die Anzeige »Äbtissin gesucht«. Der Präsident der Klosterkammer ist von ihrer Bewerbung angetan: Sie fußt im protestantischen Glauben, weiß, wie man Forst und Wald verwaltet und Events organisiert.

»Ich habe mich bewusst für Walsrode entschieden«, berichtet Eva von Westerholt, denn hier sei der Gestaltungsfreiraum größer als in den anderen niedersächsischen Klöstern und Stiften. Allesamt verbergen hinter ihren Mauern weitgehend unbekannte Kunstschätze: Das 850-Jahre alte Kloster Lüne brilliert mit dem weltweit größten Textilmuseum, in Kloster Ebstorf hängt die größte bekannte mittelalterliche Weltkarte. Das ehemalige Zisterzienserinnenkloster Wienhausen aus dem 13. Jahrhundert ist ein Touristenmagnet mit seinem prachtvollen Nonnenchor aus dem Spätmittelalter und der Sammlung gotischer Teppiche.

Der Wunsch, das Kloster auch für Unkonventionelles zu öffnen: Dafür musste Eva von Westerholt die sechs Konventualinnen erst gewinnen. Die ersten Treffen verlaufen unterkühlt. Die potenzielle Äbtissin wird kritisch beäugt. Nach dem Weggang ihrer Vorgängerin hatten sich die Konventualinnen an ein unabhängiges Leben gewöhnt, zogen Nachmittage im Café Samocca oder die Falkenschau im Weltvogelpark vor. Nur sonntags feierten die Konventualinnen im schwarzen Chormantel und Schleier den Gottesdienst.

»Ich möchte das Gemeinschaftsgefühl durch verbindliche Rituale stärken«, erzählt Eva von Westerholt, zufrieden darüber, wie reibungslos das Leben im Konvent inzwischen funktioniert. Einmal in der Woche bereitet eine Stiftsdame eine Andacht mit Psalm-Lesung in der Kapelle vor, einmal die Äbtissin. Mittwochs wird reihum gekocht und mit Silberbesteck und Porzellan zu Abend gegessen. Anschließend werden wichtige Termine abgesprochen für die besonders im Sommerhalbjahr umfassende Planung: Die Konventualinnen führen durch das Kloster und sorgen bei Konzerten, Lesungen und dem traditionellen Johannissingen dafür, dass Gäste sich willkommen fühlen.

Über Kloster Walsrode fegten im Laufe der Jahrhunderte Stürme hinweg. 1482 vernichtete ein Feuer einen Großteil der Wohn- und Wirtschaftsbetriebe samt Inventar, Urkunden und vielen Kunstschätzen. Die Kapelle mit ihren mittelalterlichen Bauteilen widersetzte sich teilweise den Flammen. Die Kirchenfenster im Nonnenchor strahlen bis heute im alten Glanz. Große Veränderungen brachte die Reformation, in deren Folge die einst katholischen Stifte und Klöster in evan-

Neue Formen des Zusammenlebens

gelische Damenstift und Frauenklöster verwandelt wurden. Als Herzog Ernst der Bekenner 1529 im Fürstentum Lüneburg den evangelischen Glauben einführte, soll die Priorin Anna von Behr aus Protest ihren Pantoffel geworfen haben, um gegen die evangelische Predigt zu protestieren. Nur dank des Einsatzes von Adel und Patriziat wurden die katholischen Ordenseinrichtungen in evangelische Klöster und Stifte transformiert, um sie als Versorgungs- und Bildungsanstalten für unverheiratete »Fräuleins« zu bewahren. Erst um 1570 setzte sich die Reformation bei den Nonnen durch, die vehement gegen den Glaubenswechsel opponierten.

> »Wir müssen heute noch erklären,
> dass wir kein klassisches katholisches Kloster
> sind, sondern seit dem 16. Jahrhundert
> ein evangelisches Damenstift«,

sagt die Äbtissin lachend.

Insgesamt überlebte das Kloster diverse Brandschatzungen, Plünderungen und marodierende Soldaten. Anfang des 19. Jahrhunderts vertrieben französische Soldaten des Königreichs Westfalen die Konventualinnen und lösten den Konvent auf. »Weder General Tillys Truppen im Dreißigjährigen Krieg noch den Franzosen gelang es, das evangelische Kloster zu schließen«, erzählt Eva von Westerholt und betont, dass der Konvent im 21. Jahrhundert angekommen sei. Davon zeugt nicht nur das WLAN-Kennwort neben der Gästewohnungstür. Als erstes der niedersächsischen Klöster wurde Walsrode mit Glasfaser ausgerüstet.

Parallel organisierte sie unter Corona-Bedingungen eine Vielzahl unterschiedlicher Events – auch und gerade für ein junges, kirchenfernes Publikum: Walsroder Gymnasiasten fotografierten das Kloster aus ihrem Blickwinkel. Im Garten erklangen Jazz, Groove und Swing. Gruseln konnten sich Besucher beim Krimifestival, ein Puppenspieler entführte die Jüngsten in eine Märchenwelt. Mit ihrem Kulturprogramm möchte Eva von Westerholt das Kloster im gesellschaftlichen Diskurs positionieren.

> *»Wir verlassen den Status eines Eilands,*
> *auf dem man sich raushält«,*

sagt sie. Ihrer Initiative ist es zu verdanken, dass der international bekannte Pianist und Dirigent Justus Frantz Anfang April 2022 in der Walsroder Stadtkirche die »Mondscheinsonate« von Ludwig van Beethoven und Stücke von Frédéric Chopin erklingen ließ, um für die Ukraine zu werben. »Wir müssen Putins Barbarei mit Zivilisation und Kultur begegnen. Musik ist grenzüberschreitend.«

Veranstaltungen arrangieren liegt Eva von Westerholt im Blut. Vor ihrem Klosterleben lud sie Besuchende in ihre wehrhafte Burg Hamm ein und hob mit einer Freundin ein überregional erfolgreiches Jugendfestival aus der Taufe. »Wir haben den gotischen Saal für Schriftsteller und Musiker geöffnet und für Feste vermietet«, erinnert sich die Äbtissin und »Klettern und Bogenschießen etabliert«. »Das Standesamt habe ich eröffnet, als ich nach der Geburt meiner Tochter nach Hause kam«, so die Juristin, der man anmerkt, dass sie trotz ihrer Zartheit hart im Nehmen ist. Außerdem konnte die Gräfin als Schlossherrin ihr künstlerisches Gen ausleben, die Burg sanieren und »coole Bauhausmöbel mit Antiquitäten mischen«, erzählt Eva von Westerholt.

Schlossbetrieb und Kloster erscheinen nur auf den ersten Blick als verschiedene Welten. »In früheren Jahrhunderten verwalteten Äbtissinnen stattliche Besitztümer.« So besaß

Walsrode Anfang des 16. Jahrhunderts 182 Höfe in 69 Dörfern, diverse Mühlen, Fischteiche und Wälder und konnte den Bedarf an Fleisch, Getreide, Holz und Fischen decken. Noch heute zeugen die Äbtissinnen-Porträts im Remter vom Selbstbewusstsein der Damen. Wer durch die Korridore des Langen Hauses wandert, geht an großgemalten Wappen der Familien von Behr, von Alvensleben, von Mandelsloh vorbei. Vor der Reformation waren die Kanonissinnen in der Regel »von Stand«. Sie führten in dem freiweltlichen Stift ein unabhängiges Leben – jenseits von Klausur, strengem Gebet und Residenzpflicht, dafür mit eigenem Haus und Magd. »Bis in die Mitte der fünfziger Jahre war dieses Kloster dem Adel vorbehalten«, sagt Eva von Westerholt. Äbtissinnen mussten bis 1980 adlig sein. Heute leben vor allem bürgerliche Frauen im Stift, die Beruf und Familienphase hinter sich haben. Da ist Henrike Anders, Mutter von fünf Kindern, die mit Ende fünfzig ins Kloster eintrat, Geschichte studierte und das Klosterarchiv betreut. Da ist Elisabeth Krause, die früher als Pädagogin mit Behinderten arbeitete und heute den deutschlandweiten Notruf als Telefonseelsorgerin mitbetreut. Und da ist die über neunzigjährige Altäbtissin Thea Bosse, die allein in ihrer Wohnung lebt. Grundsätzlich sind Äbtissinnen und Konventualinnen im Alter gut versorgt. Seit 2014 bietet das Calenberger Kloster Marienwerder altersgerechtes Wohnen an.

Wer sich für ein Klosterleben interessiert, muss alleinstehend, finanziell unabhängig und evangelisch sein, egal ob Single, geschieden oder verwitwet. »Wir suchen selbstbewusste und starke Frauen, die bereit sind, sich in eine Gemeinschaft einzufügen, soziale Aufgaben zu übernehmen und unsere Kunstschätze zu präsentieren«, so Eva von Westerholt. Dann wird zum Beschnuppern ein Probewohnen vereinbart. Einen Habit, wie in katholischen Klöstern üblich, gibt es hier nicht. Auch die Zeiten, in denen Hosen als unschicklich galten, sind vorbei. Heute kann jede der Konventualinnen ihren eigenen Kleiderstil pflegen. In der Klosterkirche zieht sich in Walsrode jede den schwarzen Stiftsmantel an, wobei die »Klostertracht« von Damenstift zu Damenstift variiert.

> »*Damit unsere Frauengemeinschaft funktioniert, ist es entscheidend, dass jede ihr Leben im Griff hat. Schließlich sind wir keine Kuschel-WG.*«

In Kürze zieht eine »Neue« in Walsrode ein: Eine geschiedene Fremdsprachensekretärin, Mutter einer Tochter. Die Stiftsdamen versorgen sich selbst, wohnen mietfrei in renovierten, geräumigen Wohnungen und profitieren von der Gemeinschaft. »Die Forschung zeigt, dass gesundes Leben im Alter von einer Aufgabe, Gemeinschaft und einem spirituellen Dach abhängt«, erläutert die Juristin. Eva von Westerholt sieht in den evangelischen Frauengemeinschaften ein mögliches Modell für gelingendes Leben im Alter. Die Tatsache, dass die Klosterkammer für Miete aufkommt, ist ein altes Relikt. Nach der Reformation war der umfangreiche Güterbesitz an den Landesherrn übergegangen, der das Klosteramt verwaltete und für den Unterhalt der Stiftsdamen sorgte. Heute übernimmt die Klosterkammer Hannover diese Aufgabe und unterstützt – aus Waldbesitz sowie sehr umfangreichen Erbbaurechten – den Erhalt der Häuser. Anliegen der Sonderbehörde des Landes Niedersachsens ist es, die Tradition der aus dem Mittelalter stammenden Frauengemeinschaften zu bewahren und die Klöster als »geistig kulturelle Leuchttürme Niedersachsens« für Touristen, Pilger und Ruhesuchende zu öffnen.

Eine Äbtissinnen-Ernennung erfolgt sowohl durch die Klosterkammer als auch das niedersächsische Ministerium für Kultur und Wissenschaft. »Die im Konvent lebenden Damen haben mich gewählt«, erläutert Eva von Westerholt, die nach einem halben Jahr Äbtissin-Sein noch mal abstimmen ließ. Äbtissinnen bleiben bis zu ihrem 70. Geburtstag im Amt, mit der Möglichkeit zur fünfjährigen Verlängerung. »Das Modell der Klosterkammer reicht bis in den Tod. Wer möchte, wird auch hier beerdigt«, erzählt die Äbtissin. »Sie sehen, die Aufgaben sind unglaublich facettenreich.« Einerseits sei sie Geschäftsführerin eines Unternehmens, andererseits die spirituelle Leiterin eines Konvents. Die Orte müssten mit der Zeit gehen, sonst gehe die Zeit über sie. »Ich wünsche mir noch mehr lebendige und neugierige Frauen, die die Werte und Freiheit dieses Ortes schätzen, aber notwendige Veränderungen anstoßen wollen«, sagt Eva von Westerholt, die sich vorstellen kann, dass Walsrode sich dauerhaft auch Katholikinnen öffnet.

| Neue Formen des Zusammenlebens |

»Junge Frauen im Haus zu haben, deren Lebensvorstellungen oft ganz andere sind, ist spannend!«

Sr. Gisela Porges

Don Bosco Schwester,
WG Haus Mornese in Salzburg

Wie das Zusammenleben mit Studentinnen gelingen kann

Am nördlichen Stadtrand von Salzburg befindet sich ein modernes Haus mit der Aufschrift »Don Bosco Schwestern«. Hier lebt eine ungewöhnliche Wohngemeinschaft von katholischen Schwestern und jungen Frauen. Nicht, wie in Studentinnen-Wohnheimen üblich, nach Stockwerken getrennt. Im Haus Mornese werden Küche, Wohn- und Esszimmer ebenso gemeinsam genutzt wie die sonnige Dachterrasse und der Garten. Die Wohngemeinschaft bietet Platz für acht junge Frauen bis 26 Jahre, egal ob Studentin, Praktikantin oder Auszubildende. Zudem leben im Haus drei berufstätige Don Bosco Schwestern. »Wir wollten kein Wohnheim im klassischen Sinn mit parallelen Strukturen in einem Haus. Wir wollten Familiarität und auf Augenhöhe miteinander leben«, sagt Sr. Gisela Porges.

Schon die beiden italienischen Ordensgründer, Maria Mazzarello und der Priester Giovanni Bosco, kümmerten sich um junge Menschen. In Turin fand Don Bosco für die oft straffällig gewordenen und arbeitslosen Jugendlichen eine neue Heimat. Er vermittelte ihnen Arbeitsstellen und bot ihnen im familiären Kreis eine spirituell-religiöse Erziehung. »Unsere Ordensgründer wollten dazu beitragen, dass Jugendliche beziehungsfähig werden, damit ihr Leben gelingen kann.«

Heute arbeiten rund 12.000 Don Bosco Schwestern in 96 Ländern in Kindergärten, Schulen, Jugendbildungsheimen und Pfarreien.

In Deutschland und Österreich gibt es noch zehn Standorte. 2014 wurden die zuvor unabhängigen Provinzen Österreich und Deutschland zusammengelegt, mit Provinzleitung in München, für die Sr. Gisela von Salzburg aus als Sekretärin arbeitet.

Die Don Bosco Schwestern hatten das Haus in Salzburg 2005 als Provinzialat, das heißt als Verwaltungszentrum der österreichischen Provinz, errichtet. »Nach der Zusammenlegung mit den deutschen Schwestern hatte das Haus zuerst einmal seinen Sinn verloren. So haben wir 2017 zu überlegen begonnen, wie wir das Haus neu beleben können«, erinnert sich Sr. Gisela. Zu berücksichtigen galt, dass das Haus weder umgebaut werden konnte noch ein Anbau möglich war und, dass junge Menschen hier einen Platz finden sollten. Für das Experiment »WG Haus Mornese«, hier mit jungen Frauen in einer WG zu leben, fühlten sich die bisherigen Bewohnerinnen zu alt. Als die älteste Schwester befand, »dieses Haus braucht Jugend« und entschied, sich versetzen zu lassen, zogen die anderen mit.

Don Bosco Ordensfrauen fanden sich zu einer neuen Gemeinschaft zusammen, sie putzten und schufen Raum für die neuen Mitbewohnerinnen, sie entwickelten ein Marketingkonzept und schalteten Anzeigen »WG-Zimmer frei«. Anfang Januar 2018 füllte sich das Haus mit Studentinnen – seither war es immer vollbelegt. »Das Leben in einer WG ist für uns an sich nichts Ungewöhnliches. Junge Frauen im Haus zu haben, deren Lebensvorstellungen oft ganz andere sind, ist das eigentlich Spannende«, erzählt Sr. Gisela, die Leiterin der Schwesterngemeinschaft. Die drei Ordensfrauen haben ein gutes Gefühl entwickelt, wer ins Haus und zu ihnen passt. Wer nur Party machen will, ist im Haus Mornese sicher falsch. »Vor allem braucht es eine Offenheit gegenüber Religion, sonst fühlen sich die Studentinnen bei uns nicht wohl. Viele haben einen katholischen Hintergrund. Andere sind evangelisch, evangelikal oder atheistisch. Wir hatten auch schon einmal eine Japanerin, die buddhistisch war. Diese Diversität ist kein Problem, sondern spannend – wenn es von Seiten der jungen Frauen die Offenheit gibt, sich auf das andere einzulassen.«

Die Mitbewohnerinnen kommen aus der ganzen Welt. Aus Korea, Japan, Brasilien und Kolumbien, aus Ungarn und Italien. Viele natürlich auch aus Deutschland und Österreich. Die Zimmerpreise sind gestaffelt und bewegen sich um 400 Euro im Monat. Abends trifft man sich zum Plaudern in der Küche, im Wohnzimmer oder im Sommer auf der Dachterrasse. Wer will, kocht mittags einen Snack oder trinkt einen Kaffee. Am Wochenende setzen sich Studentinnen und Schwestern manchmal aufs Rad.

> *»Uns ist wichtig, dass unsere Mitbewohnerinnen Verantwortung für das Haus und die WG übernehmen.«*

Beim Einzug verpflichtet sich jede, wöchentlich bis zu einer Stunde mitzuhelfen, was vom Putzen der Küche übers Unkrautjäten hin zum Wäscheaufhängen reicht. In der Regel funktioniert die Aufteilung gut. Nur in Zeiten intensiven Prüfungsstresses muss man ein Auge zudrücken. Da zieht sich jede zum Lernen zurück. Morgens wird in aller Eile gefrühstückt. Viele kommen erst spät abends aus der Bibliothek, dem Labor oder der Werkstatt zurück. »Der Vorteil unserer WG ist, dass immer jemand zum Reden da ist«, meint Sr. Gisela. Einmal im Monat findet der bei den Studentinnen beliebte WG-Abend statt. Nach einem gemeinsam gestalteten Moment in der Kapelle wird bei Nudelsalat oder Toast Hawaii, jeweils von einem anderen WG-Mitglied zubereitet, gelacht und geplaudert. »Wir hören als Schwestern zu, wollen wissen, was die jungen Leute bewegt«, sagt Sr. Gisela.

In ihrer Art jungen Menschen wertschätzend und wohlwollend zu begegnen, erfüllen die Schwestern den Sendungsauftrag der Ordensgründer. Die Ordensfrauen legen Wert auf eine familiäre Atmosphäre. So gehen auch viele ehemalige Mitbewohnerinnen im Haus Mornese ein und aus. Wer zu Weihnachten oder an Feiertagen einsam ist und – gerade in Corona-Zeiten – nicht heimfahren kann, ist immer eingeladen, mit den Schwestern zu feiern.

Großfamilienleben ist Sr. Gisela von zu Hause gewöhnt, wo sie mit fünf Geschwistern katholisch aufwuchs. Die Großelterngeneration war konfessionell gemischt, darunter ein jüdisch-atheistischer Sozialist und eine protestantisch-preußische Großmutter. Über Glauben wurde wenig diskutiert. Sr. Gisela fühlte sich jedoch früh zum Ordensleben berufen. In Wien lernt sie die Don Bosco Schwestern kennen, deren Charisma sie begeistert. »Ich wollte zu einer weltweiten Gemeinschaft gehören, der ein spirituelles Leben ebenso wichtig ist wie das Engagement für die Menschen.« 1989 tritt sie in den Orden ein. Später studiert sie in Innsbruck Religionspädagogik und Geschichte.

Dann unterrichtet sie an der ordenseigenen Schule in Vöcklabruck fast 20 Jahre zukünftige Kindergärtnerinnen und Kindergärtner. »Einige Mädchen waren weit weg von Religion, andere hätten mehr Angebote gebraucht, erinnert sich Sr. Gisela. Mit zwei Mitschwestern gründete sie deshalb ein Schulpastoralteam, das diesen interessierten Mädchen entgegenkam. Heute blüht die Schulpastoral in Vöcklabruck. »Unser Schulcafé, eine Wohnküche und der Meditationsraum kommen großartig an!«

Die Situation der katholischen Kirche in Österreich ist dagegen eine schwierige. Gerade junge Frauen treten immer öfter aus. »Ich selbst bin gerne katholisch, aber ich warte nicht mehr auf eine Reform was die Stellung der Frau in der Kirche betrifft. Da wurde ich schon viel zu lange hingehalten und vertröstet«, sagt Sr. Gisela. In ihrem Umfeld bemühen sich die Schwestern, ihre Spiritualität und den Glauben zu leben. In der Früh und am Abend beten die Schwestern gemeinsam in Stille das Jesusgebet. Sie treffen sich zum Bibelteilen und zur Anbetung, manchmal auch zu einem gemeinsamen Rosenkranz. »Wir bekommen einander mit. Das ist oft schön und manchmal auch ein bisschen anstrengend«, so Sr. Gisela. Ihr ist es wichtig, dass die Ordensfrauen keine Exotinnen sind, sondern mitten unter den Menschen leben; ihnen ganz nahe sind.

> *»Mein Wunsch für die Zukunft*
> *des Ordenslebens ist es, dass die Orden*
> *für die Menschen zu spirituellen Kraftzentren*
> *werden. Dass die Menschen zu uns*
> *kommen können, wenn sie Sorgen oder*
> *Fragen haben; dass sie bei uns spirituelle*
> *Heimat finden.«*

| Klostergründungen |

»Im Chan-Buddhismus ist das Teetrinken eine Achtsamkeitsübung.«

Shifu Simplicity

Spirituelle Leiterin des Miao Fa Zentrums in Berlin

Wie eine buddhistische Nonne es schaffte, in Brandenburg ein Kloster zu gründen

Unerschrocken – das ist die Vokabel, die die buddhistische Nonne Shifu Simplicity am besten beschreibt. Seit 2018 lebt die deutsche Meisterin des Chan-Buddhismus in ihrer alten Heimat und hat aus eigener Kraft in Berlin-Spandau das Miao Fa Zentrum in der chinesischen Chan-Tradition gegründet. Diese Tradition des Mahayana-Buddhismus verbreitete sich im chinesischen Kaiserreich des sechsten nachchristlichen Jahrhunderts als Meditationsschule. Heute gehören viele chinesische Buddhisten dieser Richtung an. In Europa besser bekannt ist die japanische Variante des Chans, der Zen-Buddhismus. »Im Chan-Buddhismus geht es immer um die Suche nach dem wahren Selbst. Alle bestehenden Konzepte von sich und der Welt sind dabei erst einmal nur hinderlich«, so Shifu Simplicity.

Das Miao Fa Zentrum ist spirituelle Kraftquelle und Nachbarschaftshilfe zugleich. »Zu uns kommen sinnsuchende Menschen zwischen 18 und 88 Jahren«, erzählt Shifu Simplicity, während wir in dem hellen Raum eine Tasse Tee aus Tonschalen trinken. »Im Chan-Buddhismus ist das Teetrinken eine Achtsamkeitsübung«, die die Möglichkeit zu einer höheren Seins-Erfahrung in sich berge. Dazu sei es notwendig, den Geist zur Ruhe kommen zu lassen und sich auf den jetzigen Moment, auf das Teetrinken, zu konzentrieren. Das Vorbild für diese selbstvergessene Haltung schmückt das Fenster des Zentrums: In ihrer Zartheit und Konzentration schlägt Bodhisattva Guan Yin die Besucher in Bann und strahlt Ruhe wie Beharrlichkeit aus. Als »Erleuchtungswesen« helfen Bodhisattvas anderen Wesen auf ihrem Weg zur Erleuchtung dabei, den Kreis der Wiedergeburt zu unterbrechen, weshalb sie als wichtige Vermittler des Menschen angesehen werden.

»Im Westen ist der Buddhismus stark von Laien geprägt«, berichtet die Zentrumsleiterin. Das Berliner Zentrum bietet eine große Bandbreite unterschiedlicher Angebote, um verschiedene Zielgruppen zu erreichen: Von der Geh-Meditation im Freien hin zur Lebensberatung und dem sogenannten »Monk-Chat«, bei dem die Nonne Fragen beantwortet. Laien können im Zentrum kostenlose Meditations- und Achtsamkeitskurse buchen und ein eintägiges Retreat machen. Die Meditationskurse werden inzwischen auch online übertragen. Parallel unterrichtet Shifu Simplicity Grundzüge des Buddhismus und hilft bei alltäglichen Problemen. Seit einiger Zeit findet jeden Morgen eine Meditation statt, zu der ein fester Kreis von Übenden kommt.

Wichtig ist der buddhistischen Nonne, dass sie die östliche Weisheitslehre in eine für westliche Laien verständliche Sprache übersetzt.

> »Ich bin davon überzeugt, dass westliche Menschen sehr wohl den in Asien geprägten Buddhismus verstehen können.«

Um selbst als Übersetzerin zu fungieren, studiert sie den Chan-Buddhismus in seinem Ursprungsland China und in Taiwan. Zur chinesischen Kultur habe sie sich schon in ihrer Jugend hingezogen gefühlt. Ihr Karma führte sie 1992 auf Umwegen nach Taiwan in das Chan-Kloster Chung Tai, einer der größten Klosteranlagen in Taiwan. Damals besuchte sie als Sprachstudentin der Sinologie gemeinsam mit einer taiwanesischen Freundin die Insel. »Die Mönche dort waren gleich

Klostergründungen

so freundlich und boten uns eine Zahnbürste und Übernachtungsmöglichkeit an«, erinnert sie sich. Spontan beschloss die Freundin, im Kloster zu bleiben, um Nonne zu werden. Auch die spätere Shifu Simplicity war von der ruhigen Atmosphäre des Klosters fasziniert, verstand aber zu wenig Chinesisch, um der Meditation und Unterweisung der Mönche folgen zu können.

»Ich habe damals in Göttingen Medizin und Sinologie studiert und wollte in Sinologie promovieren.« Als dies nicht möglich ist, macht sie zunächst ihr praktisches Jahr als Ärztin in Wales. Nach dem dritten Staatsexamen arbeitet sie mit viel Freude und Enthusiasmus zwei Jahre als Chirurgin im Kurort Bad Aibling. Sie will Ärztin werden, um Leid zu lindern. Bald merkt sie, dass sie nur sehr begrenzt helfen kann, »da das wirkliche Leid oft nicht im Körper, sondern im Geist sitzt.« Das Lesen alter Chan-Meister führt sie zum Buddhismus. Es fasziniert sie, dass die Meister eine Wahrheit gefunden haben, die jenseits der westlichen Logik, jenseits von psychologischen oder emotionalen Erklärungen liegt. Dort findet sie das, was ihr das Christentum nicht geben kann und sie fasst den Entschluss, »Ärztin des Geistes« zu werden.

Ihre Jugend in einer aufgeklärten Akademikerfamilie fand weitgehend ohne Gott statt. Die Eltern besuchten Weihnachten den Gottesdienst und ließen ihre drei Kinder konfirmieren. »Meine Eltern haben meine spirituelle Entwicklung zunächst nicht mitbekommen«, sagt Shifu Simplicity. Es erschließt sich die Wahrheit des Lebens nur dann, wenn man bereit ist, die eigenen, gewohnten Muster loszulassen – und sich auf ein neues Leben einzulassen. Diese findet sie in dem buddhistischen Meditationszentrum Plum Village in der Nähe von Bordeaux, das der vietnamesische Mönch Thich Nhat Hanh 1982 gegründet hatte und in dem damals 60 Mönche und Nonnen lebten. Sie ist fasziniert von der Bescheidenheit und dem Charisma des weltweit bekannten Mönchs, der eine besondere Form des engagierten Buddhismus und des Mitgefühls lehrt und den die Londoner Zeitung »Independent« als »Zenmeister, der Stadien füllt« bezeichnete. Der Mönch wird ihr Meister und ordiniert sie 1998 zur Nonne. Den Eltern teilt sie ihren Entschluss in einem langen Brief mit.

»Seit mir die Haare geschoren und das Habit angelegt wurden habe ich meinen Entschluss keine Minute bereut«, erzählt sie. Mit dem Meister reist sie nach China und in andere asiatische Länder. Inzwischen spricht sie so gut Englisch und Vietnamesisch, dass sie als Simultanübersetzerin fungieren kann. In Plum Village lernt sie, wie sich der Alltag durch eine regelmäßige buddhistische Praxis verbessern lässt.

Nach sechs Jahren trifft sie die Entscheidung, das französische Meditationszentrum zu verlassen, in das im Sommer tausende von buddhistischen Laien strömen. »Für eine Anfängerin wie mich war Plum Village das Richtige, da es für Westler angepasst, noch nicht überladen ist. Ich wollte aber den ursprünglichen chinesischen Buddhismus kennenlernen und mehr Möglichkeiten zu vertiefter Meditation haben.« Damals waren Informationen über taiwanesische oder chinesische Frauenklöster rar. Sie erinnert sich an ihre Freundin, die Nonne, und entscheidet, in das Chan-Kloster Chung Tai zurückzukehren, wo sie von dem Ordensgründer Wei Chueh als einzige europäische Nonne unter 2.000 Schülern akzeptiert wird.

Abgeschirmt von der Außenwelt vertieft sich Shifu Simplicity auf Chinesisch in die buddhistische Lehre, lernt Sutren, das heißt einprägsame Lehrsätze, in einem dem Kloster angeschlossenen Institut auswendig. Sie übt sich in Unterordnung und darin, die Gemeinschaft über das eigene Sein zu stellen. Im Kloster Ling Quan, in der Nähe von Taipeh,

Klostergründungen

arbeitet sie einige Jahre in der Küche, ist dann verantwortlich für den Speisesaal, übernimmt Fahrdienste, kommt in Kontakt mit Laien und verbringt viele Stunden auf einer Pritsche im Krankenhaus, um sich um eine der erkrankten Nonnen zu kümmern. »Meine vierzehn Jahre in Taiwan waren eine schöne Erfahrung mit eigener, vertiefter Meditationserfahrung.«

Obgleich ihr der Inselstaat Taiwan mit seiner Kultur ans Herz wächst, reift in ihr der Wunsch, nach Europa zurückzukehren. Sie tritt 2018 aus der Klostergemeinschaft aus, womit sie die Hilfe des Konvents verliert. Während eines einmonatigen Retreats in einem Zelt inmitten der dramatischen Bergwelt Taiwans wird sie sich darüber klar, dass sie nach Berlin ziehen möchte, wo ihre Eltern nach der Pensionierung leben. »Ich hatte weder finanzielle noch spirituelle Unterstützung«, erinnert sich Shifu Simplicity. Mit Hilfe von Vater und Mutter gelingt es, Räume in Spandau anzumieten. Die Möbel besorgt sie über eBay. Im September 2018 wird das Miao Fa Zentrum eröffnet. Sie selbst bewohnt ein Zimmer im schlicht gestalteten Zentrum, lebt vegetarisch, zölibatär und vermeidet Umarmung und physische Kontakte. Im Zentrum hat die Nonne ein Sparschwein aufgestellt, in das Teilnehmende Geld für die kostenlosen Kurse stecken können. »Das funktioniert prima«, meint Shifu Simplicity. »In Asien ist es üblich, dass Nonnen und Mönche von den Spenden von Laien leben«. Jeder gebe dort, was er könne, um die Tempel und Klöster zu unterstützten.

»Meiner Ansicht nach gibt es einen himmelweiten Unterschied zwischen Ordinierten und Laien.« Als Vorsitzende der Deutschen Buddhistischen Ordensgemeinschaft macht sie sich dafür stark, dass es künftig für den Nachwuchs ein strukturiertes Ausbildungsprogramm gibt. Dies könne positiv dazu beitragen, dass mehr junge Frauen und Männer sich für ein Leben als Nonne oder Mönch entscheiden.

»Ich habe gut anderthalb Jahre nach einem Seminarzentrum oder Hotel mit Küche und Übernachtungsmöglichkeiten gesucht«, erzählt Shifu Simplicity und ist froh, dass sie am Deulowitzer See in Brandenburg ein geeignetes Gelände gefunden hat. Seit November 2021 bewirtschaftet das Miao Fa Zentrum ein ehemaliges Feriencamp für Kinder in der Nähe der polnischen Grenze, das entlegen in Waldesnähe idyllisch an einem See liegt. Das neue Kloster nennt sich Chan-Kloster Wassermond. Das Haupthaus und der Gästetrakt sind fast fertig renoviert. Im ersten Stock können künftig buddhistische Nonnen wohnen. Im Erdgeschoss befinden sich Speisesaal, Tee- und Gästezimmer. Freiwillige Helfer haben Wände gestrichen, bauten Schränke, Betten und Kommoden auf – unterbrochen von Spaziergängen und Meditation. Künftig will das Miao Fa Zentrum regelmäßig Achtsamkeits- und Meditationskurse anbieten sowie Interessierten die Möglichkeit geben, eine Zeit mit im Kloster zu leben oder sich in ein Retreat zurückzuziehen.

Das brandenburgische Klosterprojekt bestreitet sich aus Spenden. Die erste große Anzahlung stammt von einer reichen, taiwanesischen Laienbuddhistin aus den USA. »Ich habe aktiv vor allem unter asiatischen Buddhisten geworben«, erzählt die Nonne. Auch dank der Brambosch-Schaelen-Stiftung, die buddhistische Nonnenprojekte in Deutschland fördert, sei es gelungen, einen Teil der Gebäude zu finanzieren, ohne einen Kredit aufzunehmen. »Das andere Gebäude haben wir gepachtet und können es in neun Jahren abbezahlen«, so Shifu Simplicity.

Während das Retreat-Zentrum an Gestalt gewinnt, erfolgt der Aufbau der Klostergemeinschaft in kleinen Schritten. »Chinesische Nonnen meiner Traditionslinie existieren in

Deutschland kaum«, erzählt Shifu Simplicity, obgleich der Buddhismus in Taiwan seit Ende der achtziger Jahre eine Renaissance erlebt und es im Inselstaat inzwischen mehr buddhistische Nonnen als Mönche gibt. Insbesondere der taiwanesische Fo-Guang-Shan-Orden in der Tradition des humanistischen Buddhismus expandiert in die westliche Welt. In Berlin befindet sich der Fo-Guang-Shan-Tempel, der von der taiwanesischen Nonne Miaoshiang geleitet wird, die hier mit einer kleinen Gruppe asiatischer Nonnen lebt.

»Wir haben leider kaum Kontakt zu den taiwanesischen Nonnen im Westen«, sagt Shifu Simplicity. Dennoch hofft sie, auf Dauer für »ihr« Kloster eine Nonne aus ihrer Traditionslinie zu gewinnen. »Ich darf Nonnen ordinieren«, sagt Shifu Simplicity, die weiß, wie schwierig die Auswahl von Nonnen in einer kleinen Gemeinschaft sein kann. Derzeit lebt eine Theravada-Nonne mit im Brandenburger-Kloster, das heißt eine Buddhistin, die den strengen, monastischen Regeln des Urbuddhismus folgt. »Im Theravada-Buddhismus dürfen Nonnen weder kochen noch einkaufen«, sagt Shifu Simplicity. Sie fährt deshalb alle zwei Wochen in ein nahegelegenes Dorf, um in einem Supermarkt für die Gemeinschaft Lebensmittel zu besorgen.

| Klostergründungen |

Ulrike Köhler

Jesus-Bruderschaft in Kloster Volkenroda

»Wir wenden uns sehr bewusst auch an diejenigen, die seit Jahrzehnten über keine Kirchenschwelle mehr gegangen sind.«

Wie eine christliche Gemeinschaft in Volkenroda eine ganze Region zum Blühen bringt

Dieser Christus ist radikal. Er hat keine Arme und seine Schädeldecke ist abgeschlagen, die Füße ohne Zehen. Als wäre er schon nicht mehr von dieser Welt, hängt er an einem modernen, grauen T-Kreuz hinter dem Altar der ältesten in Deutschland noch erhaltenen Zisterzienser-Klosterkirche in Volkenroda. Wie die Klosteranlage wurde auch der Christus im Laufe der Jahrhunderte schwer lädiert. »Wir haben die Figur bewusst nicht ergänzen lassen. Das, was ihm angetan wurde, soll sichtbar bleiben«, sagt Ulrike Köhler. Die 66-Jährige hat gemeinsam mit der Jesus-Bruderschaft wesentlich dafür gesorgt, dass sich das verfallene Kloster nach der Wende zu einem modernen, spirituellen Zentrum im ländlichen Thüringen entwickelt hat. Auch das zuvor sterbende Dorf, eine Stunde von Erfurt entfernt, profitiert von dem Kloster als wichtigem Arbeitgeber.

Die Klosterkirche besticht durch das Nebeneinander von uralten romanischen Pfeilern, umgeben von einem jahrhundertealten Mauerwerk und modernen Glas- und Stahlelementen eines schlicht gestalteten Altars und einer Akustik-Anlage. Wer sich auf die Einfachheit und die Stille einlässt, fühlt sich in einem über Jahrhunderte »umbeteten« Raum. Zisterzienser hatten das Kloster 1130 in einem abgeschiedenen Tal errichtet und es über 400 Jahre mit Landbesitz und Klosterbetrieben erfolgreich bewirtschaftet. Die Mönche siedelten sich in einer Burganlage an, die von Kaiser Heinrich IV. erobert und zerstört worden war. Durch einen Tausch gelangte die Anlage in den Besitz von Gräfin Helinburgis von Gleichen, die hier ein Familienkloster gründen wollte. Das in Jahrhunderten reich gewordene Kloster, das zu einem Machtzentrum des örtlichen Adels wurde, gründete mehrere Töchterklöster in Dobrilugk, Loccum, Reifenstein und Waldsassen. Während der Bauernkriege wurde die Anlage 1525 geschleift und danach diente sie als Fürstliches Amt des Herzogtums Coburg-Sachsen-Gotha.

»Wir wollten kein Museum, sondern eine Kirche, in der unsere Bruderschaft dreimal am Tag betet und Gottesdienste feiert.« Das Erstaunlichste an Kloster Volkenroda aber sind die Ergänzungsbauten. Kreuzgang und Langhaus befinden sich im westlich gelegenen Christus-Pavillon, der dem Ort zur überregionalen Bedeutung verhalf. Der bekannte Architekt Meinhard von Gerkan konzipierte den Sakralraum aus Marmor, Glas und Stahl im Auftrag der evangelischen und katholischen Kirche für die EXPO 2000 in Hannover. »Es war von Anfang an so gedacht, dass der Christus-Pavillon nach Volkenroda transferiert werden sollte.« Heute ist die würfelförmige Kirche mit dem sie umgebenden Kreuzgang eines der architektonischen Highlights der Region.

1990 konnte die Klosterkirche nur unter Lebensgefahr betreten werden. Seit 1968 hatten hier keine Gemeindegottesdienste mehr stattgefunden. Gelder für die Restaurierung des weitgehend verfallenen Dorfes und der Klosteranlage wurden zunächst nicht bewilligt. »Wenn ich täglich durch das Kloster laufe, sehe ich das unfassbare Wunder Gottes, der alles zur rechten Zeit gefügt hat«, meint Ulrike Köhler, die wie viele Menschen nach der Wende ihre Arbeit 1990 in der örtlichen Landwirtschaftlichen Produktionsgenossenschaft (LPG) verlor. Die Arbeitslosigkeit endete in einer Lebenskrise und dem Gefühl von Wertlosigkeit. Wie die Dorfbevölkerung sah auch die damals 33-Jährige keine Perspektive mehr.

»Als in der DDR sozialisierte Frau fühlte sich mein Leben trotz meiner drei Kinder sinnlos an.« Glaube hatte in ihrem

Leben kaum eine Rolle gespielt. Zwar ließen die Köhlers ihre Kinder taufen, worin sie ein Stück weit gegen den Staat protestieren wollten. Fromm war nur die Großmutter, an deren Satz »Warte mal ab, die Not lehrt Dich noch beten« sie sich in ihrer prekären Lage erinnert. Sie versucht einen »Kuhhandel« mit Gott. Ihm bietet sie an, solange nicht aufzuhören zu arbeiten, bis in der Klosterkirche wieder gebetet wird. Dafür solle er ihr für ihre Lebensschuld bisherig begangener Sünden vergeben. Mit ihrem Mann nähert sie sich dem Glauben an. Das Paar findet zögerlich eine Sprache für Frömmigkeit und Spiritualität. Die Kinder gehören nicht zur Kommunität, auch, wenn sie in der Kirchengemeinschaft groß geworden sind.

> »Wir haben viele Streitgespräche über den Glauben geführt.«

Damit hatte Ulrike Köhler ihre Lebensaufgabe ausgerechnet an einem Ort gefunden, an den sie 1978 ursprünglich nicht ziehen wollte. Während ihres landwirtschaftlichen Studiums in Leipzig hatte sie ihren Mann kennengelernt, der aus Volkenroda stammte und dort als Revierförster zu arbeiten begann. Mit Schippen und Schaufeln bewaffnet krempelten die Dörfler nach der Wende die Ärmel hoch und fingen an, Klosterkirche und Dorf von Schutt und Geröll zu befreien. Ulrike Köhler wird Ortsvorsteherin und sorgt mit anderen dafür, dass die Klosterkirche renoviert wird. Die Denkmalpflege beteiligt sich vom ersten Tag und gemeinsam sucht man nach einem Nutzungskonzept für die Anlage.

»Wir haben schnell gemerkt, dass Volkenroda Charakter hat und dazu einlädt, über die Fragen des Lebens nachzudenken.« Es kommt zum Kontakt mit der Jesus-Bruderschaft in Gnadenthal, einer Kommunität von Schwestern, Brüdern, Alleinstehenden und Familien, die in einer Lebensgemeinschaft beten und arbeiten. »Ich hatte keine Vision oder ein Bild im Kopf, wie das Kloster aussehen sollte.« Vielmehr habe sich alles dank Gottes Wille gefügt. Für sie selbst ermöglichte das Klosterprojekt, ein Leben in innerer Weite und Geborgenheit zu führen.

Die ökumenische Gnadenthaler Kommunität beschloss 1993, in Volkenroda eine Zweigstelle zu errichten, die Anlage für einen symbolischen Preis von rund 6.000 Euro zu erwerben. Im Gegenzug verpflichtete sich die Bruderschaft zur Renovierung. Die Klosterkirche wurde unter anderen mit Hilfe der Deutschen Stiftung Denkmalschutz saniert. Als erster Betrieb wurde ein ökologischer Gutshof eröffnet mit Milchschafen – in der Tradition der Zisterzienser. Die Dorfbevölkerung stand dem raschen Wiederaufbau und der Jesus-Bruderschaft skeptisch gegenüber und fragte sich, woher die vielen Mittel für die Restaurierung flossen und ob es sich bei der aus dem Westen stammenden Bruderschaft um eine Sekte handelte. Kommunikationsprobleme führten zu anhaltenden Spannungen, die sich erst langsam lösten, als allmählich Vertrauen entstand.

1996 erkannte die Europäische Union das Kloster als »schützenswertes Kulturerbe von europäischem Rang an«. Arbeitslose aus der Region konnten im Zuge von Arbeitsbeschaffungsmaßnahmen im Kloster beschäftigt werden. Der Durchbruch kam ein Jahr später, als die gemeinsame Wiederbelebung von Dorf und Kirche als »Expo 2000-Lebensreform-Projekt« des Freistaates Thüringen anerkannt und eine Stiftung gegründet wurde. Der Ort Körner-Volkenroda wurde im Rahmen des »Bund-Länder-Programms Dorf 2000 – Beispiele nachhaltiger Landentwicklung« als exemplarisches Thüringer EXPO-Dorf gefördert. Das Geld floss in die Renovierung maroder Straßen und den Bau eines modernen Abwassersystems. Der

Ort blühte auf, umgeben von Wald und Teichen – mit einer 1.000-jährigen Eiche als besonderer Attraktion.

Das Architekturbüro von Günther Hornschuh errichtete ein luftiges Konvent-Gebäude aus Stahl und Glas mit Zugang zur Klosterkirche und einer Bibliothek. Früher stand hier der zerstörte Kreuzgang der Zisterzienserkirche. Die Bauherren sanierten den baufälligen Gutshof, Gästezimmer entstanden. Das Europäische Jugendbildungszentrum zog in den frisch renovierten Amtshof und das ehemalige Konvent-Gebäude ein. Insgesamt hat die Jesus-Bruderschaft etwa 40 Millionen Euro investiert, die sich im Wesentlichen aus Fördergeldern des Landes Thüringen, EU-Mitteln, Denkmalpflege und Landeskirche sowie aus privaten Spenden zusammensetzen.

> *»Das Wunder von Volkenroda haben viele Menschen aus ganz Deutschland vollbracht, die an das Projekt glaubten«,*

sagt Ulrike Köhler. Im Jahr 2000 besuchten über 25.000 Menschen den Ort, der von dem Klosterdorf-Boom profitiert.

Wer heute in das Kloster kommt, kann in wenigen Tagen unterschiedliche Gäste erleben: Da sind Grundschulkinder, die sich auf dem Spielplatz austoben, auf dem Schulbauernhof Schafe streicheln und erfahren, wie aus Schafwolle ein Schal entsteht. Da ist ein Anwalt, der sich im »Kloster auf Zeit« neu sortiert. Da sind achtzig Frauen, die im Christus-Pavillon mit seiner wunderbaren Akustik Gospelmusik zum Erklingen bringen. Da ist eine 19-Jährige, die im Hofcafé ihr Freiwilliges Soziales Jahr leistet und Waffeln backt. Und da ist eine 67-jährige Einzelbesucherin, die seit Jahren im Klosterdorf dort mithilft, wo Not am Mann ist.

Die Angebote des Klosters sind vielfältig, sprechen verschiedene Zielgruppen an. Im Sommer ertönen Konzerte im Christus-Pavillon. Einmal im Monat lockt der Tier- und Bauernmarkt rund 1.000 Besucher ins Klosterdorf, wo es von gestrickten Pullovern, Bienenhonig und Marmeladen bis zu Hühnern, Enten, Tauben, Kaninchen und vielen Vogelarten alles zu kaufen gibt. »Jeder bekommt als Eintrittskarte ein Bibelwort auf einer hübschen Karte.« Evangelische Lektoren der Kirche tauschen sich über Gottesdienstgestaltung aus. Im Sommer veranstalten Jugendliche Feuer beim Jugendcamp. Mit der Klostermagd »Frieda« entdecken Schulkinder als »Mini-Mönche« die Geschichte des Klosters, die den Gästen in Führungen vermittelt wird. Besonders beliebt sind auch der neue ökumenische Pilgerweg von Kloster Waldsassen nach Volkenroda und weiter nach Loccum, sowie meditative Wanderungen. »Für mich ist das Klosterdorf gelebte Begegnung«, sagt Ulrike Köhler, und »ein Ort des Gebets, der Einkehr und Stille und der christlichen Jugendarbeit.«

Wer möchte, kann an den drei Gebetszeiten teilnehmen, die den Tag strukturieren. Der Morgen wird mit einem Gottesdienst begrüßt, der Mittag um 12 Uhr mit einem Gebet eingeläutet und am Abend klingt der Tag mit einer liturgischen Feier und Fürbitten aus. Anschließend essen die Besucher im großen Refektorium.

Besonders am Herzen liegt Ulrike Köhler das Angebot »Kloster auf Zeit«, das sehr begehrt ist. Insgesamt nimmt das Kloster maximal 10 Menschen gleichzeitig auf. Sie wohnen in einfachen Zimmern und unterstützen sich gegenseitig. Vier Stunden Mitarbeit im Klosterdorf und die Gebetszeiten helfen ihnen dabei, ihr Leben neu auszurichten. Oft komme es während des Aufenthalts zu schmerzhaften inneren Prozessen, wird das bisherige Leben in Frage gestellt. Als Seelsorgerin unterstützt Ulrike Köhler, wo sie kann.

> »Die Menschen kommen zu uns mit Burnout, Identitätssuche, Ehekrise und Arbeitsverlust.«

Es fällt auf, dass sich die Gemeinschaft an klösterlichen Begriffen orientiert, von Konvent, Refektorium und Klausur spricht. Bewusst fühlt sich die ökumenische Bruderschaft in der Nachfolge der Zisterzienser-Mönche, die ebenfalls eine gesunde Balance zwischen Arbeiten in Klosterbetrieben und Landwirtschaft mit Gebet, Meditation und Stille fanden. Viele Gäste in Volkenroda spüren Spiritualität und eine christliche Bindung. In der Klosterkirche finden sie ebenso einen heiligen Raum wie im Christus-Pavillon. Die Fenster des Kreuzgangs bilden eine Symbiose von Technik und Natur, sind sie doch mit Zahnbürsten, Zollstöcken, Teesieben, Mohnkapseln und Federn geschmückt. Der Besucher kann sich dem Sakralraum in der lichten Wandelhalle nähern. Neun würfelartige Räume, die wie moderne Seitenkapellen wirken, entführen Besucher in eine Welt aus Licht und Farben und unterstreichen den meditativen Charakter.

»Wir wenden uns sehr bewusst auch an diejenigen, die seit Jahrzehnten über keine Kirchenschwelle mehr gegangen sind.« Davon gibt es im Kernland der Reformation genügend. Durch über vierzig Jahre Sozialismus wuchs schon vor der Wende eine kirchenferne Generation heran, denen Gott nicht begegnet ist. Nur zehn Prozent der Thüringer gehen noch zur Kirche. Kirche als Institution wird zum Randphänomen.

Die Jesus-Bruderschaft bildet einen modernen Gegenentwurf gegen die Gottlosigkeit, der sie ein klösterliches Leben entgegensetzt. In Volkenroda leben derzeit zwölf kommunitäre Mitglieder in einer Gemeinschaft. Zwei Brüder, zwei Schwestern, zwei Frauen und drei Ehepaare. Zusätzlich gibt es rund zwanzig aktive Mitglieder und 120 Fördermitglieder. Jedes Mitglied sorgt für seinen Lebensunterhalt. Manche sind im Kloster angestellt, wie Ulrike Köhler. Andere Mitglieder sind im Rentenalter oder arbeiten außerhalb. Ein Teil lebt im Kloster, teilt sich einen Wohnbereich oder besitzt als Familie eine Wohnung in einer Siedlung im Dorf. Donnerstags wird gemeinsam gegessen, Geburtstage werden zusammen gefeiert. »Um unsere Privatsphäre müssen wir als Ehepaar genauso kämpfen wie ich um meine eigenen Bedürfnisse«, weiß Ulrike Köhler, die ordinierte Prädikantin und Seelsorgerin ist.

Nicht immer ist ein Leben in Gemeinschaft einfach. Zahlreiche Missverständnisse entstanden durch unterschiedliche Ost-West-Mentalitäten und die Sozialisation. »Unsere Empfindungswelten waren anders und wir Ostdeutschen hatten Hemmungen, Dinge rechtzeitig zu benennen. 2002 kam es zu einer schweren Krise. Die Jesus-Bruderschaft in Gnadenthal hatte sich finanziell übernommen, was in einer spirituellen Dilemmasituation endete. Die Menschen im Dorf und in der Kirchengemeinde fühlten sich von dem boomenden Klosterdorf in die Ecke gedrängt. »Das Bild eines Leuchtturms, dessen Strahlen weit ins Land sichtbar sind, der neben sich aber auch Schatten wirft, scheint geeignet, um die verschiedenen Beziehungen des Klosters Volkenroda zu seiner Umgebung zu umschreiben«, resümiert die Pfarrerin Katharina Freudenberg, die über das Kloster und seine Aufbaujahre eine Dissertation verfasste.

In Volkenroda musste sich die Jesus-Bruderschaft neu justieren. Nach zahlreichen Gesprächen, Diskussionen und Meditationen wurde festgelegt, dass sie in Kloster Volkenroda 2005 selbständig würde. Eine Lehre aus der Krise war es, Leitungsstellen doppelt zu besetzen. Die Kommunität hat keine Leitung, sondern nur zwei Sprecher. Die Gebäude gehen in die Stiftung Kloster Volkenroda über. Die Jesus-Bruderschaft

Kloster Volkenroda entsteht mit der Rechtsform eines eingetragenen, gemeinnützigen Vereines. Als Aufsichtsrat fungiert der Klosterrat, der sich um die Strategie kümmert. »Beide Rechtsträger beschließen gemeinsam und bilden das gegenseitige Korrektiv«, sagt die neunfache Großmutter Ulrike Köhler. Inzwischen haben sich die Prozesse eingespielt, die Beziehungen zwischen Bürgermeister, Kirchengemeinde und Gemeinderat sind entspannt und unterstützen sich gegenseitig.

»Wir als Pioniergeneration haben das Kloster aufgebaut und zum Blühen gebracht. Jetzt muss die nächste Generation sich vor allem um die künftige inhaltliche Ausrichtung kümmern.« Einfach sei der Generationenwechsel nicht. Die Kommunität wird immer älter. Junge Menschen wollten sich nicht mehr dauerhaft binden. »Für unsere Jahresmannschaft passende Jugendliche zu finden, wird jedes Jahr schwieriger«, so Ulrike Köhler. Auch Menschen, die in einer Kommunität leben wollen, gibt es nur wenige. »Nicht für jeden ist dieses Leben der geeignete Lebensentwurf. Es kann auch nicht jeder Chefarzt werden.« Der Konvent trägt dieser Entwicklung Rechnung, indem er das Programm »Ledige auf Zeit« einführte. »Ich nehme die Dinge, wie sie kommen und bin sicher, dass Gott das Kloster auch in großer Freiheit weiterführen wird«, ist Ulrike Köhler zuversichtlich.

| Klostergründungen |

»Mein Glaube gibt mir meine Existenz, den Sauerstoff, mit dem ich atmen und lebendig sein kann.«

Gerondissa Diodora Stapenhorst

vom Heiligen Orthodoxen Kloster Dionysios Trikkis & Stagon

Wie eine orthodoxe Nonnengemeinschaft in Kloster Arnstein Gastfreundschaft zelebriert

Der byzantinische Sprechgesang der Nonnen im Wechsel von Triumpf und Klage trägt die Seele ein Stück weit davon. Wohlriechender Weihrauch erhebt den Geist. Dünne Kerzen erleuchten den Raum der dunklen Kapelle. Schemenhaft sind in der Dämmerung die Ikonen der Muttergottes mit Kind und des Johannes des Täufers zu erahnen. In der Mitte Jesus am Kreuz, dahinter das ungeöffnete Allerheiligste. Im Holzgestühl vor mir haben zwölf in schwarz gekleidete Nonnen Platz genommen. In der dreistündigen Liturgie folgen Gesang, Gebet, das Rezitieren von Psalmen und Lesungen aufeinander wie ein Glasperlenspiel. Wie in einer perfekten Choreografie hat jede Nonne ihre spezifische Aufgabe, die sie mit gelassener Ernsthaftigkeit ausführt. Für den Gesang versammeln sich die Nonnen um Pulte, in der Mitte die junge Nonne Jerusalem, die den Takt vorgibt. Ich fühle mich in eine fast archaisch anmutende Welt versetzt. Seit dem 4. nachchristlichen Jahrhundert hat sich an der Liturgie wenig geändert. Die orthodoxe Welt scheint dem Wandel zu trotzen, eine Konstante zu bilden, auf die die Gläubigen der Ostkirche vertrauen können.

Seit 2019 baut die Nonnengemeinschaft das »Heilige Orthodoxe Kloster Dionysios Trikkis & Stagon« im rheinland-pfälzischen Kloster Arnstein auf, das den Schwestern vom Bistum Limburg überlassen worden war. Das ehemalige Prämonstratenser-Kloster war von Mönchen der Ordensgemeinschaft von den Heiligsten Herzen Jesu und Mariens (SSCC) 1919 wieder besiedelt worden. Im Nationalsozialismus versorgte der Superior, Pater Alfons Spix, polnische Zwangsarbeiter mit

Frühstück nach der gemeinsamen Messe. 1942 kam er deshalb ins Konzentrationslager Dachau. Dort starb er an Unterernährung. »Es gibt eine Parallele zum Namenspatron unseres Klosters, des Metropoliten Dionysios Trikkis & Stagon«, so die Äbtissin Diodora, die dem Kloster in Arnstein vorsteht. Der griechische Priestermönch hatte einen Engländer vor den deutschen Besatzern in seinem Kloster auf Mytilini versteckt und verschwand deshalb ebenfalls drei Jahre in verschiedenen Konzentrationslagern. Nach dem Krieg kehrte er nach Griechenland zurück, wurde zum Metropoliten geweiht, und belebte dort das orthodoxe Mönchstum wieder.

Von langer Hand geplant war die erste Gründung eines orthodoxen Frauenklosters in Deutschland nicht. »Wir folgen bei allem dem Ruf Gottes«, erläutert Äbtissin Diodora in tiefem Gottvertrauen, die 1964 als Charlotte Stapenhorst in eine protestantische Medizinerfamilie in Göttingen geboren wurde. »Wir sind dankbar für diesen wunderschönen Ort inmitten der Natur und hatten sofort das Gefühl, hier stimmt alles.« Mit dem Segen ihres Geistigen Vaters, des Gerontas Archimandriten Dionysios, kehrte die Äbtissin nach dreißig Jahren in Griechenland nach Deutschland zurück. In der orthodoxen Welt wird sie als Erneuerin von Frauenklöstern verehrt. Präsident Prokopis Pavlopoulos verlieh ihr 2017 für ihre Verdienste persönlich die griechische Staatsbürgerschaft.

Auf den ersten Blick könnte man denken, dass das orthodoxe Ordensleben in Deutschland keine lange Tradition hätte. Jedoch leben hier rund drei Millionen Orthodoxe, die zu 95 Prozent aus Russland, Griechenland, Bulgarien, Serbien oder Rumänien stammen. Enge verwandtschaftliche Beziehungen bestanden im 19. Jahrhundert zwischen dem herzoglichen Haus Hessen-Darmstadt und der russischen Zarenfamilie Romanow. Der später ermordete Zar Nikolaus II. ließ für seine deutsche Frau Alexandra in Darmstadt eine russisch-orthodoxe Kapelle errichten. Ihre Schwester, die russische Großfürstin Elisabeth, wird wegen ihres frommen Lebens als Heilige verehrt. Ihr zu Ehren gründete die russische Gemeinde in München das einzige russisch-orthodoxe Frauenkloster Deutschlands, das es neben dem orthodoxen Frauenkloster in Kloster Arnstein gibt.

> »Wir wollen uns in der Gegenwart Gottes bewegen, anstatt ein von uns ausgedachtes Programm durchzuführen«,

erzählt die 58-jährige Äbtissin. Die Hauptaufgabe der Nonnen ist das Gebet. Tätigkeiten gibt es eine Menge. Die Schwestern arbeiten in der Landwirtschaft, kümmern sich um Obstbäume und bauen Gemüse an. Eine Schwester betätigt sich als Imkerin. Andere züchten Schafe, verarbeiten die Wolle zu Filz, machen aus Milch Käse, kochen Marmelade und stellen verschiedene natürliche Produkte her, die sie auch in ihrem Klosterladen anbieten. »Wir leben von unserer Hände Arbeit«, so Mutter Diodora. Das Kloster sei arm, der große Klosterkomplex müsse unterhalten, Wasser, Strom und Heizung im Winter bezahlt werden.

Eine entscheidende Rolle spielt in allen orthodoxen Klöstern die Gastfreundschaft, die darauf beruht, Christus in jedem Gast zu erkennen. Als ich spät am Abend komme, stehen auf dem gedeckten Tisch im Refektorium schon Oliven, Weißbrot, Sesampaste und eine Wasserkaraffe. Eine Nonne heißt mich herzlich Willkommen. Sie ist eigens für mich aufgeblieben und kümmert sich rührend um mich. Auf eine dampfende Gemüsesuppe folgt ein Kartoffelgericht.

Die international zusammengesetzte Schwesterngemeinschaft teilt mit den Gästen, was sie hat – vor allem ihre Zeit. Aufmerksam beobachten die Nonnen, was der Gast braucht, stellen sich unaufgeregt für Gespräche zur Verfügung. Deutsche, griechische, russische, französische, englische sowie hebräische Wörter schwirren durch die Luft. Alle Nonnen bemühen sich, Deutsch miteinander zu sprechen, auch, um auf Deutsch die Gebete zu rezitieren und später singen zu können.

»Die Gäste sind bei uns willkommen. Sie können zu den Gottesdiensten kommen und an den gemeinsamen Mahlzeiten teilnehmen. Es gibt Gelegenheit für Gespräche«, so die Äbtissin, die bei Vielen eine spirituelle Suche, den Wunsch nach geistlicher Begleitung beobachtet. Das Kloster wird gerne besucht. Manche kommen aus Interesse an der Orthodoxie. Manche bleiben das Wochenende. Andere führt der Jakobsweg ins Kloster und sie besichtigen die Wallfahrtskirche. Manche arbeiten ein paar Tage mit, finden Ruhe. Jeden Sommer organisieren die Schwestern ein christliches Kinderlager im Kloster, mit Kanufahrten auf der Lahn, byzantinischem Singen, Einführung in die Ikonenmalerei, Unterricht über Glaubensinhalte und Sport. Wie in orthodoxen Klöstern üblich, beschäftigen die Nonnen keine Angestellten, sondern machen alles selbst, wobei sie aber jederzeit sehr dankbar sind für freiwillige Helfer.

Neben der körperlichen Arbeit werden Hymnen und byzantinische Gesänge ins Deutsche übersetzt und anschließend von den Nonnen in die byzantinische Musik vertont. »Eine wunderbare Arbeit«, so die Äbtissin und erzählt davon, welcher Reichtum an Sprache sich hier offenbart. Außerdem wollen die Schwestern eine Ikonenwerkstatt aufbauen. In der Orthodoxie nehmen die meist auf Holz gemalten Bilder einen wichtigen Platz ein. Nach einem festen Schema und stets

Klostergründungen

zweidimensional werden die Gottesmutter Maria mit Jesuskind, der Gekreuzigte Christus und verschiedene Heilige wie beispielsweise Johannes der Täufer ins Bild gebannt. Ikonenmalerei gilt als ein »geheiligtes Kunstwerk«, bei dem der Maler, die Malerin in den Hintergrund rücken. Denn das Bild soll nicht die weltliche Natur darstellen, sondern ein Fenster zur himmlischen Wirklichkeit bilden, dem sich die Gläubigen durch das Berühren und Küssen der Ikonenseit zwei Jahrtausenden nähern.

Wie sehr meine Perspektive von meinem katholisch-protestantischen Hintergrund geprägt ist, macht mir das lange Gespräch in der Klosterbibliothek mit der Nonne Jerusalem klar: Orthodoxie habe es in Westeuropa seit der Einführung des Christentums gegeben. Der Zerfall der christlichen Einheit sei durch den Anspruch Roms verursacht, die Vorherrschaft über die vier spätantiken Patriarchate von Konstantinopel, Jerusalem, Alexandria und Antiochien ausüben zu wollen. Im Jahr 1054 kam es zum Morgenländischen Schisma. Seitdem sind West- und Ostkirche getrennt. Der Papst ist Oberhirte der Westkirche. Derzeit zählt die Ostkirche 15 Patriarchate und autokephale, das heißt eigenständige Kirchen, von denen die russisch-orthodoxe Kirche mit Abstand die größte ist. Wie seit Beginn orthodoxer Tradition üblich, beansprucht keines der Patriarchate den Vorrang. »Es gibt nichts Aktuelleres und Moderneres als die Überlieferung«, zitiert Nonne Jerusalem ihren Altvater, wichtig sei es, diese für das Heute zu verstehen, fügt sie aus eigener Erfahrung hinzu.

Eine große Bedeutung haben in der Orthodoxie die Gerontes, das heißt die Geistlichen Beichtväter. Anders als die Bischöfe der römisch-katholischen Kirche bekleiden diese kein formelles Amt. Gerontes werden nicht gewählt, sondern wegen ihres Charismas, ihrer Reife, ihres heiliggeführten Lebens zu Vorbildern, um die sich Gläubige scharen und in deren Obhut sie sich begeben. In der Regel hat ein Gerontas sich zuvor nach dem Beispiel der ersten ägyptischen Wüsteneremiten in die Einsamkeit eines Klosters zurückgezogen. Er hat hier ein besonders gottgefälliges, asketisches Leben geführt, das aus täglicher, harter geistlicher wie körperlicher Anstrengung besteht. Aus dieser Erfahrung heraus kann er seine »Kinder« spirituell auf dem Weg zu einer möglichen Christusähnlichkeit begleiten. Als Mönch und als Priester steht er in einer langen Traditionsreihe, die die orthodoxe Spiritualität von Generation zu Generation weitergibt. Da für das Priesteramt ein akademisches Studium nicht eine unbedingt notwendige Voraussetzung ist, kommt es in erster Linie auf die geistliche Bildung und menschlichen Fähigkeiten des Kandidaten an. Der geistliche Vater der Nonnengemeinschaft, Archimandrit Dionysios, hatte priesterliche Vorfahren und wurde mit nur sechzehn Jahren 1966 auf Fürsprache seines Gerontas Mönchsnovize auf Meteora in Griechenland, mit 19 Jahren Mönch und mit 24 Jahren Priester in der orthodoxen Mönchsrepublik am Berg Athos. Bislang gründete er viele Klöster in Griechenland, den USA und Europa und ist für viele Hunderte von geistlichen Kindern, Nonnen, Mönchen und Laien ein spiritueller Lehrer.

Die Berliner Kunststudentin Charlotte Stapenhorst beggegnete dem Priestermönch Dionysios 1987 als sie das Kloster des Heiligen Johannes Chrysostomos auf der griechischen Insel Naxos besucht. Das Zusammenkommen im Klosterhof ändert das Leben der 23-Jährigen völlig. Auf die ungewöhnliche Frage: »Möchtest Du Dein Herz zu einer Kirche Christi machen?«, antwortet die angehende Bildhauerin mit »Ja«. Sie spürt eine unumstößliche Gewissheit, ihre Wurzeln im orthodoxen Glauben gefunden zu haben, und Bereitschaft, diesen zu ihrem Lebensinhalt zu machen und ihn mit jeder Faser ihrer Seele zu leben. Der spätere Abt, Archimandrit Dionysios, wird fortan ihr spirituelles Vorbild, Beichtvater, Meister und Mentor. Ihm bringt sie Ehrerbietung, einen besonderen Respekt entgegen. »Durch sein Beispiel habe ich die Orthodoxie kennengelernt«, so die Äbtissin, die vollkommen in sich ruht. »Sein Charisma und seine Beziehung zu Gott sind der Dreh- und Angelpunkt von Charlotte Stapenhorsts Wandlung: In seiner Person hat sich ihre Sehnsucht nach einem starken Vorbild erfüllt.« So schildert die Journalistin Ilka Piepgras die Veränderung ihrer Homburger Jugendfreundin, über die sie ein vielbeachtetes Buch schrieb: »Meine Freundin die Nonne«

Der radikale Entschluss, orthodoxe Nonne in Griechenland zu werden, vollzieht sich rasant. Die Kunststudentin ist von der warmen Herzlichkeit der Griechen begeistert und zieht nach wenigen Monaten nach Athen, lernt Griechisch und vertieft sich in Heiligenviten. Im April 1988 wird sie im Jordan, in Israel orthodox getauft. Anschließend studiert sie Theologie in Athen und wird nach ihrem Noviziat 1992 vom Patriarchen von Jerusalem Diodoros zur Nonne geweiht und erhält den Namen Diodora. »Mein Glaube gibt mir meine Existenz, den Sauerstoff, mit dem ich atmen und lebendig sein kann.«

1995 hatten ihre Mitschwestern des neugegründeten Klosters der »Erhöhung des Heiligen Kreuzes« sie, die damals 30-jährige, zur ersten Äbtissin gewählt, geweiht wird sie in einer feierlichen Zeremonie. Auf Äbtissin Diodora wartet eine große Herausforderung. Ein Ehepaar hatte dem Gerontas Dionysios 1994 für die Errichtung eines Nonnenklosters ein großes Stück unwirtliches Land auf einer Anhöhe über Theben geschenkt, um dort ein Nonnenkloster zu errichten. Staat und Kirche unterstützen das Vorhaben, die Bauten werden durch

Spenden organisiert. Eine internationale Gemeinschaft von Nonnen zieht unter einfachsten Umständen in einen Bauwagen und sorgt dafür, dass das Gelände planiert wird, Wasser aus dem Brunnen sprudelt, elektrische Leitungen verlegt, Bäume gepflanzt und Gebäude errichtet werden. Die Fäden hält die Äbtissin Diodora in der Hand, die jede Einzelheit mit dem Gerontas abstimmt, Architektenentwürfe begutachtet, Handwerker koordiniert, über Baumaterial verhandelt und unermüdlich Gelder für das Kloster sammelt, indem sie Vorträge hält und Unternehmen um Mithilfe bittet. Es soll ein moderner, schlicht-harmonischer Gebäudekomplex mit Kapelle und Gästetrakt entstehen, der sich an der traditionellen Bauweise von griechischen Klöstern orientiert und ökologische Aspekte berücksichtigt.

Parallel verrichten die Nonnen in ihren schweren, schwarzen Gewändern Schwerstarbeit. Sie kultivieren das Land, pflanzen Rosenstöcke, beginnen Schafe, Ziegen und Seidenraupen zu züchten und bauen allmählich eine Goldstickerei, eine Schneiderei für kirchliche Gewänder und eine Ikonenwerkstatt auf. »Über die Jahre entwickelte sich das Kloster zu einem vitalen geistlichen Zentrum. Wie eine kleine Trutzburg thront das byzantinisch anmutende Haupthaus auf der Bergkuppe hoch über Theben«, schreibt Ilka Piepgras über das blühende Frauenkloster, das weit über Griechenland hinaus wegen seiner besonderen Gastfreundschaft und seiner orthodoxen Spiritualität bekannt wird.

Vor allem aber gehört es zu den Aufgaben der Äbtissin, die Nonnen in den Jahrtausende alten Rhythmus des orthodoxen Klosterlebens einzuschwingen. Wie in katholischen Klöstern auch bildet der gemeinsame Gottesdienst das Gerüst des Alltags. Vier Gebetszeiten strukturieren den Tag: vom Gebet vor Tagesanbruch um 4 Uhr, dem Morgenlob und der Göttlichen

Liturgie von 7 Uhr bis 10 Uhr, der Vesper um 17 Uhr bis zur kleinen Komplet zur Nacht. »Das Essen ist die Fortführung des Gebetes«, so Äbtissin Diodora. Die Mittagsmahlzeit um 10 Uhr und das Abendessen um 18 Uhr werden gemeinsam schweigend eingenommen. Eine Nonne trägt Texte aus Heiligenviten, Schriften der Kirchenväter oder aus theologischen Traktaten vor.

Im Nonnenkreis spielt die Äbtissin vor allem als »Familienmutter« eine große Rolle. Ihr obliegt es, die aus aller Herren Länder und unterschiedlichen religiösen und sozialen Hintergründen stammenden Nonnen zu einer Gemeinschaft zu formen, so dass sie »ein Herz und eine Seele« werden. Gleich, ob Tierärztin, Künstlerin oder Krankenschwester: Jede Nonne bringt sich in die Gemeinschaft wie in einer Großfamilie ein. »Ich gehe auf die Bedürfnisse und auf die Seelenlage jeder Schwester ein, begleite sie in ihrer geistlichen Entwicklung, sorge dafür, dass es ihr gut geht und sie sich im Kloster zu Hause fühlt«, beschreibt die Äbtissin Diodora ihre anspruchsvolle Aufgabe im zwischenmenschlichen Bereich. »Ich bin wie die Achse am Rad für die Schwesterngemeinschaft, deren Hauptaufgabe es ist, die Verbindung zum geistlichen Vater herzustellen.« Auch die Nonne Jerusalem betont die intensive seelische, familiäre Verbundenheit, die sie der Äbtissin wie einer umsorgenden Mutter entgegenbringt. Auf diesem behüteten Beziehungsmuster fußt das besondere Gehorsamsverständnis der Orthodoxie. Jede Nonne braucht einen geistlichen Vater, eine geistliche Mutter, der sie gehorcht und der sie sich unterordnet. »Es ist eine gute Übung, die eigenen Wünsche und die eigenen Urteile zurückzustellen«, erläutert Nonne Jerusalem.

Die orthodoxe Spiritualität sieht vor, sich dem »Einssein mit Christus« anzunähern, das heißt, eine vollkommene innere

Leere, Kenosis, als Ende der Ichbezogenheit zu erreichen. In einem der Interviews betont der geistliche Vater der Gemeinschaft, Gerontas Dionysios, dass es die wichtigste Aufgabe für einen orthodoxen Christen sei, den inneren Feind, das eigene Ego zu überwinden, das sich über andere erheben wolle oder zu sehr an materiellen Gütern hänge. Die Ehrerbietung, die die Nonnen der Äbtissin beispielsweise mit dem Handkuss erweisen, ist ein sichtbares Zeichen für Gehorsam.

> »Wir haben uns im Kloster für Gehorsam entschieden, aber das Wort Gehorsam hat im Westen eine ganz andere Bedeutung als das, was wir hier leben. Unser Leben hat nichts mit Selbstgeißelung zu tun, sondern mit Achtung und Ehrerbietung voreinander, mit Wachsen und Hingabe.«

Als geistliche Mutter steht die Äbtissin in der orthodoxen Rangordnung nicht auf derselben Hierarchiestufe wie der Gerontas, dem es als Priester zusteht, die Beichte abzunehmen und die Göttliche Liturgie zu feiern. Im Vergleich zur römisch-katholischen Kirche gibt es im orthodoxen Mönchtum keine verschiedenen Ordensgemeinschaften oder Kongregationen und keine Tendenzen, dass Frauen zu Priesterinnen geweiht werden. »Mann und Frau sind von Natur aus anders, deshalb ist es für uns auch kein Problem, dass Frauen nicht Priesterinnen werden können«, meint Nonne Jerusalem.

Das intensive Gemeinschaftsleben im Kloster hat etwas exklusives, das die asketisch lebenden Nonnen von der Welt trennt. Symbolisch zeigt sich dies schon in ihrer Tracht, den bodenlangen, schwarzen Gewändern. Der wie eine zweite Haut anliegende Schleier verdeckt alle Haare. Nur die markanten

Gesichter der Nonnen stechen heraus. Von hinten sind die Nonnen nur an ihrer Größe und ihrem Körperumfang zu unterscheiden. Die archaisch anmutende Kleidung unterstreicht den Bruch mit der eigenen Herkunft, mit Familie und Freunden. Eindrücklich beschreibt die Journalistin Ilka Piepgras wie ihre Freundin Charlotte Stapenhorst ihrer eigenen Familie durch ihre entschlossene Entscheidung Nonne zu werden, entgleitet. Sichtbar wird der Prozess der Entfremdung aus einem zuvor festen Familienverband mit fünf Geschwistern, einem kunstsinnigen Medizinerhaushalt, der auf Intellekt und Selbstständigkeit setzt und in der die Ausübung der Religiosität keine Hauptrolle spielt.

Gewisse biografische Parallelen bestehen zur 40-jährigen Nonne Jerusalem, die mit acht Jahren mit ihrer jüdischen Familie von Südrussland aus nach Israel emigriert, wo ihr Vater als Mathematikprofessor, die Mutter als Rechtsanwältin arbeiten. Auf dem Weg zum Englisch-Unterricht kommt sie als 13-Jährige an dem Jerusalemer orthodoxen Heilig-Kreuz-Kloster vorbei, das von der Heiligen Helene im 4. Jahrhundert erbaut und von Gerontas Dionysios wiederbelebt wurde. Sie erfährt, dass in Klöstern jüdische Kinder während des Nationalsozialismus versteckt wurden. Auch, wenn sie damals kein Griechisch versteht, fühlt sie sich von dem Kloster angezogen, spürt die Liebe Gottes, seine Gegenwart und fühlt, dass diese Gemeinschaft ihr Zuhause ist. Als diese Israel Richtung Griechenland verlässt, beschließt die Jugendliche, ebenfalls dort hinzureisen. Da die Eltern strikt gegen diesen Schritt sind, wartet sie ab, bis sie 18 Jahre, also volljährig, ist und verdient sich Geld, um den Flug selbst zu zahlen. Sie konvertiert und wird bereits ein Jahr später im Kloster »Erhöhung des Heiligen Kreuzes« in Theben zur Nonne geweiht, wo sie sich in die Obhut des Gerontas Dionysios und der Äbtissin Diodora begibt. »Mein besonderer Weg macht mich sehr glücklich«, sagt Nonne Jerusalem, die es für besser hält, in jungen Jahren wichtige Lebensentscheidungen zu treffen, als sich dafür zu viel Zeit zu lassen. »Gott gibt uns die Kraft, begleitet uns auf diesem Weg.«

Äbtissin Diodora und Nonne Jerusalem verbindet zudem eine gemeinsame Studienzeit in Toulon und Straßburg, wohin Gerontas Dionysios die beiden Nonnen mit einem Stipendium des Erzbischofs von Athen 2004 schickt, um Jura in Verbindung mit kanonischem Recht und Menschenrechten zu studieren. Die damals fast 40-jährige Äbtissin fügt sich dem Segen und absolviert in vier Jahren ein Studium auf Französisch bravourös. Ihre jüngere Begleiterin lernt zunächst ihre vierte Fremdsprache und beendet das Jurastudium 2009 mit dem Bachelor mit Auszeichnung. Dank einer Sondererlaubnis der Universität können beide Nonnen während des Studiums so viel Zeit wie möglich in Griechenland im Kloster verbringen, die Semesterferien ohnehin. Dort wächst die Schwesterngemeinschaft. Inzwischen entstehen zwei weitere Frauenklöster: Neben dem blühenden Kloster in Theben hatte die Gemeinschaft 2003 das leerstehende wie verfallene Kloster des Heiligen Georg »Karaiskaki« inmitten dichter Bergwälder am Westrand der thessalischen Ebene übernommen. Die Äbtissin lebt während der Semesterferien in dem Kloster »Rote Kirche« in Karditsa, wo sich die Kirche noch im Rohbau zeigt und die dort ansässigen älteren griechischen Schwestern sie bitten, die Leitung der Gemeinschaft fortzusetzen.

Für die Äbtissin zahlt sich ihr Jurastudium mehrfach aus: In Griechenland sind Klöster juristische Personen des öffentlichen Rechtes. Gerontissa Diodora kämpft zum Beispiel um die Ländereien des Klosters, damit sie juristisch als Klosterbesitz verankert werden.

Das Georgskloster mit seiner aus dem 16. Jahrhundert

stammenden Kapelle wird behutsam renoviert. Die Nonnen betreiben eine Tischlerei, eine Käserei, verarbeiten Kräuter, stellen Salben her und kümmern sich um hilfsbedürftige Schwestern. Inzwischen ist eine deutsch-griechische Wissenschaftlerin neue Äbtissin.

Äbtissin Diodora sieht ihre Aufgabe darin, ihre Schwesterngemeinschaft in Kloster Arnstein mütterlich zu begleiten und das orthodoxe Frauenkloster in Deutschland zum Blühen zu bringen. »Wir haben viel Zulauf.« Vor allem sehr junge Frauen interessieren sich für ein Leben in der Gemeinschaft, deren Nonnen unter anderem aus Georgien, Zypern, Russland, der Ukraine, der Schweiz, Israel, USA, Aserbaidschan, Griechenland und Deutschland stammen. Anders als in der römisch-katholischen Kirche besteht das Noviziat nicht in erster Linie in einer schulischen Ausbildung. Es ist an dem geistlichen Vater und der geistlichen Mutter zu entscheiden, wann jemand reif ist, eingekleidet zu werden.

> *»Bei uns leben sie familiär in der Gemeinschaft mit und machen ihre geistlichen Erfahrungen. Es geht um die Bereitschaft, sich zu ändern und sich ganz und gar in Gottes Hände zu übergeben.«*

| Werteorientiertes Leiten |

»Von uns Ordensleuten kann die katholische Amtskirche eine Menge lernen.«

Sr. Emmanuela Kohlhaas

Benediktinerin in Düsseldorf-Angermund

Warum ein Kölner Frauenkloster so viel Zulauf hat und einen neuen Konvent gründet

Im Erzbistum Köln haben mehr Katholiken ihrer Kirche den Rücken gekehrt als je zuvor, woran die Wirren um Erzbischof Rainer Maria Woelki großen Anteil haben dürften. Die Rückkehr des Kirchenmannes, dem der Papst eine Auszeit verordnet hatte, stieß nicht nur in der Domstadt auf Unverständnis. Ausgerechnet in Köln befindet sich ein Benediktinerinnenkloster, das so viel Zulauf hat, dass die Nonnen im Herbst 2022 ein ursprünglich dominikanisches Kloster in Düsseldorf-Angermund übernehmen. »Wir gründen eine Niederlassung, die sich mit Köln als ›eine Gemeinschaft an zwei Orten‹ versteht«, sagt Sr. Emmanuela, die sich entschieden hat, nach zwei Amtszeiten als Priorin nach zwölf Jahren im Sommer 2022 nicht mehr für eine Wiederwahl zur Verfügung zu stehen.

Das Backstein-Ensemble des Kölner Herz-Jesu-Klosters strahlt etwas Imposantes aus, was von der Gründerin des Klosters, Sr. Josefine von Fürstenberg-Stammheim, durchaus intendiert war. Während des Kulturkampfes 1875 mussten die Nonnen in die Niederlande fliehen. 1895 wurde das Kölner Kloster eingeweiht zum Beweis, dass die Schwestern in der Domstadt zurück sind. Um die Jahrhundertwende lebten hier 85 Nonnen. »Das Refektorium musste in den Keller verlegt werden, die Schwestern aßen in Schichten und teilten sich die Zelle mit einer Mitschwester«, erzählt Sr. Emmanuela.

Wer mit der Benediktinerin spricht, erlebt abgeklärte Ruhe und Gelassenheit.

> »Von den Orden kann die
> ›Bischofskirche‹ eine Menge lernen.«

Wahlen, Mitbestimmung und das Ringen um Konsens gehören hier zum klösterlichen Alltag. »Seit dem 17. Jahrhundert wählt das Klosterkapitel eine Priorin in freier Wahl auf Zeit, die nach Ende ihrer Amtszeit wieder als einfache Schwester im Konvent lebt.« Die Priorin besitzt im Kapitel ein Vorschlags-, aber kein Abstimmungsrecht. Über wichtige Themen entscheidet der Konvent. Die Konstitutionen, das heißt die Aktualisierung des Kirchenrechtes für diesen Orden, regeln, wann und wie abgestimmt werden muss. Ein von Konvent und Priorin paritätisch besetzter Rat diskutiert über wichtige Klosterangelegenheiten. »Ich halte dieses klösterliche Modell der Gewaltenteilung für ein sehr ausgewogenes Modell«, meint die 60-Jährige. »Je schwerwiegender die Entscheidung, umso länger ringen wir um einen Konsens.« Jedes Benediktinerinnenkloster ist eine eigene Einheit, wirtschaftlich autonom, und jedes untersteht als Kloster päpstlichen Rechts dem Heiligen Stuhl.

Was die Reform der Amtskirche betrifft, vertritt Sr. Emmanuela eine dezidierte Meinung mit rheinischem Einschlag. »Die gegenwärtige Struktur hierarchisch-absolutistischer Art empfinde ich als nicht dem Evangelium entsprechend.« Der Kirche wünscht sie eine grundlegende Reform jenseits von autoritären und hierarchischen Machtstrukturen.

> »Eine Grundbotschaft des Christentums
> ist die Machtentsagung«,

erklärt sie und ergänzt: »Ihr sollt niemanden auf Erden euren Meister nennen. Nur einer ist euer Meister Christus«, so stehe es im Matthäus-Evangelium. »Mein Traum von einer erneuerten Kirche wäre es, wenn Bischof oder – irgendwann vielleicht auch – Bischöfin spirituelle Führungspersönlichkeiten ohne Macht wären.«

Sr. Emmanuela spricht sich für einen freiwilligen Zölibat für Priester aus: »Aus meiner langjährigen Ordenserfahrung weiß ich, dass diese Art zu leben in den klösterlichen Kontext gehört, wo Menschen in einer Gemeinschaft aufgehoben sind, und nur auf der Basis einer echten persönlichen Entscheidung gelebt werden kann.«

Über die neue Kunst des Leitens hat Sr. Emmanuela 2022 ein Buch geschrieben, das sich wie ein Resümee ihrer Priorinnen-Zeit liest. Feinsinnig reflektierend zeigt sie Eigen- und Fremdanteile bei Machtkämpfen, Stellvertreterinnenkriegen, Schattenspielen und im Umgang mit Altlasten auf.

Als sie 2010 mit 48 Jahren zur Priorin gewählt wurde, hatte sie an der Frankfurter Fachhochschule einen berufsbegleitenden Masterstudiengang zum Thema Organisationsberatung in der Arbeitswelt begonnen. Trotz hoher Arbeitsbelastung beendete sie das Studium in der Regelzeit und profitierte von Studieninhalten, Supervision, dem Austausch in der Gruppe und Selbsterfahrungskursen, die helfen sollen, in die Leitungsaufgabe hineinzuwachsen.

Als neue Priorin bemüht sie sich um eine neue Leitungskultur. Sie setzt auf Transparenz, Deeskalation, Mitbestimmung und Wertschätzung. Das Priorinnen-Amt vergleicht sie mit dem Dirigieren eines Gregorianischen Chorals. »Auch hier sind Einssein und Flow das Ziel, nicht Dominanz. Die dirigierende Hand ist lediglich Impulsgeberin, Verstärkung und Visualisierung.«

Fünf Mal am Tag treffen sich die Schwestern in der Kapelle zum Stundengebet. Die Mahlzeiten werden schweigend eingenommen. Nicht jede ist für ein solches Leben geeignet. »Sie müssen psychisch stabil sein und eine in sich gefestigte Persönlichkeit haben«, so Sr. Emmanuela.

Das Klosterleben funktioniere wie in einer Großfamilie. »Meinungsverschiedenheiten werden bei uns auch nicht immer stilecht ausgetragen.« Einmal im Monat findet ein »Versöhnungskapitel« statt. Dann versuchen die Schwestern, Lösungen zu finden.

Der Konvent hat eine starke Gruppe von Nonnen im mittleren Alter. 2022 liegt das Durchschnittsalter bei 56,3 Jahren.

Wie es die Benediktiner-Regel vorsieht, wechseln Gebet mit Arbeit. Die Nonnen bewirtschaften einen 1,4 Hektar großen Garten, fahren Traktor, pflegen Apfelbäume und kümmern sich um Rinder und Schweine, die regelmäßig geschlachtet werden. Im Kloster werden Gebetsschnüre, gestickte Karten, Rosenkränze, Kerzen und Körbe per Hand hergestellt. Es gibt eine Lebensmittelausgabe. Eine »Gastschwester« und etliche Schwestern stehen zu Gesprächen zur Verfügung, darunter eine Psychologin. Bis ins hohe Alter bleibt jede beschäftigt – sei es das tägliche Wäschezusammenlegen.

Heute gehört die Kölner Kongregation zu den wenigen Frauenklöstern ohne Nachwuchssorgen. Seit ihrer Wahl nahm Sr. Emmanuela 25 Frauen auf, 17 sind geblieben. 15 wurden in dieser Zeit auf Lebenszeit in den Konvent integriert. Für die Priorin ist das »vor Energie bebende Kloster« ein Schatz. Großfamilie liebt sie seit ihrer Neusserer Kindheit. Die Priorin wuchs mit vielen Geschwistern in einem offenen Haus auf. »Meine Mutter arbeitete als Lehrerin. Ich bewundere sehr, wie sie das alles geschafft hat.« Die Eltern vermittelten den Kindern eine gesunde Skepsis gegenüber Autoritäten. Als gebürtige Ukrainerin mit deutschen Wurzeln hatte die Mutter den Stalinismus erlebt, der Vater war als Deutscher in russischer Kriegsgefangenschaft.

Werteorientiertes Leiten

Die Beliebtheit des Klosters ist darauf zurückzuführen, dass die Gemeinschaft sich wie eine lernende Organisation verhält und sie es schafft, ihren ursprünglichen Sendungsauftrag flexibel auf die heutige Situation zu übertragen. In den vergangenen Jahren mussten die klassische klostereigene Hostienbäckerei und die Paramentenstickerei mangels Nachfrage schließen. Der Konvent fokussierte sich vermehrt auf soziales Engagement. Die Sonntagsmesse mit anschließender Begegnung verlegten die Schwestern auf 10.30 Uhr, um für Gäste attraktiver zu sein. Bedürftige werden jeden Dienstag mit Lebensmitteln versorgt. Psychologisch geschulte Schwestern bieten Lebensberatung an. Wer will, kann mitbeten, an Exerzitien teilnehmen und Kurse und Vorträge besuchen.

Gäste sind im Stadtkloster willkommen. Das steht auf der Website: »Wir laden ein«, »Für uns für Sie«. Damit spricht man Interessierte an.

Wer kommt, fühlt sich nicht unbedingt an einem mit der krisengeschüttelten Kirche verbundenem Ort. »Unsere Gäste identifizieren uns nicht mit der Amtskirche.«

Außerdem ist der Konvent bunter und vielschichtiger geworden. »Wir haben alle unterschiedliche Berufungsgeschichten und Biografien«, sagt Sr. Emmanuela. Vergangenes Jahr kam eine chinesische Ordensschwester dazu. Eine andere kam als Witwe mit 65 Jahren ins Kloster. »Ein Drittel unserer Schwestern hat einen Migrationshintergrund.« Wer sich für ein Leben im Kloster interessiert, hat meist erfolgreich eine Ausbildung abgeschlossen, im Beruf gearbeitet und in Beziehungen gelebt.

> »Frauen, die zu uns kommen, entscheiden sich nicht gegen ein weltliches Leben, sondern suchen ein Plus in ihrem Leben – jenseits von Profitstreben, Leistungsdruck und Optimierungswahn.«

In der Ausbildung arbeiten die Novizinnen die Biografien durch, um den jeweiligen Eintrittswunsch besser zu verorten. Wenn nötig, wird ein Coaching oder eine Psychotherapie ermöglicht. Wer jung ins Kloster kommt, den unterstützt der Konvent darin, eine Lehre zu machen oder zu studieren.

Die Priorin begleitet Novizinnen und Schwestern individuell auf ihrem Glaubensweg und lässt jeder den nötigen Freiraum. Daneben erfüllt sie eine Vielzahl von Aufgaben, die zur Leitung eines großen Klosterbetriebs dazu gehören. Um den Leitungsaufgaben gerecht zu werden, hat Sr. Emmanuela ihr »Stressmanagement« verfeinert. Hierzu gehört, Grenzen zu setzen, Klartext zu reden und Pausen in den Alltag zu integrieren. Schon lange walkt sie regelmäßig im Klostergarten und befreit sich mit Qigong und Tai-Chi aber auch mit Kochen, Obsteinmachen und Ölmalerei vom Stress. Gebetszeiten und Meditation helfen, innere Distanz zum Alltag aufzubauen. »Da habe ich es viel leichter als die meisten anderen in Leitungsverantwortung, um mich in meiner Mitte zu verankern.«

Als Priorin eines florierenden Klosters gehörte Sr. Emmanuela zu den wenigen Frauen mit Macht in der katholischen Kirche. Die Ungleichheit in der Geschlechterfrage mache für den postmodernen Menschen keinen Sinn mehr. Die Ordensfrau ist überzeugt, dass sich die Zukunft der Kirche auch an der Frauenfrage entscheidet. Für ebenso zentral hält sie ein modernes Gehorsamsverständnis. Der in der Benediktiner-Regel verortete spirituelle Gehorsam bedeutet für sie ein »radikales

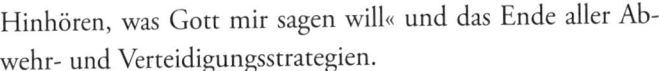

Hinhören, was Gott mir sagen will« und das Ende aller Abwehr- und Verteidigungsstrategien.

Mit dem Thema Gehorsam hat sich Sr. Emmanuela in ihrem Buch »Ungehorsam – eine Zerreißprobe« auseinandergesetzt, das sie mit dem katholischen Priester Thomas Frings veröffentlicht hat. In dem Buch liefern sich beide ein Wortgefecht über die »unerhörte« Forderung des alttestamentarischen Gottes, Abraham solle seinen einzigen Sohn Isaak opfern. Thomas Frings schlüpft in die Rollen des gehorchenden Vaters und des empörten Sohns. Sr. Emmanuela spricht für die verstummte Ehefrau Sara, die spät ihren Sohn bekam und verstört, wütend auf Gottes Ansinnen reagiert. Abrahams Unterordnung liest sich wie eine Parabel auf die heutige Debatte über Gehorsam in der Amtskirche. Genau hier legen die Autorin und der Autor den Finger in die Wunde und beschreiben das sich »widerstandslose Beugen« als Schattenseite einer falsch verstandenen Macht.

2017 überließ die Gemeinschaft Thomas Frings eine Wohnung im Gästebereich. Sein Buch »Aus. Amen. Ende? So kann ich nicht mehr Pfarrer sein«, sorgte für großes Medienecho und Raunen weit über sein Bistum hinaus. »Wir lasen es bei Tisch und wunderten uns über die Aufregung. Uns erschien das alles als sehr normal und moderat.«

Für Sr. Emmanuela war die Aufnahme des unkonventionellen Priesters ein Testlauf, ob ein Zusammenleben mit einer Bruderschaft möglich sein könnte.

In der Corona-Zeit ließen sich die Benediktinerinnen auf ein weiteres Wagnis ein, das beweist, wie transparentes Leiten funktionieren kann. In genau dieser Zeit wurde Sr. Emmanuela Priorin eines Frauenklosters in Uganda, das sie auf dem Weg in die Selbstständigkeit begleiten sollte, ohne je vor Ort gewesen zu sein. Hier übte sich die erfahrene Klostermanagerin in Machtverzicht und stellte statt zu »führen« Fragen, die die afrikanischen Schwestern zur Entscheidungsfindung befähigte. »Tatsächlich spreche ich ganz bewusst von Leiten, wobei für mich Leiten weniger autoritär ist, also weniger top down als führen.«

Bis zum Zweiten Vatikanum war eine Gehorsamskultur üblich, die die Individualität der Schwestern zugunsten einer Uniformität unterdrückte. Bis weit in die sechziger Jahre war es üblich, dass Post zensiert und Nonnen weder Freundschaften zu Mitschwestern noch einen guten Kontakt zu Familie und Freunden pflegen durften.

Als eines der ersten benediktinischen Frauenklöster in Deutschland durften die Kölnerinnen ab 1990 entscheiden, bei bestimmten Anlässen zivil zu tragen. Für die Öffnung des Konvents spricht es auch, dass heute alle Internetzugang, Handy und einen Schlüssel für Zimmer und Pforte haben.

Auch die Klausur hat eine Umdeutung erfahren. »Für mich ist die Klausur ein Rückzugsort, den jede Gemeinschaft, jede Familie für ihr Leben braucht«, meint Sr. Emmanuela. Welche Regeln für diesen Schutzbereich gelten, sollte jede Gemeinschaft für sich definieren können.

Für ihr eigenes Ordensleben hat Sr. Emmanuela von der Öffnung profitiert: 1982 eingetreten, studierte sie in Bonn Musikwissenschaft, Psychologie und Vergleichende Religionswissenschaften, was sie mit Promotion abschloss. Bis 2009 lehrte sie mit Unterstützung des Ordens an der Kölner Hochschule für Tanz und Musik und reiste für Vorträge und Seminare ins In- und Ausland. Anders als es früher möglich gewesen wäre, lebt Sr. Emmanuela bestens vernetzt, in einen großen Familien- und Freundeskreis eingebunden. »Gott gibt keine Sehnsucht, die er nicht bereit wäre zu erfüllen«, so lautet der Text auf einer Postkarte, die sie von einer Freundin zum Klostereintritt erhielt. Die Karte steht neben einem alten Teddybären im Regal ihrer Klosterzelle. Während der Bär familiäre Geborgenheit vermittelt, assoziiert die Nonne mit »Sehnsucht« ein Leben in Fülle, Gottvertrauen, Wachstum und Weite. »In mir macht sich Aufbruchstimmung breit«, sagt sie und freut sich darauf, im September in das Kloster in Düsseldorf zu ziehen, um dort den Neuanfang zu wagen.

| Werteorientiertes Leiten |

»Prostitution ist bezahlte Vergewaltigung und der Staat verdient mit.«

Sr. Maria Schlackl

Provinzkonsulatorin der österreichischen Salvatorianerinnen, Linz

Wie eine Ordensschwester für die Würde von Frauen und gegen Zwangsprostitution kämpft

Es geschieht in der Stadt und auf dem Land. Mitten in Linz. Mitten in Oberösterreich. Überall werden Frauen über das Internet als Ware bestellt, unter falschen Versprechungen nach Westeuropa gebracht, von der Öffentlichkeit abgeschottet und zur einseitigen Befriedigung des Mannes missbraucht. Selbst schwangere Frauen werden zu perversen Sextechniken gezwungen. »Von einer weiß ich, dass sie, weil sie im sechsten Monat aussteigen wollte, mit einer Eisenstange geschlagen wurde, bis sie bewusstlos war und auch das Kind schwer verletzt und tot verloren hatte«, erzählt die Ordensfrau Sr. Maria Schlackl, die sich seit mehr als zehn Jahren gegen Menschenhandel und sexuelle Ausbeutung engagiert. Viele Frauen stammen aus Nigeria. Andere aus Ungarn, Rumänien und Bulgarien. Sie kommen aus zerrütteten Familien und haben meist keine Schulbildung. Sie haben Armut und Gewalt erlebt. Sie haben gelernt, sich unterzuordnen, zu schweigen, hinzunehmen. Selbstbewusstsein haben sie nicht gelernt.

Undurchsichtige Menschenhändler locken die Frauen mit einer Perspektive auf einen Job, ein Einkommen, damit sie ihre Familie, ihre Kinder versorgen können, nach Österreich. Stattdessen wird ihnen bei ihrer illegalen Einreise ihr Ausweis abgenommen. Sie erhalten eine falsche Identität, können die Landessprache nicht und haben sich verschuldet. Eine Abwärtsspirale beginnt. Die Frauen geraten in Abhängigkeiten und Zwänge, an deren Ende Misshandlungen, unwürdige Arbeitsverhältnisse und Zwangsprostitution stehen. Österreich ist Zielland wie Drehscheibe des Menschenhandels. Die Freier stammen aus der Mitte der Gesellschaft, sind Politiker,

Familienväter, Ärzte, Rechtsanwälte, Angestellte, Chefs, aber auch Polizisten mit einem tradierten Männerbild.

Um die Misshandlung zu überstehen, um durchschnittlich zehn Kunden pro Tag und in der Nacht »bedienen« zu können, nehmen die jungen Frauen Drogen und Alkohol. »Und das Schlimmste: Selbst Kinder und Babys werden bei pornografischen Filmaufnahmen vor laufender Kamera gequält. Die Konsumenten sind wiederum Männer aus allen Schichten«, so Sr. Maria. Frauen in Zwangsprostitution müssen sich dissoziieren, spalten die Misshandlung ab, um überleben zu können.

In den vergangenen Jahren hat der Erhebungsdienst des Magistrates der Stadt Linz mit der Polizei rund 200 illegale Wohnungsbordelle allein in Linz ausgehoben und geschlossen. »Rund 1.000 Prostituierte sind in Oberösterreich tätig«, schätzt Sr. Maria Schlackl, Provinzkonsulatorin der österreichischen Ordensprovinz der Salvatorianerinnen, die als Orden ebenfalls Zwangsprostitution und Menschenhandel bekämpfen. »Der Handel mit Menschen ist einer der am meisten wachsenden Wirtschaftszweige, mit dem im Jahr über 115 Milliarden Dollar Gewinn gemacht wird«, so die 70-Jährige. Die Internationale Arbeiterorganisation geht von jährlich rund 2,4 Millionen Menschen aus, die Opfer von Menschenhandel werden. Sexuelle Ausbeutung steht an erster Stelle. »Es ist kein Geheimnis, dass viele Menschenhändler Kapital aus den vertriebenen Ukrainerinnen und ihren Kindern schlagen, die in die Europäische Union und nach Österreich kommen. Sie fliehen vor Krieg und landen im Missbrauch.« Die Ordensfrau sieht dies als eines der schlimmsten kriminellen Verbrechen des 21. Jahrhunderts, das am wenigsten verfolgt wird.

Seit Sr. Maria 2013 aus Wien nach Linz zurückkehrte, setzt sie sich in Oberösterreich und darüber hinaus unermüdlich gegen die sexuelle Ausbeutung von Frauen ein. 2014 gründete sie die Initiative »Aktiv gegen Menschenhandel – Aktiv für Menschenwürde in Oberösterreich«, die eng mit dem österreichischen Verein der internationalen Hilfsorganisation SOLWODI zusammenarbeitet. Sechs Frauenkongregationen, darunter auch die Salvatorianerinnen, hatten sich 2012 zusammengetan, um sich für verbesserte Lebensverhältnisse von Zwangsprostituierten und ihren Kindern zu engagieren, nachdem diese den Ausstieg oder die Flucht aus einem Bordell geschafft haben. Die internationale Menschenrechts- und Frauenhilfsorganisation SOLWODI existiert seit 1985 und wurde von der deutschen Missionsschwester Lea Ackermann in Kenia gegründet. »Ich will die Stimme für die Stigmatisierten am Rande der Gesellschaft sein«, fasst Sr. Maria ihr Engagement schnörkellos zusammen.

Wer mit der Ordensfrau redet, merkt rasch, dass ihr dieses Thema ein Herzensanliegen ist, etwas wofür sie »mit feurigen Feuerzungen« brennt. Sie folgt damit dem Ordensgründer der Salvatorianerinnen, dem Priester Johann Baptist Jordan, der als Netzwerker im 19. Jahrhundert das Evangelium verkünden und Menschen durch die Liebe Christi retten wollte. Jahrelang in der Erwachsenenbildung tätig, ist Sr. Maria Profi genug, um zu wissen, dass sie auf Unterstützung aus Politik, Gesellschaft, Kultur und Kirche angewiesen ist, ein tragfähiges Netzwerk braucht. Sie erobert sich Linz zu Fuß, redet mit Menschen in Kaffeehäusern, in Bars, führt Gespräche mit der Caritas, mit katholischen, evangelischen, politischen Frauenverbänden, mit Kirchenvertretern und Lokal- und Bundespolitikern.

Rasch merkt sie, dass es kein gemeinsames Konzept gibt, um Menschenhändlern das Handwerk zu legen, Frauen vor der Zwangsprostitution zu bewahren und die Gesellschaft entsprechend aufzuklären. Das Thema ist im Graubereich angesiedelt. Viele ihrer Gesprächspartner haben »keine Ahnung, was in der Parallelgesellschaft passiert«. Sie schauen weg, haben falsche Vorstellungen. Viele wollen es nicht wissen, nicht damit in Berührung kommen. »Das große Wegschauen, das bei diesem Thema leider passiert, ist eine Tragödie. Da geht es nicht um einen romantischen Abend bei Kerzenschein, sondern um Missbrauch, der Frauenleben zerstört. Wir müssen endlich anfangen, darüber zu reden. Darum sind Bewusstseinsbildung und Öffentlichkeitsarbeit ein Schwerpunkt unserer Arbeit«, so Sr. Maria, die aufklärt, informiert und Geschlechterklischees hinterfragt. Sie hält Vorträge in Schulen, bei Rotary-Clubs, den Soroptimisten, vor der österreichischen Bischofskonferenz, vor Parteien, Verbänden, in Pfarrgemeinden und Vereinen. Immer wieder warnt sie eindrücklich davor, in der Prostitution ein freiwillig leicht verdientes Zubrot mit romantischem Touch zu sehen. Dafür legt sie sich mit liberalen wie feministischen Frauenorganisationen an, die vom Recht auf Prostitution sprechen und Sexarbeit als Beruf wie jeden anderen ansehen. »Zwangsprostitution ist bezahlte Vergewaltigung und der Staat verdient mit«, bringt sie es auf den Punkt und fügt hinzu, dass es für die unter Todesangst stehenden Frauen ein Hohn sei, anders zu denken.

Bei ihrer Aufklärungsarbeit legt die Ordensfrau neuerdings den Fokus nicht nur auf die Frau, sondern insbesondere auch auf den Mann. »Prostitution ist kein Frauenproblem, sondern ein Männerproblem. Denn Männer sind es, die Frauen in Zwangssituationen als Ware konsumieren.« Ihr politisches Ziel ist die Einführung des sogenannten Nordischen Modells, wofür auch das EU-Parlament wirbt: Danach werden der Sexkauf verboten und bestraft, Zuhälter, Freier und Menschenhändler kriminalisiert, und Prostituierte entkriminalisiert, staatliche Ausstiegsprogramme angeboten, und präventiv Aufklärung betrieben, um die Abwärtsspirale zu stoppen. Schweden hat bereits 1999 ein derartiges Gesetz erlassen, wonach Freiern empfindliche Geld- und Gefängnisstrafen drohen. »Die derzeitige Gesetzeslage in Österreich ist im Grunde eine Beschönigung«, meint sie, deshalb will sie weiterkämpfen, sich insbesondere für Bildungsarbeit engagieren, um Jüngere für eine positive, integrativ-gelebte Sexualität in Beziehung zu sensibilisieren.

Die 1952 geborene Ordensfrau beherrscht inzwischen die Klaviatur der Öffentlichkeitsarbeit perfekt, weiß auf ihr meisterlich zu spielen. Jeweils am 18. Oktober, dem Europäischen Tag gegen Menschenhandel, machen Sr. Maria und ihr Team mit ungewöhnlich kreativen Aktionen auf das Thema Menschenhandel aufmerksam. Gemeinsam mit Landespolitik und Diözese Linz werden gut besuchte Podiumsdiskussionen organisiert. Wirklich stolz ist Sr. Maria auf ihre Kooperation mit dem Linzer Musiktheater, das 2019 das Musical »Sister Act« auf die Bühne brachte. In dem Musical wird eine bedrohte Sängerin in einem Kloster versteckt, wo sie den Chor ordentlich aufmischt. Die Theatermacher wollten eine reale Ordensfrau kennenlernen und waren nach dem Interview mit Sr. Maria so begeistert, dass sie beschlossen, im Publikum nach jeder Vorstellung für ihren Verein zu sammeln. 49.000 Euro kamen zusammen. Für ihr Engagement erhielt Sr. Maria im Jahr 2020 den Preis der Ordensgemeinschaften Österreichs.

»Das Thema hat mich gewonnen«, so die Salvatorianerin, deren besonderes Engagement darauf fußt, dass sie persönlich eine Nigerianerin bei ihrem Ausstieg begleitet. Sie erlebt deren bodenlose Angst, von ihren Zuhältern gefunden zu werden. Sie weiß, welcher Anstrengungen es bedarf, eine Wohnung zu finden und Geld zu verdienen, um in Würde zu leben. Sie kennt die seelischen Abgründe, die jahrzehnte lange Misshandlung hinterlassen. In Wien hat der Verein SOLWO-

DI eine Schutzwohnung angemietet, wo bis zu zehn Frauen mit ihren Kindern unter- und zur Ruhe kommen können. Sie werden zu Behörden begleitet, erhalten Therapien und Beratung, so lange wie nötig.

Sr. Maria nutzt ihre Begabung mit Worten umzugehen, die richtigen Worte zu finden für ihre Funktion als Provinzkonsulatorin im Leitungsteam der österreichischen Provinz. Auch hier ist sie für Öffentlichkeitsarbeit und Bildungsprojekte zuständig und dafür, für den 1888 gegründeten Orden Zukunftsvisionen, tragfähige Konzepte zu erarbeiten. Neues zu entwickeln, sich auf Neues einzulassen, hat Sr. Marias Ordensleben begleitet. In Wien verwandelte die Erwachsenenpädagogin ein großes leerstehendes Ordensgebäude in ein psychosoziales Gesundheitszentrum, das sich vor allem der Gesundheitsprävention verschrieb. Hier entwickelte sie einen gut funktionierenden Seminarbetrieb und bot Kurse an für Körper, Geist und Seele, in denen es unter anderem um Themen wie Vertrauen, Verletzt-Sein-Dürfen und Ängste ging. Heute lebt sie in Linz mit zwei berufstätigen Schwestern, einer Pastoralassistentin und einer biomedizinischen Analytikerin in einer Ausbildungsgemeinschaft zusammen, die sich auf junge Frauen freut, die Ordensleben ausprobieren möchten.

In der Gemeinschaft werde viel diskutiert und gelacht, erzählt die Ordensfrau, die im Laufe ihres über fünfzigjährigen Ordenslebens schon manche Klippe, manche Härte im Zusammensein erlebte. Nach dem Lesen des Tagesevangeliums um 6 Uhr 45 wird gemeinsam gefrühstückt. Da alle berufstätig sind, trifft sich die Gemeinschaft drei Mal die Woche am Abend zum Gebet. Der Montagabend ist für die Gemeinschaft reserviert, dienstags findet gemeinsame Bibelauslegung statt. Jeden Sonntag vertieft sich Sr. Maria in das Evangelium, erspürt, was Gott ihr heute sagen möchte. Daraus entstehen ihre leichtfüßigen Lebensimpulse, mit denen sie Gottes Worte ins Heute transferiert. Seit Advent 2013 verfasst sie kurze, lebensnahe Texte zu Sonn- und Feiertagen, die sie auf Facebook und auf die Website der Salvatorianerinnen stellt. »Inzwischen warten schon viele Menschen darauf, wollen die Impulse in ihrer Gemeinde verteilen.« Im Evangelium liege so viel Potential, so wenig komme davon zum Tragen, weshalb sich Sr. Maria dafür engagiert: »Jesus muss ›entstaubt‹ werden, damit sein Charisma wieder zum Tragen kommt.«

In ihrem eigenen Leben hat Jesus früh eine zentrale Rolle gespielt. Sie wächst in Oberösterreich in einer sehr offenen, christlich engagierten Familie mit vier Geschwistern auf, die eine kleine Landwirtschaft betreibt. »An meinen Eltern und den Gemeindemitgliedern unserer Pfarrei in Waizenkirchen konnte ich beobachten, wieviel Freude und Kraft aus dem Glauben erwächst«, sagt die oft bunt gekleidete Ordensfrau mit Faible für orangefarbene Schals. »Die Kombination einer in der Familie erlebten und gelebten Spiritualität, die sich im sozialen Engagement ausgedrückt hat, war für mich ansteckend. Da hatte Gott ein leichtes Spiel, mich mit seinem Ruf zu erwischen«, erzählt sie. Gott habe sie schließlich zu dem Orden der Salvatorianerinnen geführt. Unterstützt von ihren Eltern, trat sie mit 19 Jahren in den Orden ein, der Spiritualität mit vielfältigen Tätigkeiten verbindet. Ihre jüngere Schwester Teresa wurde später ebenfalls Salvatorianerin.

Gefragt, ob sie sich wegen ihres Engagements gegen Frauenhandel vor der Rache von Zuhältern und Menschenhändlern fürchte, meint sie, dass hierzu Wagemut gehöre, sie manchmal schon Angst habe, aber ihr Vertrauen in die Liebe Gottes größer sei. »Ich habe kein gemütliches Leben, aber eines, das mich erfüllt und glücklich macht.«

| Werteorientiertes Leiten |

»Spirituell Suchende kommen auch zu uns, wenn sie von der Kirche enttäuscht sind.«

Sr. Birgit-Marie Henniger

Priorin der Communität Christusbruderschaft in Selbitz

Was eine Bankmanagerin veranlasste, in ein evangelisches Kloster einzutreten

In jeder Bankreihe in der Selbitzer Klosterkirche sitzen Schwestern mit weißem Schleier und Kleid. Gregorianische Choräle, Fürbitten und ein Vaterunser tönen durch die schlicht gestaltete Kirche. Das Ordenskleid wird von einer Kordel mit drei Knoten zusammengehalten, die für Armut, Keuschheit und Gehorsam stehen. Um den Hals trägt jede ein Kreuz, das von einem Dornenkranz umgeben ist. Als eine Schwester predigt und das Abendmahl austeilt, zeigt sich deutlich, dass die Besucherin in einem der wenigen evangelischen Klöster zu Gast ist.

> »Im Zug hält mich jeder für eine katholische Ordensfrau«,

erzählt die Priorin der Communität Christusbruderschaft Selbitz, Sr. Birgit-Marie Henniger. Vieles erinnert an ein katholisches Ordensleben mit Stundengebet, klostereigenen Betrieben, Bibelkreis, Andachten und Gottesdiensten. »Es gibt viele Gemeinsamkeiten mit katholischen Orden. Ökumene ist uns vielleicht auch deshalb wichtig«, betont die Priorin. »Die Gemeinschaft, nicht nur ich, fühlt sich den franziskanischen Kongregationen besonders verbunden.«

Ungewöhnlich ist die Gründungsgeschichte des Klosters: Das Ehepaar Pfarrer Walter und Hanna Hümmer rief am Karfreitag 1948 in Schwarzenbach an der Saale mit einer Gruppe junger Leute den evangelischen Orden der Christusbruderschaft ins Leben. Die Communitätsmitglieder versprachen ein Leben in Einfachheit, Gehorsam und Ehelosigkeit. Als Antwort auf die Verbrechen des Zweiten Weltkriegs bildeten sich erstmals seit der Reformation im deutschsprachigen Raum evangelische Orden oder Kommunitäten. »Evangelische Christen haben in der Krise den Ruf Gottes gehört«, führt die Priorin aus und berichtet von anfänglichen Schwierigkeiten mit der evangelischen Landeskirche, die der Ordensgründung zunächst abwartend gegenüberstand.

Für das weitere Wachsen der Communität und für einen geeigneten Lebensraum erbat sich das Ehepaar von Gott mehrere Zeichen. Ein unbebautes Grundstück, auf dem ein passendes Ordenshaus nach den Vorstellungen der Gründer errichtet werden konnte. Kurz darauf erhielt die Communität auf dem Wildenberg im oberfränkischen Selbitz ein weitläufiges Grundstück, auf dem sich heute alte Bäume sowie ein üppiger Gemüse- und Blumengarten befinden. In Anklang an die Bauweise katholischer Klöster ließ die Communität eine Vierflügel-Anlage mit Kreuzgang bauen. Fotografien zeigen Schwestern in Ordenstracht mit Schaufeln. 1963 war die Zahl der Schwestern bereits auf 84, die der Brüder auf 14 gestiegen. Heute besteht die Gemeinschaft aus 97 Schwestern und 3 Brüdern. So gab es von Anfang an mehr Schwestern als Brüder. Die Communität nennt sich Christusbruderschaft, da sie in Christus ihren Bruder sieht und sich die Schwestern und Brüder wie Geschwister betrachten.

Langsam schälte sich in den Anfangsjahren eine Gebets- und Lebensweise heraus, die Sr. Birgit-Marie als ein »Eintreten in den Liebesraum Gottes« bezeichnet. Zahlreiche Gäste gingen im neugebauten Mutterhaus ein und aus, suchten Rat, kamen zum Gebet, finden Ruhe, leben und arbeiten eine Weile mit. »Im Mutterhaus gab es zu wenige Zimmer, weshalb die Schwestern, wenn Besucher kamen, auf dem Dachboden schlafen mussten.«

Werteorientiertes Leiten

Nach dem frühen Tod des Gründerehepaars gerät die Gemeinschaft in eine Krise. Zunächst führt ein Team von Brüdern und Schwestern die Gemeinschaft an. Außerdem wird ein Pfarrer berufen, der die Gemeinschaft begleitete. 1984 kommt es zum Bruch: 21 Mitglieder gründen in Falkenstein eine neue Kommunität, die sich bis heute der Missionsarbeit verschreibt und Bibelfreizeiten für Jugendliche anbietet.

Die Selbitzer Christusbruderschaft hat sich im Laufe der Jahre weiter geöffnet. Die geistliche Begleitung von Menschen ist komplexer geworden. Bis vor Kurzem arbeiteten zwei Schwestern als Ärztinnen in eigener Praxis. Eine Reihe Selbitzer Schwestern hat verschiedene psychotherapeutische Ausbildungen absolviert. Gerade in Extremsituationen suchten Menschen Unterstützung im Kloster. »Wir Schwestern sind achtsam, wo jemand professionelle Hilfe braucht. Man kann ernsthafte Probleme nicht einfach weg beten.« Häufig kämen Diakone, Pfarrer und Pfarrerinnen und hauptamtlich in der Kirche Arbeitende, um sich zu erholen oder in Glaubens- und Lebenskrisen Rat zu suchen. Die Schwestern bieten sowohl eine seelsorgerische als auch psychologische Begleitung an. »Zeit für sich zu haben und geistig bestärkt zu werden, das interessiert an einer Auszeit im Kloster«, so Sr. Birgit-Marie, die betont, dass die Nachfrage nach Begleitung und Auszeiten sehr hoch sei.

> »Unser Vorteil ist, dass wir nicht nur den Kopf ansprechen, sondern auch den Körper und die Seele.«

So entstehe ein ganzheitlicher Erfahrungsraum, der eine Gottesbegegnung ermöglicht und fördert. Regelmäßig beten die Schwestern in der Kapelle des Gästehauses, in dem alle willkommen sind. In dem gut ausgebuchten, ordenseigenen Gästehaus wohnen Familien, Paare oder Einzelgäste, finden Freizeiten statt, tagen Seminarteilnehmer – meist mit einem christlichen, protestantischen Background. »Klöster nehmen einen Zwischenraum ein. Spirituell Suchende kommen auch zu uns, wenn sie von der Kirche enttäuscht sind«, berichtet Sr. Birgit-Marie aus ihrer jahrelangen Erfahrung.

Wie sehr Kloster Selbitz den Nerv der Zeit trifft, zeigt sich an dem stetig wachsenden Freundeskreis, der Selbitz betend, finanziell und durch Mitarbeit an den verschiedenen Standorten unterstützt. Außerdem wächst die Tertiärgemeinschaft, eine Verbindung aus Verheirateten und Singles. Laien können sich in der einhundertköpfigen Gemeinschaft in einen verbindlichen Weg mit der Communität einstimmen, indem sie die Regel der Gemeinschaft in der je eigenen Lebensform umsetzen.

Wie die meisten Klöster in Deutschland sind auch die Selbitzer Ordensfrauen autark, tragen mit ihrer Arbeit und später der Rente zu der Finanzierung des Klosters bei. Eine berufliche Tätigkeit innerhalb oder außerhalb der Communität ist eine Selbstverständlichkeit. Manche arbeiten in ihrem alten Beruf. »Wir haben eine Apothekerin, Therapeutinnen, Sozialarbeiterinnen unter uns und immer schon unabhängige Künstlerinnen.«

So ist beispielsweise die Historikerin Nicole Grochowina, wissenschaftliche Assistentin an der Universität Erlangen-Nürnberg, Schwester der Communität. Weit über Selbitz bekannt ist die Künstlerin Christamaria Schröter, deren Bilder das Gäste- und Mutterhaus und die Kapelle schmücken. Die Malerin hat deutschlandweit Kirchen, Kliniken und Gemeindehäuser mit Mosaiken, textiler Malerei und Glasfenstern ausgestattet. Ihre Postkarten, Kunstdrucke, Prosa und Bücher publiziert der klostereigene Verlag, in dem auch die Werke des Gründerpaares erscheinen. Der von einer Schwester geleitete Buch- und Kunstverlag besteht seit 1951 und erlaubt es der Gemeinschaft, ihre eigenen Bücher in niedriger Auflage zu produzieren.

Unter den Ordensfrauen sind Pfarrerinnen und Prädikantinnen, die das Abendmahl austeilen und predigen dürfen. Hierin unterscheiden sie sich von katholischen Gemeinschaften, die für die Messfeier auf einen Priester zurückgreifen müssen.

Die Selbitzer Schwestern beschäftigen ein Pfarrerehepaar, das die Gemeinschaft begleitet. Beide wohnen in einem Tiny House auf dem Gelände, sind aber nicht immer vor Ort. »Früher war das undenkbar, heute lassen wir uns auf solche neuen, kreativen Wege ein«, so die Priorin.

Derzeit plagen die Selbitzer noch keine Nachwuchssorgen. Rund 50 bis 60 Schwestern leben im fränkischen Mutterhaus. Sechs Schwestern und Brüder sorgen dafür, dass in Kloster Petersberg bei Halle an der Saale eine abgebrochene, klösterliche Tradition aufflammt.

In der Lutherstadt Wittenberg bieten zwei Schwestern öffentliche Stundengebete, geistlich-spirituelle Begleitung und Lebensberatung an.

Ein ehemaliger Bauernhof auf der Frankenalb lädt zu Einkehrtagen ein. Betrieben wird das Zentrum von sechs Schwestern.

In München praktiziert eine Ordensfrau in eigener Praxis die Alexander-Technik, eine Methode, die auf Veränderung körperlicher Fehlhaltungen zielt und Schmerzen lindern will.

»Wir sind noch nicht an der Kante, mussten aber in vielen Städten Konvente schließen«, erläutert die Priorin. Während früher die Schwestern alle klostereigenen Werke, also Gästehaus, Altersheim und Verlag, aus eigenen Kräften stemmten, ist heute das Kloster einer der größten Arbeitgeber in der Region. »Im Moment ist es aber noch nicht notwendig, dass wir unsere Werke an einen Verein oder eine Stiftung übertragen.«

Dies liegt nicht zuletzt daran, dass die Altersstruktur ausgewogen ist. Im Orden ist die mittlere, berufstätige Altersklasse gut vertreten – als Brücke zwischen Jung und Alt. »Wir sind hier vier Generationen sehr unterschiedlicher Schwestern, die in kleinen Gruppen zusammenleben, die Freizeit gestalten und gemeinsam beten und meditieren.« Die Verschiedenheit zeigt sich in der Variabilität der Frömmigkeitsrichtungen und der Herkunft der Schwestern vom pietistischen Hintergrund oder aus der Freikirche. Die Grundlage, das Verbindende des gemeinsamen Glaubens sei für das Gemeinschaftsleben unerlässlich, ergänzt Sr. Birgit-Marie und führt aus, dass Konflikte ausgesprochen und bereinigt werden. »Wir sind eine sprachfähig gewordene Gemeinschaft, die nicht stehenbleiben darf, miteinander zu reden.« Es gibt Möglichkeiten zur Beratung, Supervision, Therapie für Einzelne oder Gruppen.

Den Tag rhythmisieren die vier gemeinsamen Gebetszeiten, das Stundengebet, die private Andacht und der Gottesdienst. »Wir versuchen, im Bewusstsein der Gegenwart Jesu zu leben, wobei alles Liturgie werden kann: Putzen, Gärtnern, Ruhen und Malen.« Auch die Mahlzeiten, bei denen sich jede Schwester am Buffet bedient, strukturieren den Tag. Mittags und abends nehmen die Schwestern das Essen in einem Saal mit ihrer Gruppe ein. Frühstück kann sich jede holen, »eingedeckt wird bei uns nicht mehr regelmäßig. Manche Abläufe müssen vereinfacht oder angepasst werden«, sagt Sr. Birgit-Marie, der anzumerken ist, dass sie in ihrem ersten Leben erfolgreich als Bankfachwirtin arbeitete.

Bei Geldanlagen investiert das Kloster in nachhaltige Anlagen. Spenden, Gelder aus Testamenten und Erbschaften wer-

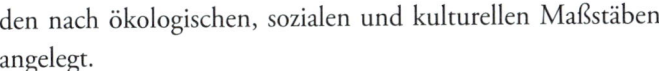

den nach ökologischen, sozialen und kulturellen Maßstäben angelegt.

Auch mit dem Holzhackschnitzel Heizwerk will das Kloster seinen Beitrag zu einer klimafreundlichen Energieversorgung leisten. Die benötigte Wärme wird aus erneuerbaren Energien bereitgestellt und versorgt die Nachbarschaft mit.

> »Klöster haben eine Vorbildfunktion.
> Wir wollen mit diesem Leuchtturmprojekt
> andere zum Nachdenken und zum
> Nachahmen anregen.«

Wer länger mit der Priorin spricht, stellt fest, dass sie parallel eine Fülle sehr unterschiedlicher Aufgaben meistern muss. »Eigentlich besteht mein Tag in erster Linie aus Gesprächen, Sitzungen und Gremienarbeit«, stellt sie ernüchtert fest und merkt an, dass sie sich als Priorin in einer dienenden Funktion sieht und Schwestern bei Entscheidungen gewinnen muss. Neben den Besprechungen mit den Schwestern, der Gesamtverantwortung für die Klosterbetriebe, individuellen Seelsorgegesprächen, ist Selbitz und somit die Priorin in ein breitaufgestelltes Netzwerk in der evangelischen Landeskirche eingebunden.

Nach dem Priorinnen-Amt hat sie sich nicht gedrängt, dafür hat ihr die vielfältige Arbeit im Gästehaus zu viel Spaß gemacht. Wer von der Gemeinschaft als Priorin vorgeschlagen wird und 20 Prozent der Stimmen erhält, wird gefragt, ob er sich zur Wahl stellt. Sr. Birgit-Marie fühlt sich an ihr Gelübde gebunden, Gott zu dienen, wo er sie braucht. »Ich habe damals gehofft, dass Gott es für die Gemeinschaft und mich zum Guten lenkt.«

Sr. Birgit-Marie profitiert davon, dass sie in der Bank schnell aufgestiegen war. Bereits mit 28 Jahren baute sie nach der

Wende in Chemnitz und Umgebung Bankfilialen mit auf und verdiente gutes Geld. »Ich war auf dem Karrieretrip, habe aber gespürt, dass dies nicht alles sein kann.« Als ihr nachts auf der Autobahn bei hoher Geschwindigkeit ein Reifen platzt, wird ihr klar, wie wenig das Leben in ihrer Hand liegt. »Da wusste ich, dass Gott eine Lebensform von mir will, die ganz auf ihn ausgerichtet ist.« Aus ihrer Kindheit in Münchberg kennt sie das nahegelegene Kloster Selbitz gut, das ihr wegen der Weite und Klarheit, wie die Christusbruderschaft Glauben lebt, gefällt. Obgleich sie die einzige Tochter ist, nimmt die Familie die Nachricht vom Eintritt gelassen auf. »Mein Vater war stolz auf mich, weil er wusste, dass weitreichende Veränderungen stets von Klöstern ausgehen.«. Heute lebt ihr Vater im klostereigenen Pflegeheim, in dem alte Menschen orientiert an christlichen Werten betreut werden.

Es dauert vier Jahre, bis Sr. Birgit-Marie 1998 Bankerkleidung gegen Tracht eintauscht, die mit Kreditkarten gefüllte Brieftasche gegen die gemeinsame Kasse. »Die Umstellung war schon krass«, sagt sie. Sie fängt nochmal neu an, arbeitet im Postulat und Noviziat unter anderem in der Waschküche und später als Buchhalterin in der Verwaltung mit. Elf Jahre ist sie für das Gästehaus zuständig, koordiniert 30 Mitarbeitende und Verwaltung, Baumaßnahmen, Gästebetreuung bis hin zum anspruchsvollen Tagungsprogramm. Lange hatte sie nach dem richtigen Ort gesucht, an dem sie ihre Faszination für ein Klosterleben leben kann. Nach der Schule folgen verschiedene Stationen. Sie absolviert eine Bibelschule, studiert ein paar Semester Grundschulpädagogik, bis sie eine Banklehre mit anschließendem Fachwirtstudium macht. »Eigentlich wollte ich Theologie studieren«, resümiert sie ihre Erfahrungen. Heute hilft ihr die eigene Suchbewegung, sich auf junge Frauen einzustellen, die ein Klosterleben in Betracht ziehen. Derzeit bildet das Kloster drei Novizinnen aus, bemüht darum, neue Wege für die mit Laptop, Smartphone und Social-Media-Kanälen ausgestatteten Schwestern zu finden. »Menschen, die vor dem Leben flüchten wollen, nehmen wir nicht auf, begleiten sie aber auf ihrem Weg«, sagt Sr. Birgit-Marie, die fest daran glaubt, dass klösterliches Leben eine Zukunft hat.

> »Wir überlegen, was unser Sendungsauftrag unter den veränderten politischen und gesellschaftlichen Bedingungen sein kann. Den Weg wird uns Gott weisen.«

| Transformation |

»Wir werden wieder mehr jüngere Schwestern, sonst wäre ich nicht eingetreten.«

Sr. Josefa Maria Grießhaber

Barmherzige Schwester vom Hl. Vinzenz von Paul, München

Wie spirituelle Werte an Krankenhausmitarbeiterinnen weitergegeben werden

»Ich hatte alles, einen super Job, eine großartige Familie und Freunde und war gesund«, erzählt Sr. Josefa Maria, die 2020 ihre ersten Ordensgelübde bei den Barmherzigen Schwestern in München ablegte. Weil wegen der Pandemie nicht alle Mitschwestern, Verwandte und Freunde in der Pfarrkirche St. Michael in Berg am Laim dabei sein konnten, entschied sich der Orden, die Profess-Feier im Internet zu übertragen. Inzwischen ist sie auf YouTube in mehreren Fassungen zu sehen. Mit 38 Jahren ist Sr. Josefa Maria die jüngste Ordensfrau der Kongregation. Über Jahrzehnte hatte es keine neuen Novizinnen mehr gegeben. Sr. Josefa Maria verkörpert eine junge Generation, der Karriere und Erfolg für ein sinnerfülltes Leben nicht reicht. »Obgleich ich alles hatte, fehlte mir etwas sehr Wesentliches im Leben, von dem ich zunächst nicht definieren konnte, was es war.«

Ihre Berufung macht sie an keinem besonderen Ereignis fest, sondern sie schildert ihre Sinn- und Glaubenssuche, die sie 2018 schließlich zum Eintritt in den Orden bewegte. »Ein Klosterleben war früh in mir angelegt.« Zunächst sah es nicht so aus, als sollte es zum Tragen kommen. Die spätere Sr. Josefa Maria wächst in einem Dorf bei Erding auf. Weder Mutter noch Vater sind praktizierende Katholiken. Obgleich beide Christen sind, pflegen sie Distanz zur Amtskirche. Eine tiefe Frömmigkeit spürt sie hingegen bei ihrer Großmutter, die die Mutter Gottes verehrt und als Kirchgängerin im Jahreskranz katholischer Feste lebt. Die Großmutter stirbt, als Stefanie Grießhaber acht Jahre alt ist. Dennoch bleiben prägende Spuren des katholischen Glaubens zurück, ist der Samen gelegt.

Als ihre neun Jahre jüngere Schwester sie als Firmpatin wählt, beschäftigt sie sich intensiver mit dem »verschütteten Glauben« und die religiösen Traditionen der Großmutter werden wieder lebendig. In ihren Suchbewegungen führt sie jahrelang ein »Doppelleben«. Nach einer kaufmännischen Lehre, einem berufsbegleitenden Wirtschaftsstudium und einem Einstieg bei Airbus klettert sie die Karriereleiter bei dem europäischen Flugzeughersteller bis zur Managerin hoch. Sie lebt in einer Fernbeziehung und trennt sich von dem Hamburger Freund, weil ihr die letzte Sicherheit fehlt. »Danach habe ich gemerkt, dass ich gut ohne einen Mann leben kann.«

Abends besucht sie vermehrt Gottesdienste, macht an Wochenenden Exerzitien, vertieft sich in die franziskanische Spiritualität und lernt unterschiedliche Orden kennen. Auch, wenn ihre Freunde ihr religiöses Engagement zunächst als »Spleen« abtun, begleiten sie sie auf ihrem Weg, in dem der Glaube eine größer werdende Rolle spielt. »Ich habe bei Ordensschwestern oft eine innere Ruhe und eine charismatische Ausstrahlung erlebt«, erzählt Sr. Josefa Maria. 2017 schließlich ist die Zeit reif. Bei ihrer Suche nach einem geeigneten Orden stößt sie auf die Website der Barmherzigen Schwestern, die sie bei geistlichen Abenden mit Gebet näher kennenlernt.

> »Ich brauche den Kontakt
> zu anderen Menschen und war von den
> vinzentinischen Werten angetan.«

Bald ist klar, dass die Barmherzigen Schwestern mit ihrem Motto »Liebe sei Tat« und ihrer gelebten Nächstenliebe genau das sind, wonach sie gesucht hat. Von den Schwestern fühlt sie sich in ihrem »So-Sein« angenommen.

Während sie in der Kandidatur, der ersten Phase des gegenseitigen Kennenlernens, noch ihrem alten Leben verbunden bleibt, macht sie mit dem Eintritt in die Gemeinschaft und der zweieinhalbjährigen Ordensausbildung einen Cut mit ihrem alten Leben.

»Begeisterung sieht anders aus«, resümiert sie die unmittelbare Reaktion ihrer Eltern, die später hinter ihr stehen werden. Ihr Chef führt ihr in einem Gespräch die nächsten Karriereoptionen vor Augen. Ihr Vater versteht nicht, warum sie mit Anfang dreißig ihre Unabhängigkeit aufgeben möchte, um sich um Bedürftige zu kümmern. »Das ist urvinzentinisch«, erklärt Sr. Josefa Maria und zitiert den Ordenspatron Vinzenz von Paul: »Unser Kreuzgang sind die Straßen der Stadt. Die Wohnungen der Armen sind unser Kloster.« Vinzenz von Paul gelang, woran die beiden Ordensgründerinnen, die Italienerin Angela Merici und die Engländerin Mary Ward, gescheitert waren: Im Widerspruch zum tridentinischen Konzil durfte die religiöse Frauengemeinschaft Töchter der christlichen Liebe ihre Arbeit vor Ort statt hinter Klostermauern verrichten. Der Begründer der modernen Caritas wendete dazu einen Trick an: Die Gemeinschaft fungierte nicht als Ordensgemeinschaft, sondern als eine Gemeinschaft apostolischen Lebens. Die Schwestern legten jedes Jahr ein privates Gelübde ab.

Die Vinzentinerinnen in München sind hingegen eine Ordensgemeinschaft, da sie nicht unmittelbar von den Töchtern der christlichen Liebe abstammen. Ihr Ursprung liegt in Straßburg, wo 1734 die Barmherzigen Schwestern mit Unterstützung des Bischofs gegründet wurden. 1832 kamen die ersten Vinzentinerinnen nach München, wo sie sich der Modernisierung der Krankenpflege verschrieben.

Da Novizinnen auch bei den Vinzentinerinnen Mangelware sind, nimmt Sr. Josefa Maria regelmäßig an Noviziatsschulungen teil, zum Beispiel im Mutterhaus in Wien, bei der die

Lehren und Werte von Vinzenz von Paul und ihre Bedeutung für die heutige Zeit im Mittelpunkt stehen. »In Zukunft werden die Mutterhäuser noch enger zusammenarbeiten, da es zu wenig Nachwuchs gibt.« Auf eigenen Wunsch arbeitet sie ein halbes Jahr in der Pflege, um eines der Hauptbetätigungsfelder des Ordens kennenzulernen.

Zweieinhalb Jahre nach ihrem Eintritt feiert Sr. Josefa Maria ihr erstes Gelübde, mit dem sie in die Ordensgemeinschaft aufgenommen wird. Kurz zuvor stirbt ihr Vater mit nur 62 Jahren. »Mein Vater wusste mich in besten Händen«, sagt sie und ergänzt, dass der Tod und das Ordensgelübde, die Profess, kein Gegensatz seien, sondern eine Einheit bildeten.

> *»Ich möchte für Menschen in ihrer Not da sein und ich möchte Gottes Liebe und Barmherzigkeit weitertragen«,*

fasst Sr. Josefa Maria ihre Lebensaufgabe zusammen. Heute vermittelt sie die vinzentinischen Werte an die Mitarbeiterschaft im Mutterhaus, in den beiden Krankenhäusern des Ordens, im Krankenhaus Neuwittelsbach und der Maria-Theresia-Klinik, genauso wie in den fünf Pflege- und Altenheimen, der Pflegefachschule und der Adelholzener Alpenquellen GmbH, dem ordenseigenen Wirtschaftsbetrieb. In Neuwittelsbach sind Schwestern in der Seelsorge tätig, in der Maria-Theresia-Klinik arbeiten noch sechs Barmherzige Schwestern im Klinikalltag mit. In Einführungsseminaren erarbeiten Schwestern und Mitarbeiterschaft die fünf tragenden Werte der Vinzentinerinnen, die von Barmherzigkeit, Achtung vor dem Leben und Nächstenliebe handeln.

> *»Eure Zukunft ist eure Tradition«,*

so formuliert Sr. Josefa Maria ihr Leitmotiv. Um die Philosophie von Vinzenz von Paul und Luise von Marillac zu entdecken und zu verstehen, vertieft sich die junge Schwester gerne in deren Schriften, fasziniert von der Lebendigkeit und Modernität des Gedankenguts.

In dem Domizil des Ordens in Unterhaching, das in unmittelbarer Nähe zum Altenheim St. Katharina Labouré liegt, besitzt die junge Schwester ein eigenes Arbeitszimmer. Das Stift ist nach einer der großen Heiligen des Ordens benannt, der die Gottesmutter Maria erschien, und sie aufforderte, Medaillen drucken zu lassen. Als »wundertätige Medaillen« bekannt, trugen sie Menschen auf dem ganzen Erdball, inklusive Papst Pius IX, um Gnade zu erlangen.

»Ich bin eine Nachteule«, sagt Sr. Josefa Maria als sie vor ihrem Computer sitzt; der Bildschirmschoner trägt die Worte »Faith, Hope, Love«. In Unterhaching wohnt sie mit Mitschwestern »quasi in einer WG«. Die jüngste Ordensfrau ist Ende fünfzig. »Im Alltag fällt mir das Alter nicht auf, weil alle noch sehr aktiv sind.« Eine Schwester kümmert sich um den kleinen Konvent. Um 7 Uhr morgens nach der Laudes steht das Frühstück, um 18 Uhr nach der Vesper ein Abendbrot auf dem Tisch. Die Gemeinschaft trage sich gegenseitig im gelebten Glauben und in der Spiritualität. »Beim gemeinsamen Rosenkranz-Beten kann ich von der Arbeit abschalten und werde ruhig«, so Sr. Josefa Maria, die in der Verbundenheit mit Gott die verbindende Kraftquelle sieht.

Auch bei den Vinzentinerinnen verläuft der Tag sehr strukturiert, wenngleich deutlich weniger streng als bei den kontemplativen Orden. Arbeit, Messe, Beten, Meditation, Bibellesen sowie gemeinsam eingenommene Mahlzeiten bestimmen den Tag. Der Heilige Vinzenz setzt die Bedeutung der Arbeit für

Armen und Kranken mit dem Gebet gleich. »Der Dienst an dem Armen ist allem vorzuziehen und ohne Aufschub zu leisten.« Zusätzlich bleibt den Vinzentinerinnen ausreichend persönliche Zeit für Gebet, das Lesen der Schrift und die Meditation.

Sr. Josefa Maria beginnt und beschließt den Tag in ihrer Wohnung betend auf einem kleinen Teppich.

> *»Das ist meine Quality-Time mit Jesus«,*

sagt sie in breitem Bayerisch, einen bunten Schal über dem Habit. Einmal in der Woche haben die Ordensschwestern »frei«. »Es ist kein Problem, wenn ich mich mit meiner Mutter im Café treffe oder mit einer Freundin ins Kino gehen will.« Nur, wenn sie größere Anschaffungen machen möchte, stimme sie sich mit ihren Mitschwestern ab.

Inzwischen hat Sr. Josefa Maria sich daran gewöhnt, dass ihr Lebensweg als Ordensfrau bei Vielen zunächst auf Unverständnis und Vorurteile stößt. Fragen, ob ihr beispielsweise Sexualität oder Besitz fehle, pariert sie mit unverblümter Gelassenheit. Ein Kurz-Clip auf YouTube zeigt, wie sie und eine 80-jährige Mitschwester amüsiert Fragen beantworten: »Ich habe noch nie Lippenstift getragen.« Oder: »Ich war noch nie in einem Fitness-Studio.«

Für ihren Orden ist die junge Schwester in ihrer Fröhlichkeit und Glaubensfeste eine wichtige Markenbotschafterin, um ein Gläubig-Sein ins Heute zu übertragen. Schon jetzt hat Sr. Josefa Maria die Kommunikation des Ordens entscheidend modernisiert, wozu im Noviziat die Neugestaltung der Website gehörte. »Bei uns stehen Ihnen alle Türen offen«, so begrüßen die Vinzentinerinnen Besucher auf der Startseite, die ein Bild der lachenden Sr. Josefa Maria im Kreis ihrer Mitschwestern zeigt. Auch der Kurzfilm »Vinzenz leben. Liebe ist immer Tat« zeichnet ein fortschrittliches Bild des Ordens – samt einer ein Brot schmierenden Josefa Maria.

Gefragt, wie sie sich die Zukunft in einem überalterten Konvent vorstellt, fällt die Antwort prompt aus: »Wir werden wieder mehr jüngere Schwestern, sonst wäre ich nicht eingetreten.« Auch die Kongregation denkt an die Zukunft und plant auf dem Gelände des Krankenhauses Neuwittelsbach ein modernes Klinikum.

| Transformation |

»Meine Aufgabe ist es, die Werte der Diakonissen in die Zukunft zu führen.«

Ulrike Kühn

Ulrike Kühn

Oberin der Evangelischen Diakonissenanstalt Augsburg

Sr. Erika

Diakonisse

Wie die Weitergabe christlicher Werte gelingen kann

Vom Augsburger Bahnhof läuft der Besucher die Frölichstraße hinauf und tritt rechterhand in das große Areal der Evangelischen Diakonissenanstalt Augsburg diako mit ihren verschiedenen Einrichtungen ein. Hier verhallt der Straßenlärm. Das Restaurant zeit.los offeriert hausgemachten Kuchen und regionale Küche. In der Stadtklinik werden jährlich rund 9.000 Patienten behandelt. Das Hotel am alten Park erlaubt in den rund gestalteten Tagungsräumen, einem Andachts- und Meditationsraum und lichtgestalteten Zimmern ein »anderes« Tagen und Übernachten – mit der Möglichkeit, als Gast die Gottesdienste in der Mutterhauskirche zu besuchen. Hinter dem Pauline-Fischer-Haus, dem Seniorenheim, befindet sich ein einladender Garten, der im Schatten alter Bäume und im demenzgerecht gestalteten Sinnesgarten zum Stillwerden, Ausruhen und Verweilen einlädt.

> »Unsere Besucher spüren, dass sie in einen umbeteten Raum kommen«,

erzählt die neue Oberin der Evangelischen Diakonissenanstalt, Ulrike Kühn.

Herzstück des Campus ist das backsteinrote Mutterhaus, das die Diakonissengemeinschaft 1893 feierlich einweihte. Heute strahlt der historistische Bau die Atmosphäre eines gepflegten, christlichen Hauses aus. 30 Diakonissen verbringen hier oder im Pauline-Fischer-Haus ihren »Feierabend« wie der Ruhestand bei den Diakonissen genannt wird. So begegnet man auf dem Gelände und in den Häusern immer wieder den Schwestern mit ihren blau-weiß getupften Kleidern und weißen Hauben. Mit ihrer Tracht dokumentieren Diakonissen ihren Glauben und ihre Zugehörigkeit zur Gemeinschaft.

Traditionelle evangelische Diakonissen leben bis heute in der Gemeinschaft im Mutterhaus. Bei ihrer Einsegnung haben sie sich für ein Leben in dieser Gemeinschaft und für Ehelosigkeit, Armut und Gehorsam entschieden, wobei Armut heute Bescheidenheit bedeutet. Sie wurden als Krankenschwestern, Pflegerinnen oder Erzieherinnen ausgebildet und in Stationen in ganz Bayern eingesetzt. Für ihre Arbeit in Pflege- und Sozialberufen gab es ein Taschengeld, eine Tracht, freie Kost und Logis. Der Lohn floss in die Gemeinschaftskasse des Mutterhauses. Dafür trug und trägt das Mutterhaus Sorge für das ganze Leben.

1969 nahm die Augsburger Diakonissenanstalt die letzte Diakonisse auf, da es in ausreichender Zahl keine Interessentinnen gab. Die Zeit der engen Lebensgemeinschaft war überholt, die Anstalt plagten Nachwuchssorgen und eine offenere Form der Gemeinschaftszugehörigkeit war noch nicht zu denken. Diakonissen verschwanden von Krankenstationen, aus Kinderheimen und Gemeinden, wo sie oft in leitender Funktion tätig waren. Nicht in jedem Mutterhaus stellten die Schwestern so rechtzeitig die Weichen wie in Augsburg, wo der Transformationsprozess und eine zeitgemäße wie moderne Wertevermittlung zu gelingen scheint.

»Meine Aufgabe ist es, die Werte der Diakonissen in die Zukunft zu führen«, erläutert Ulrike Kühn, als sie die Tür des helldurchfluteten, in Gelb gestalteten Andachtsraums im Feierabend-Mutterhaus öffnet. Die Wildseide der Altarwand erinnert an das ehemalige Nähzimmer. Der Hausspruch der Diakonissen »Ich bin der Weinstock, ihr seid die Reben; wer in mir bleibt und ich in ihm, der bringt viel Frucht; denn ohne ich könnt ihr nichts tun« (Joh 15, 5) ist in der Gestaltung des Raumes zu erkennen. Der als Weinbecher gestaltete Altar aus Eschenholz, das aus dem eigenen Park stammt, der Lesetisch und das Kreuz nehmen die Worte aus dem Johannesevangelium auf. Fotos der Mutterhäuser in Tansania und Augsburg schmücken die Wände. In die Planung und Gestaltung des Raumes waren viele Mitarbeiterinnen und Mitarbeiter einbezogen. »Schon damit haben wir Viele eingeladen, an der Tradition unseres Hauses teilzuhaben«, so die Oberin Ulrike Kühn.

»Manche haben mich zunächst Schwester Ulrike genannt«, erzählt die Oberin amüsiert, die Jeans, eine weite Blumenbluse und ein Kreuz um den Hals trägt. Mit der 53-Jährigen wählte der Verwaltungsrat 2020 eine Diakonin zur Oberin, die mit ihrer Familie im schwäbischen Leipheim beheimatet ist und nicht in der Augsburger Diakonissenanstalt.

> »Für uns war es erst komisch,
> dass unsere Oberin
> nicht im Haus wohnt«,

berichtet Sr. Erika. Seit 62 Jahren lebt sie als Diakonisse, gekleidet in Tracht und Haube als Zeichen ihres Glaubens. Die Erkenntnis, dass der Schwesternschaft niemand nachfolgt, schmerzte die betagten Diakonissen zunächst. »Die Diakonin übernimmt unsere Aufgaben, da wir aussterben«, stellt Sr. Erika schnörkellos fest und freut sich, dass die neue Oberin durch Offenheit und Herzlichkeit in der Schwesternschaft rasch Akzeptanz fand.

Sr. Erika und Ulrike Kühn sind ein eingespieltes Team, das sich mit gegenseitigem Respekt und Achtung begegnet. Als Mitglied des Schwesternrates bildet Sr. Erika die Brücke zwischen Oberin und Schwesternschaft. »Als ich mit 60 Jahren ins Mutterhaus zurückgerufen wurde, habe ich mich in den Computer eingefuchst«, erzählt sie. Wie für viele Diakonissen stiften ihr Gemeinschaft und Arbeit im Alter Sinn.

> »Als ich zu Coronazeiten hier anfing,
> war Sr. Erika mit ihrem Erfahrungsschatz
> eine unerlässliche Stütze«,

sagt die 1969 geborene Ulmerin Ulrike Kühn. »Als Diakonin spüre ich eine schwesterliche Verbundenheit zu den Diakonissen.«

Diakonisse und Diakonin eint nicht nur das identische Geburtsdatum, allerdings mit dreißig Jahren Unterschied, beide fußen im protestantischen Milieu mit Bibellesen, Kirchbesuch und Liedersingen. Sr. Erikas Großvater war Kirchenvorstand. Die aus Schlesien mit drei Töchtern geflohene Mutter fand bei der jahrelangen Pflege ihres Mannes, unterstützt von Augsburger Gemeindeschwestern, Trost im Glauben. Weder Ulrike Kühn noch Sr. Erika reichte ein einfacher Job. Sie spürten eine Berufung. Sr. Erika beschließt mit 21 Jahren, nach einer harten Lehrzeit als Kindergärtnerin, Diakonisse zu werden. Ulrike Kühn sagt weder der ursprüngliche Beruf als Zahnarzthelferin noch ihre Tätigkeit als Verwaltungsangestellte in einer psychologischen Beratungsstelle auf Dauer zu. »Ich wollte Jesus nachfolgen und ihm in meiner Tätigkeit dienen können.« Als sie sich mit 24 Jahren dafür entscheidet, eine fünfjährige pädagogisch-theologische Ausbildung in der Rummelsberger Diakonie in Franken zu machen, meint ihr Vater, sie triebe der Kummer ins Kloster.

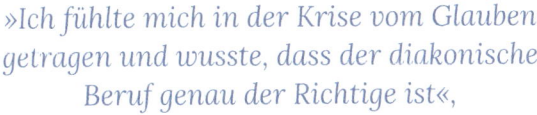

Transformation

> »Ich fühlte mich in der Krise vom Glauben getragen und wusste, dass der diakonische Beruf genau der Richtige ist«,

so Ulrike Kühn. Hört man Diakonin und Diakonisse eine Weile zu, zeigt sich das gleiche christliche Wertefundament und man erlebt, mit welcher bescheidenen Behutsamkeit Sr. Erika die Flamme und nicht die Asche an Ulrike Kühn weitergibt.

Weil Sohn und Tochter inzwischen selbstständig sind, kann sich Ulrike Kühn ganz auf ihre Arbeit als Oberin konzentrieren. Sonntags predigt sie immer wieder in der Mutterhauskirche. Ihr Handy bleibt nach Dienstschluss an. Ihre Familie hat großes Verständnis, arbeitet ihr Mann doch ebenfalls als Diakon in einem evangelischen Gemeindeverein. Die 19-jährige Tochter tritt als angehende Diakonin in die Fußstapfen der Eltern. Der Sohn besucht ein Wirtschaftsgymnasium, Berufswunsch Schauspieler.

»Wir leben als Diakonissen weiterhin unsere Traditionen und fühlen uns im Glauben geborgen«, erzählt Sr. Erika. So gehören Andacht, Mittagslob, liturgische Gebete und Meditation weiterhin zum Alltag dazu. Die Mahlzeiten nehmen die Diakonissen gemeinsam im Speisesaal ein. »Mir ist die Tischgemeinschaft wichtig«, erzählt Sr. Erika, auch wenn Unterhaltungen zunehmend schwieriger werden. »Unsere älteste Schwester ist 104 Jahre«, so Sr. Erika, die sich gerne an das gemeinsame Handarbeiten und Singen erinnert.

Die Mutterhaustradition entstand Mitte des 19. Jahrhunderts als Antwort auf Missernten, Hungersnöte, Massenarmut und Krieg. Knechte und Hilfsbauern zogen als Fabrikarbeiter in die Städte, wo sie mit Familie oft in beengten Hinterhofwohnungen mit wenig Licht und Platz hausten. Der Lohn reichte meistens nicht aus, weshalb die Mutter sich als Magd oder Tagelöhnerin verdingte. Die große Kinderschar blieb unversorgt oder musste mitarbeiten. An einen regelmäßigen Schulbesuch der Kinder war oft nicht zu denken. Alkoholismus, Gewalt, hohe Kindersterblichkeit, Seuchen und fehlende Schulbildung prägten den Alltag. Bei Arbeitslosigkeit, Krankheit und im Alter sprangen weder Versicherung noch Rente ein. Ein staatliches Fürsorgesystem war noch nicht ausreichend entwickelt.

»Am Anfang stand eine Idee mit Wirkkraft«, so lautet der erste Satz der Diakonissenregel. Der Düsseldorfer Pfarrer und Sozialreformer Theodor Fliedner gründete 1836 gemeinsam mit seiner Frau Friederike im benachbarten Kaiserswerth das erste Diakonissenkrankenhaus mit Pflegeschule. Junge, ledige Frauen erhielten eine solide Ausbildung als Krankenschwester oder Erzieherin, sowie theologisches Grundwissen. Die spirituelle Lebensgemeinschaft ersetzte die Familie und bot Halt und Unterstützung. Als berufstätige Frauen trugen Diakonissen mit dunklem Kleid samt Haube die Kleidung verheirateter Bürgersfrauen, womit ihre gesellschaftliche Rolle gesichert war. Diakonissen kümmerten sich um verwahrloste Jugendliche, Waisen, Strafgefangene, ledige Mütter und Kranke. Diakonisse stammt vom griechischen »diakonia« ab und bedeutet »dienen«. Damit verkörperten die Schwestern das Frauenbild ihrer Zeit als mütterliche, selbstlose, fromme »ehrbare Jungfrauen«.

1854 existierten bereits 15 eigenständige Diakonissenhäuser in Europa, unter anderem in Stockholm, Paris und Straßburg. Ein Jahr später, 1855, reiste die Straßburger Diakonisse Julie Hörner mit dem Zug nach Augsburg. Als drittgrößte Stadt in Bayern boomte hier die Textilindustrie. Vier Jahre später übernahmen acht Diakonissen die Pflege im städtischen Klinikum, bildeten aber im katholischen Augsburg zunächst einen Fremdkörper. Erst das engagierte Eintreten des Anstaltsleiters Friedrich Boeckh, die Courage der Oberin Pauline Fischer und die großzügige Stiftung der Mäzenin Stefanie Gräfin du Ponteil führten zur Akzeptanz. Als das Mutterhaus eingeweiht wurde, meinte der Pfarrer Boeckh lakonisch: »Die Augsburger scheinen jetzt, wo unser Neubau so stattlich dasteht, sich damit auch auszusöhnen.«

> »Ich bin sehr positiv überrascht, wie viele
> unserer Mitarbeitenden ihren
> Glauben in die Arbeit einbringen und
> die diakonischen Werte leben«,

berichtet Ulrike Kühn, die für die diakonisch-theologische Zusatzausbildung verantwortlich ist. 70 Menschen aus verschiedenen Einrichtungen haben den Kurs bisher absolviert. »In der Gemeinschaft stützen wir uns, nehmen die Sorgen des anderen wahr, etablieren eine Fehlerkultur und bringen uns persönlich ein.« Nach Pandemie-Ende soll wieder ein neuer Kurs stattfinden.

Und noch ein Zweig der Diakonissentradition blüht: In Tansania kümmert sich eine Tochtergemeinschaft vor allem um Aidswaisen. Inzwischen unterhalten die 65 Diakonissen der Ushirika wa Neema, was Gemeinschaft der Gnade bedeutet, eine Montessori-Schule, eine Farm, ein Studierendenheim und ein Klinikum. Gästehaus, Campingplatz und Restaurant sind kurz vor der Fertigstellung. »Wir haben einen engen Kontakt und unterstützen, wo wir nur können«, berichtet die Oberin Ulrike Kühn, die sich darauf freut, nach der Pandemie selbst nach Tansania zu reisen.

»Nicht alle Traditionen sind heute noch lebbar«, meint Ulrike Kühn. Die Lebensformen haben sich verändert und die Erfüllung der Traditionen bringt manche Schwierigkeit mit sich. »Der Glauben an den barmherzigen Gott ist unser Grund und schenkt uns eine Antwort, die der Zeit und der Lebenssituation entspricht und guttut.«

Die Schwestern im Augsburger Mutterhaus erleben auch heute noch den Rektor und die Oberin als Seelsorger. In der Ausbildung erfuhren sie unter anderem im »Lehrzimmer« eine breit gefächerte Bildung. Von Aufsätzen in Schönschrift über das Lernen von Psalmen und Liedern bis hin zum Rezipieren von Bibelstellen. »Wir übernachteten zu siebt im Schlafsaal, hatten einen Vorhang ums Bett und ein Nachtkästle«, erinnert sich Sr. Erika und an so manchen Jungmädchenstreich. »Wir waren alle sehr brav und akzeptierten ohne Murren, wohin wir entsendet wurden.« Sr. Erika arbeitete jahrelang im Kindergarten.

> *»Meine Generation hat ein völlig anderes Frauenbild und einen anderen Umgang mit Hierarchien«,*

meint Ulrike Kühn, die selbstverständlich ein Mitspracherecht bei ihren Entsendungen hatte und definieren konnte, welche Aufgabe, welcher Tätigkeitsbereich zu ihr passt. Vor ihrer Augsburger Zeit war sie als Leiterin eines Evangelischen Bildungswerks, als Religionslehrerin und als Gemeinde- und Jugenddiakonin in Freising, Coburg und Pfuhl tätig. »Ich wollte neben den Familienaufgaben immer arbeiten«, sagt die zweifache Mutter, die sich die Sorgearbeit mit ihrem Mann teilte. »Vier Monate nach der Geburt meiner Tochter wusste ich, dass ich mich nicht auf Breikochen und Windelwechseln reduzieren kann.« Den Religionsunterricht bereitete sie vor, sobald die Kinder abends im Bett lagen.

Weil Kirche unsichtbarer wird und Pfarrerinnen und Pfarrer in Gemeinden fehlen, übernehmen Diakoninnen wichtige Funktionen als Krankenhausseelsorgerinnen, Leiterinnen von Jugendzentren und Behinderteneinrichtungen. »Wir Diakoninnen mussten uns erst emanzipieren«, meint Ulrike Kühn noch heute verwundert, »vielleicht ist deshalb der Zusammenhalt unter uns so eng.« Heute stelle niemand mehr den Beruf der Diakonin in Frage. »Bei meiner Tochter erlebe ich mit, wie selbstverständlich es beispielsweise für sie ist, Diakonin werden zu können«, erzählt die Oberin. Und es freut sie, dass ihr Beruf – der eine Berufung ist – mit der Zeit geht. Seit noch nicht allzu langer Zeit absolvieren Rummelsberger Diakoninnen und Diakone, neben einem Fachstudium im sozialen oder pädagogischen Bereich, den Bachelor-Studiengang Diakonik. Wie sich die Diakonissen mit gesellschaftlichen Entwicklungen arrangieren mussten, sieht sich Ulrike Kühn als Teil eines Transformationsprozesses, der nicht abgeschlossen ist. »Unsere gemeinsamen Wurzeln, der Glaube an Jesus Christus, verbinden uns über die Zeiten hinaus, geben uns Kraft und lassen uns mit Zuversicht in die Zukunft gehen.«

| Transformation |

»Klosterleben darf wie ein Glasperlenspiel heiter sein.«

Ayya Phalañānī

Äbtissin des buddhistischen Klosters Aneñja Vihāra, Rettenberg

Wie ich in einem buddhistischen Theravada-Kloster Bescheidenheit lernte

Mitten im katholischen Allgäu liegt das buddhistische Kloster Anenja Vihāra. Als erstes buddhistisches Nonnenkloster in Deutschland folgt die sechsköpfige Frauengemeinschaft der Theravada-Tradition, der ursprünglichsten Schule des Buddhismus. »Im Theravada-Buddhismus versuchen Mönche und Nonnen nach den Regeln des Dhamma und Vinaya zu leben, so wie es im Pali-Kanon beschrieben ist«, erläutert die Äbtissin des Klosters, Ayya Phalañānī, und ergänzt: »Der Orden der voll ordinierten Nonnen (Bhikkhunīs) wurde vor nicht allzu langer Zeit erst wiederbelebt, deshalb gibt es voll ordinierte Nonnen noch nicht lange im Theravada-Buddhismus, aber wir werden mehr.« Seit 2018 leitet die ehemalige Schauspielerin das Kloster.

Als ich mit leichtem Gepäck im Dauerregen das kleine Holzhaus betrete, fühle ich mich in eine Welt versetzt, die das Entschleunigen zum Programm erhebt. Unsicher, was mich erwartet, zeigt mir die Äbtissin mein Zimmer mit Buddha-Schrein, Bett, Waschbecken und buddhistischer Lektüre. Auf dem Tisch liegt die Ordnung mit Ethikregeln: Alkohol, Sex, Singen, Schmuck sind ebenso verboten wie Parfüm, Lügen und Tratschen.

Ich komme rechtzeitig für die Abendmeditation. Eine braungewandete Schwester erleuchtet einen güldenen Buddha vor dem unbeweglich die Äbtissin sitzt. Anschließend werfen sich alle drei Mal auf den Boden, um sich vor Ayya Phalañānī zu verneigen. Nach 30 Minuten Rezitation von Sutten in Deutsch und Pali folgte eine Stunde Meditation.

Meine Gedanken kreisen um das ausbleibende Abendessen, das ich mit meiner heimlich eingesteckten Banane zu kompensieren hoffe. Die Kälte durchdringt meinen Körper. Die linke Nonne wiegt ein paar Mal ihren Kopf. Die rechte sitzt kerzengerade da – in eine Wolldecke gehüllt. Die Zeit zieht sich wie eine Ewigkeit. Ich hoffe auf ein Ende, unklar, wie ich in aller Herrgottsfrüh die nächste Session ertragen soll.

Ob es als Prüfung gedacht war, dass ich keine Bettdecke bekommen hatte? Nicht gewillt weiter zu frieren, spreche ich die Äbtissin an, die mir ein Federbett samt Wolldecke besorgt. Alle anderen sind lautlos in ihren Zimmern verschwunden. Obgleich erst 20.30 Uhr, lege ich mich schlafen. Punkt 5.45 Uhr sitze ich ungeduscht auf meinem Stuhl. Ich schließe die Augen, atme und höre einen Gong. Eine Stunde Meditation ist vergangen und ich fühle mich zutiefst entspannt. Zuvor hatten die Schwestern im Morgengrauen individuell meditiert.

> »*So, wie wir uns um die körperliche Hygiene kümmern, indem wir uns waschen und die Zähne putzen, sollten wir uns auch um die geistige Reinheit kümmern, durch die Praxis der Meditation*«,

erläutert Ayya Phalañānī.

Gegen sieben Uhr gibt es Frühstück, das je nach Spendenlage mal aus einem Käsebrot, mal einem Beeren-Müsli besteht. Da eine vollordinierte Nonne nur essen darf, was ihr in die Hand gegeben wird, achten Laien und Novizinnen darauf, dass der Äbtissin alles gereicht wird. Eine Novizin bringt ihr liebevoll ein Tablett mit Frühstück. Jede hat ihren festen Platz. Gemeinsam mit ihren vier Mitschwestern nimmt die Sāmanerī, die Novizin Rakkhītā, im Schneidersitz auf einem

Holzpodest Platz. Schweigend essen alle aus einer Almosenschale. Jede Bewegung scheint ritualisiert: Vom Holen des Essens bis zum Säubern der Gefäße. Als Gast sitze ich hinten auf einem verschlissenen Sofa. Selten habe ich mich so auf eine Tasse heißen Nescafé und ein Käsebrot gefreut, das mir schließlich von einem weiteren Gast offeriert wird. Ich versuche, weder laut zu kauen noch laut zu schlucken.

Dann verteilt die Äbtissin die Aufgaben. Ein Dauergast bereitet aus Almosen ein Mittagessen vor. Eine Novizin bezieht ein Gästebett. Um 11 Uhr kommt das Mittagessen auf den Tisch. »Ob Nudeln mit Reis, Kohlrabi-Eintopf oder eine Karotten-Lasagne: Wir sind noch nie hungrig aufgestanden und haben meist sogar noch einen Kuchen oder einen Pudding als Nachtisch«, sagt die Äbtissin. Wir Gäste stellen uns in einer Reihe an. Ich bediene mich von allem und stelle fest, wie egal es ist, alles durcheinander zu essen.

Bis zum nächsten Morgen ist Verzicht angesagt. Nur ein paar Gummibärchen, etwas schwarze Schokolade, Säfte und Tee oder Kaffee stehen zur Selbstbedienung auf dem Tablett – als Medizin verwendet und in Maßen genossen. Ich trinke gegen 16 Uhr einen schwarzen Kaffee.

Der Nachmittag ist für die eigene Praxis reserviert. Ich folge Rakkhītā in den Nonnentrakt, wo jede ein spartanisch eingerichtetes Zimmer hat. Das Bad wird gemeinsam benutzt. »Ich lerne am Nachmittag oft Pali«, erklärt Rakkhītā. »Mein iPad durfte ich deshalb behalten.« Ansonsten besitzt sie wenige Bücher, Stifte, Weleda-Salben sowie einfach genähte Gewänder. Rakkhītā sitzt auf ihrem Bett am Boden, ich auf dem einzigen Stuhl und will wissen, was sie als Schweizerin bewogen hat, in ein Kloster im Allgäu zu ziehen.

»Wir meditieren die meiste Zeit des Tages und verlassen das Kloster nur selten«, sagt Rakkhītā. »Als ich mich 2012 nach einem Burnout entschloss, mein Leben in der Schweiz hinter mir zu lassen, hatte ich Angst ins Bodenlose zu fallen. In der Realität waren es nur wenige Zentimeter.« Mit vierzig Jahren hatte sie ihren Job gekündigt und im Buddha-Haus im Allgäu Seminare belegt, um ihre gefühlte Berufung zu erproben. Das Haus liegt in Sichtweite zum Kloster Anenja Vihāra. Ihre areligiöse Mutter fürchtete, ihre Tochter an eine Sekte zu verlieren. Inzwischen zweifelt die Familie nicht mehr an ihrem Weg, woran die Äbtissin einen großen Anteil hat. »Sie ist für fünf Jahre meine Autorität, die mir den Kopf zurechtrückt und mir hilft, meine Strukturen zu durchbrechen.« Im Noviziat stieß sich die 50-Jährige daran, weder Geld zu besitzen noch Autofahren zu dürfen. »In den Rücksprachen und im Unterricht erläutert unsere Äbtissin die Regeln aus dem historischen Zusammenhang. Meistens löst sich mein Ärger dann in Luft auf«, sagt sie. »Wir lernen, nicht zu viel nachzudenken, sondern hinzuschauen.« Inzwischen sei das Meditieren, das Fokussieren auf den Atem, das Beobachten des Geistes und der Umgang mit unangenehmen Gefühlen eine tägliche Herausforderung.

Mich interessiert, wie man ein Leben ohne Geld organisiert – und erhalte prompt Antwort. »Als ich letztes Jahr meine Familie in der Schweiz besucht habe, hat mein Vater mir ein Wochenticket gekauft, meine ehemalige Chefin mich zum Mittagessen eingeladen und meine Mutter das Abendessen aufbewahrt, damit ich es am nächsten Mittag essen konnte.«

Im Arbeitszimmer der Äbtissin streicht ihr eine Klosterkatze um die Beine. Die 63-Jährige sitzt gemütlich in einem Sessel, vor sich Laptop und Handy. »Die Lehre Buddhas war meine Rettung, durch sie habe ich eine Rastlosigkeit und innere Unruhe überwunden und zu einer Ruhe und Gelassenheit gefunden, die früher nicht zugänglich für mich war. Ohne das Dhamma und die Meditation wäre ich wegen kreativer Hyperaktivität wahrscheinlich sonst ein nervöses Wrack geworden.«

Das Interesse am Buddhismus zieht sich wie ein roter Faden durch ihr Leben, wenngleich es dauern sollte, bis sie sich ganz der Buddha-Lehre verschreibt. »Ich komme aus einer Familie, in der es viel verstecktes, nicht kommuniziertes Leid gab.« Der Großvater nahm sich aus Angst vor einer möglichen Deportation durch die Nazis das Leben. Die Mutter floh mit elf Jahren allein nach Schweden. Der Vater, ursprünglich zum Priester bestimmt, kam als Soldat fünf Jahre in afrikanische Gefangenschaft. »Nach diesen traumatischen Erlebnissen haben meine Eltern uns atheistisch, weltoffen und liberal erzogen«, sagt die Äbtissin, die früh als »Sensibelchen« ihre Ader für Spiritualität entdeckt. Zunächst aber erfolgt die Rebellion.

Obgleich die Mutter sich für die Tochter Abitur und Studium wünscht, macht diese nach der Hauptschule eine Lehre als Retuscheurin. Beeindruckt von ihrer Religionslehrerin liest sie zwei Mal die Bibel und vertieft sich in den Weltbestseller »Siddharta« von Hermann Hesse. Anfang der achtziger Jahre begegnet ihr der Dalai Lama. »Das Mitgefühl, die liebende Güte und die Befreiung vom Leid haben mich in seinem Vortrag so tief berührt, dass ich heute noch davon Gänsehaut bekomme«. Damals lebte sie mit ihrem Freund, einem Halbjapaner, zusammen. Als sie mit ihm die Großeltern in Japan besucht, verbringt sie eine Zeit in Okayama in einem Zen-Kloster. »Das war damals für Europäer sehr selten.« Bald tritt die Klostererfahrung in den Hintergrund.

»Nach der Trennung von meinem Freund habe ich viel von dem Unfug gemacht, den das Leben bot.« Begeistert von dem Pantomimen Marcel Marceau zieht sie nach Paris, wo sie ihr Studium an der »Ecole Jacques Lecoq« mit Putzen finanziert. Anschließend lebt sie in Düsseldorf als Clownin, heiratet

»strunzdumm wie ich war« einen marokkanischen Kunststudenten, vom dem sie sich bald scheiden lässt. Es folgen Jahre auf einem Kreuzfahrtschiff als Comedian mit der »Jupp-Figur«. »Als ich eines Tages mit einem Pömpel ausgestattet mich (gespielt) an der Glatze eines älteren Herrn festsaugte und eine Dame vor Lachen zu weinen begann, wusste ich: Diesen Beruf übe ich nicht weiter aus, weil ich niemanden mehr vorführen wollte.« Kurz darauf zieht sie nach Mallorca und jobbt als Sekretärin. Auch das Inselleben entpuppt sich als Zwischenstation. »Mit 48 Jahren hatte ich viel erlebt und getan, was ich hatte machen wollen, nur meine spirituelle Suche war nicht befriedigt.«

Wie man als ehemalige Schauspielerin in Thailand buddhistische Nonne wird, will ich wissen. Ähnlich wie bei Rakkhītā ist der Abschied vom alten Leben radikal. Nach einem zweiwöchigen Retreat – den Bikini im Koffer – steht fest, dass sie in Spanien alles auflösen wird. »Ich bin nach Thailand gezogen, habe ein halbes Jahr im Wald verbracht, mir einen Lehrer gesucht und 2008 das erste Nonnengelübde mit acht Regeln abgelegt.« Über drei Jahre bestimmen Meditationen, Achtsamkeit und ein Leben im Augenblick ihr Dasein.

> »Stundenlange Meditationen hebeln
> unser Denken völlig aus.«

»Ich brauchte nur wenig Schlaf und Essen. Bisweilen hatte ich den Eindruck, verrückt zu werden. Tatsächlich war etwas in mir ver-rückt«, berichtet sie. Dennoch sei der Geist trotz der vielen Stunden Meditation oft nicht so klar, wie man es sich wünschen würde, und die Illusion, ein Ich zu haben, sei immer noch nicht aufgelöst worden. »Ich habe seinerzeit meinen thailändischen Lehrern erklärt, dass ich auf jeden Fall erleuchtet werden will«, erinnert sie sich lachend über so wenig

Demut. Ihr Lehrer feuert sie deshalb an, mindestens zwölf Stunden täglich zu meditieren.

Im Theravada-Buddhismus war die weibliche Ordinations-Linie über Jahrhunderte unterbrochen. Erst in den vergangenen Jahren ließen sich in Thailand und Sri Lanka die ersten Nonnen über die chinesische Dharmaguptakas-Linie voll ordinieren – gegen den Widerstand einiger Mönche, die die Ordination nicht anerkannten. Da Ayya Phalañānī als Nonne gleichberechtigt leben möchte, nimmt sie Kontakt zu der amerikanischen Theravada-Nonne Ayya Tathaaloka auf. Ihre Familie zahlt den Flug. Das Wagnis gelingt. Sie wird in Kürze ordiniert. »Ich bin meinen thailändischen Lehrern unendlich dankbar, dass sie mich unterstützt haben, Bhikkunī zu werden und bereit waren, mich auch als Bhikkhuni weiterhin zu lehren.«

Dann lebt sie wie ein Thaimönch zwischen Hühnern, Katzen und Hunden. Die Dorfbevölkerung begegnet ihr mit Skepsis, da sie das ockerfarbene Gewand eines Mönchs trägt. »Später konnte ich eingebunden in die Dorfgemeinschaft leben.« Die Fröhlichkeit, die Gelassenheit und die Leichtigkeit der thailändischen Mönche hatte sie immer fasziniert. »Sie haben mich in ihrer leichten und liebevollen Art gelehrt, trotz des Leidens entspannt die Schönheit des Moments zu sehen, ohne an etwas festzuhalten«, fasst sie ihre Erfahrung von zehn Jahren Asien zusammen. »Thailändische Klöster sind nicht nur streng, sondern auch laut, bunt und lebendig.«

Nach einigen Jahren in Thailand erreicht Ayya Phalañānī eine E-Mail, verbunden mit der Frage, ob sie Äbtissin des Nonnenklosters im Allgäu werden wolle. Mit ambivalenten Gefühlen kehrt sie 2018 zurück. »Es ist wohltuend, heilend, versöhnend und ermutigend, dass Frauen in Deutschland die Möglichkeit haben, den heiligen Lebenswandel zu leben.« Inzwischen gibt es in Deutschland rund 70 ordinierte Männer und Frauen, wobei Nonnen in der Überzahl sind. Jedes Jahr kommen zwei bis drei dazu. »Ich möchte ein in mir ruhendes, gelassenes Vorbild sein«, sagt die Äbtissin, für die Streitschlichten zum Job gehört. »Wer zickt, fliegt raus«, erklärt sie ihren Führungsstil. Eine Lehrmeisterin zu sein, hat sie von ihren weisen und liebevollen thailändischen Lehrern gelernt.

»Klosterleben darf wie ein Glasperlenspiel heiter sein«, fasst die Äbtissin zusammen und freut sich, dass im Kloster eine besondere Atmosphäre herrscht, die sich auf Gäste überträgt. Das Kloster bietet längere und kürzere Aufenthalte an. »Derzeit haben wir einen jungen Witwer, der ein Jahr zusammen mit uns lebt und viele alltägliche Dinge organisiert und macht, die wir als Nonnen nicht tun dürfen.«

Und in der Tat wirkt das Zusammensein fokussierend wie entspannend. Seit Ayya Phalañānī das Kloster leitet, hat sich das Verhältnis zu den Nachbarn positiv entwickelt. Während des Lockdowns versorgten Frauen die Schwestern mit fehlendem Nähgarn, damit diese weitere Stoffmasken nähen konnten. In Asien leben Theravada-Mönche und -Nonnen von Spenden der Laien, eine Kultur, die es in Deutschland nicht gibt. Dennoch trägt sich das gesamte Kloster zu 100 Prozent aus Spenden. Auch erbitten die Ordensfrauen regelmäßig Essen. »Wenn wir am Samstag in Immenstadt oder Sonthofen auf Almosengang gehen, erwarten uns Menschen, die an den Marktständen Obst und Gemüse für uns kaufen«, erzählt Rakkhītā. Viele Nachbarn legen Obst und Gemüse vor die Klostertür. Hausgäste und Meditierende spenden für den Erhalt des Klosters. Oder schicken wie ich ein Päckchen mit schwarzer Schokolade und Gummibärchen. Finanziell unterstützt wird das 2007 gegründete Frauenkloster von einem Trägerverein und einer Stiftung.

»Meine Bhikkhuni-Generation musste nicht mehr so sehr um Anerkennung als vollordinierte kämpfen wie meine Vorgängerinnen«, ergänzt die Äbtissin. »Ich sehe einen eklatanten Unterschied zum Laienleben. Als Ordinierte gibt es nicht so viele Ablenkungen, kein Ausweichen vom Weg. Wir können nicht mal eben Einkaufen gehen, Musik hören oder uns etwas gönnen, wenn es mal schwierig wird. Als Lehrerin achte ich ziemlich strikt darauf, dass die Anwärterinnen sich nicht verzetteln oder sich Ablenkungen suchen, sondern an sich arbeiten, um bessere Menschen zu werden«. So wenig sie von einer Verwässerung der Regeln hält, so sehr hofft sie, dass es in Deutschland gelingen möge, eine traditionsübergreifende Ausbildung zu etablieren. »Wir haben ja wirklich keine Nachwuchssorgen«, meint sie lachend und ergänzt:

> »Wer das Dhamma, also die Lehre Buddhas, beschützt, den schützt das Dhamma.«

Am nächsten Morgen verabschiede ich mich. Hatte ich auf der Autofahrt ins Kloster nur an meine Rückkehr gedacht, ertappte ich mich bei dem Abschied dabei, wiederkommen zu wollen, um anzukommen.

| Transformation |

Sr. Maria Paola Zinniel

Provinzoberin der Barmherzigen Schwestern vom heiligen Kreuz, Kloster Hegne

»Wir haben gemerkt, dass es nicht damit getan ist, Gebäude zu sanieren, sondern dass wir uns sanieren müssen.«

Wie ein Kloster seine Werte in einer Stiftung weiterträgt

»Probieren Sie, ob Sie mit Ihrem Schlüssel das Tor öffnen können«, empfiehlt Sr. Josefa, »wir wollen Sie nicht einsperren, sonst müssten Sie sich auf Ihre innere Freiheit verlassen.« Bislang hatte ich bei meinen Besuchen in Klöstern keinen Pfortenschlüssel erhalten. Doch in Kloster Hegne, dem Sitz der Barmherzigen Schwestern vom heiligen Kreuz, läuft Vieles anders. Das Kloster beherrscht die Kunst der Gesten: Eine ältere Schwester hilft, die Tür zu öffnen und der Pfortenmitarbeiter wartet, bis das Teeglas ausgetrunken ist. Allerorts begegnet der Besucher in dem Klosterareal Zugewandtheit und Gelassenheit – was daran liegen mag, dass das Kloster sich ausführlich den Fragen gestellt hat, wie eine Zukunft mit wenig Nachwuchs und überalterter Schwesternschaft aussehen könnte. »Auf dem Provinzkapitel haben wir 2013 beschlossen, eine Vision für unser Kloster als ›geprägten‹ Ort zu entwickeln«, erläutert die 67-jährige Provinzoberin Sr. Maria Paola.

Erfolgreiche Transformationen benötigen charismatische Persönlichkeiten mit Durchschlagkraft, Empathie und langem Atem, wie die ehemalige Provinzoberin Sr. Benedicta-Maria und die jetzige Provinzoberin Sr. Maria Paola. Gemeinsam gelingt es, Mitarbeiterschaft und Schwestern vom Wandel zu überzeugen. Zusammen mit anderen Schwestern aus der Leitung und den Führungskräften begleitete das Tandem den fünfjährigen Prozess mit Klausurtagungen, Seminaren und Sitzungen, an deren Ende 2018 die Gründung der Stiftung Kloster Hegne steht. Im gleichen Jahr wird Sr. Maria Paola zur Provinzoberin ernannt. Ihre Aufgabe ist es, den Wandel zu verstetigen, die Betriebe an die Stiftung zu übertragen und dafür zu sorgen, dass Mitarbeitende und Schwestern zusammen an bevorstehenden Aufgaben wachsen. Sr. Maria Paola wird Chefin von 180 Kreuzschwestern und der 300-köpfigen Mitarbeiterschaft und steht dem Altenpflegeheim Maria Hilf und klostereigenen Betrieben wie Klosterküche und Wäscherei vor. »Ich habe keine Angst vor der Aufgabe, aber Respekt. Es ist eine große Verantwortung. Das, was ich kann, was mir Gott geschenkt hat, will ich einbringen, so gut ich kann. Wir sind alle in Gottes Hand. Ich kann machen, was ich will: Er lässt mich da nicht rausfallen.«

Für die Herausforderungen bringt sie jahrelange Führungserfahrung im sozialen Bereich mit. Im Erzbischöflichen Kinderheim Haus Nazareth in Sigmaringen leitete sie Tagesgruppen, diskutierte mit dem Jugendamt, koordinierte Fahrdienste und setzte sich mit Eltern und Erziehern auseinander. Schon damals entwickelte sie Standards für alle Gruppen, um die Würde der Kinder zu schützen. Als sich die Möglichkeit bot, innerhalb der gesamten Einrichtung ein Qualitätsmanagement zu installieren, nimmt sie diese Herausforderung an – ein neues Tätigkeitsfeld.

Im Provinzhaus wird sie Mitglied im damals fünfköpfigen Provinzleitungsteam. In dem franziskanisch geprägten Orden entscheiden die Schwestern gemeinsam. »Als Oberin könnte ich die Farbe des Garagentors allein bestimmen«, bringt es Sr. Maria Paola schnörkellos auf den Punkt. In ihrer Zeit als Provinzrätin ist sie »Innenministerin und Bauschwester«.

Seit der Jahrhundertwende sanierten die Kreuzschwestern ihre in die Jahre gekommenen Gebäude, so auch das Provinzhaus. Dort lebte eine Gruppe betagter Ordensfrauen. »Die elektrischen Leitungen waren veraltet, das Haus erfüllte die Brandschutzbedingungen nicht und meine Mitschwestern hatten einen langen Weg zu Bad und WC.« Drei Jahre lang sorgt sie mit dafür, dass das Provinzhaus entkernt wird, die

Schwestern übergangsweise in ein von Dominikanerinnen aufgegebenes Kloster ziehen. Sie wickelt interne Bauleitung und Umzugslogistik mit so großem Engagement ab, dass ihr Baufirmen Jobs anbieten. Heute haben die Schwestern eigene Nasszellen. Wohnküche und Räume zum kreativen Tun laden zum Backen und Malen ein. Sitzecken – eine mit Wellensittichen – fördern den Austausch.

Aufgrund ihrer Lebenserfahrung wissen Sr. Benedicta-Maria und Sr. Maria Paola, dass aufwendige Transformationsprozesse von außen begleitet werden müssen. Die Schwestern entscheiden sich für eine katholische Theologin und einen Unternehmensberater. Jede Sitzung sei mit einem Gebet oder einer Bibelstelle begonnen worden. Letztlich hatte die Interpretation eines Verses den Prozess mit ausgelöst. »Ziehe Kraft aus deinen Wurzeln, finde Halt im Grund, der trägt, schau zurück an deinen Ursprung, doch nach vorne geht der Weg«, hieß das Motto des Provinzkapitels. »Wir haben auf unseren Altersdurchschnitt von knapp 80 Jahren geschaut und eine Standortbestimmung gemacht.« Danach war klar: Entweder die Klosterwerke wechseln die Trägerschaft oder der Konvent findet eine innovative Lösung.

»Wir Kreuzschwestern wollten das Kloster als charismatischen wie lebendigen Ort erhalten.« Für unterschiedliche Menschen hatte und hat Hegne in den vergangenen 127 Jahren große Bedeutung: von der Mitarbeiterschaft, den Pilgern, Hotelbesuchern, Tagesgästen bis hin zu Pflegebedürftigen, Schülern und deren Eltern, Auszubildenden sowie Studierenden. Gläubige feiern Gottesdienste mit oder bitten die Schwestern, für sie zu beten. In der Flüchtlingswelle 2015 fand eine syrische Großfamilie eine Bleibe im Kloster. Heute bietet das Kloster ukrainischen Frauen mit Kindern im Haus Hildegard Sicherheit und Geborgenheit. Auch die Gemeinschaft Lebensbaum, das sind Laien, die an die Schwesternschaft angebunden leben, wächst.

Den Wandel im Klosterleben hat Sr. Maria Paola in über vierzig Klosterjahren hautnah erfahren. Als sie 1976 in den Orden eintrat, war das Hegner Noviziat aufgegeben worden. Für ihr dreijähriges Noviziat kommt sie in das Schweizer Mutterhaus nach Ingenbohl am Vierwaldstätter See und erlebt dort eine gute Atmosphäre. »Ich war schon als Kind gewohnt, bei Entscheidungen meinem Alter entsprechend einbezogen zu werden und durfte meine Meinung sagen.« Nicht immer sei es deshalb einfach gewesen, sich in das Ordensleben einzufügen. »Wir hatten aber eine gute Noviziatsgemeinschaft und haben uns wie Geschwister aneinander gerieben und abgeschliffen.«

Seit Jahren erleben die Schwestern, dass sie weniger und Mitarbeitende mehr werden. Den höchsten Mitgliederstand hatte die Provinz 1940 mit 1.480 Ordensfrauen in 213 Niederlassungen. Heute arbeiten Schwestern in vier Außenstellen. In Hegne übernehmen Mitarbeitende sukzessive Leitungsaufgaben in allen Bereichen des Klosters. »Früher waren die Kreuzschwestern in Kinderheimen, Kindergärten und auf Krankenstationen präsent. Heute kennen uns junge Leute aus dem Wartezimmer der Arztpraxen«, meint Sr. Maria Paola trocken.

»Das Bedürfnis der Zeit ist der Wille Gottes«, so lautete das Motto des Ordensgründers Pater Theodosius Florentini. Gemeinsam mit Mutter Maria Theresia Scherer gründete er 1856 den Orden der Barmherzigen Schwestern vom heiligen Kreuz in der Schweiz als Antwort auf Massenarmut, Landflucht und Industrialisierung. »Ich werde Schwestern dorthin senden, wo sie sehnlichst erwartet werden, zu den Armen, den Bildungshungrigen, den Kranken, den Verwahrlosten und

Waisen, zu den Fabrikkindern und den Industriearbeitern. Sie werden dort eine Lebensweise leben, durch die sie die Gegenwart Christi unter den Menschen bezeugen.«

Den Sendungsauftrag beherzigten die Schwestern der 1895 gegründeten Provinz Baden-Hohenzollern. Während des Kulturkampfes 1871 drängte Baden die Kreuzschwestern aus Schulen und Kindergärten in die Krankenpflege. Im Ersten Weltkrieg pflegten sie Verwundete in Lazaretten. Die Nationalsozialisten zwangen die Schwestern aus den Bildungseinrichtungen, die Krankenpflege war nur unter strengster Überwachung durch die Partei möglich. Als die französischen Truppen 1945 in Baden einmarschierten, retteten Schutzbrief und Schweizer Flagge das Kloster vor der Schließung.

»Ich bin sicher, dass unser Orden auf die eine oder andere Weise immer existieren wird«, ist Sr. Maria Paola überzeugt. Der Organisationsentwicklungsprozess bot hierzu eine gute Grundlage.

> »Stellen Sie sich unsere weltlichen Mitarbeiter und die Kreuzschwestern als einen Stern mit zwei langen Schweifen vor, die nebeneinander leuchten und zusammengehören.«

In einem mühsamen Prozess rangen beide Gruppen darum, wie das spirituelle Erbe zukunftsorientiert weiterentwickelt werden könnte. Eine Steuerungsgruppe aus Führungskräften und Schwestern der Provinzleitung benannte Werte als Grundlage für ein Leitbild mit Kernbotschaften und ein neues Führungsverständnis. Es ging darum, den Sendungsauftrag ins Heute zu übersetzen, religiöse Begriffe verständlich zu machen. »Unser Orden steht seit Gründung für Miteinander, Verantwortung, Offenheit und Vertrauen«, beschreibt die

Provinzoberin die Säulen, auf denen Führung und Teamarbeit fußen.

Inzwischen hängt in Klosterräumen und Betrieben der Hegne-WerteKompass, der die Regeln für ein wertschätzendes Miteinander erklärt. Für die 300-köpfige Mitarbeiterschaft und die Führungskräfte organisierten das Kloster und die 2018 gegründete Stiftung Kloster Hegne Schulungen, die teilweise im erlebnispädagogischen Bereich stattfinden, um Werte wie Vertrauen haptisch erlebbar zu machen. Jeder und jede neue Mitarbeitende vom Spüler bis zur Führungskraft, gleich ob katholisch, muslimisch oder atheistisch, lernt den Kanon im Einführungsseminar kennen. »Unsere Mitarbeiterschaft trägt kein Ordensgewand, muss uns Schwestern aber verstehen.«

Der Transformationsprozess gelang, weil die Provinzleitung neue Kommunikations- und Führungsstrukturen etablieren konnte. »Um alle mitzunehmen, haben wir eine Kick-off-Veranstaltung gemacht«, so Sr. Maria Paola, die Wert auf eine schnelle und transparente Kommunikation legt. Meilensteine ließen sich im Intranet verfolgen. Eine Schwester kümmert sich um Presseanfragen. Das Hotel greift auf eine PR-Agentur zurück. Die Änderungen gefielen nicht allen. Manche der Mitarbeitenden fürchteten um ihren Job. Andere begegneten dem Prozess mit Skepsis. »Die älteren Mitschwestern haben den Wandel betend begleitet«, sagt Sr. Maria Paola.

»Spirituell fundiert, fachlich kompetent und wirtschaftlich gesichert Zukunft gestalten«, so lautete einer der Leitsätze des Hegne-WerteKompass. Sr. Maria Paola kam eine moderierende Rolle zu. »Ich schätze strukturiertes Arbeiten und wäge bei Entscheidungen stets Pro und Contra ab«, erzählt sie in ihrem Büro mit Blick auf den Gnadensee. An der Wand erinnern

Zettel an ihre anspruchsvollen Aufgaben. »Wenn Akten auf meiner Computertastatur liegen, wird es schlimm«, erzählt sie lachend. Ihr Büro hat sie mit gemütlichen Möbeln ausstaffiert; Kerzen tragen zur Atmosphäre bei und wichtig ist ihr ein großes, altes Kreuz an der Wand.

Im Holzregal liegen eine tönerne Hand und eine Kugel, die den Kreislauf von Lebensphasen zeigt. Die offene Hand Gottes bedeute Geborgenheit und ein Sich-Getragen-Fühlen. »Mit dem Daumen holt mich Gott zurück, wenn ich meine Grenzen überschreite.« Gottes Liebe könne hart sein, der Mensch müsse auch durch Schwierigkeiten gehen, in denen er von Gottes Güte begleitet werde. »Meine deutschstämmige, aber in Ungarn geborene Großmutter hat mir ihren Glauben authentisch vorgelebt und ein wunderbares Gottesbild vermittelt«, erinnert sich Sr. Maria Paola. Gott sei ihr nie als ein Strafender begegnet, sondern als ein väterliches Gegenüber. »Ich erlebe Gott als jemand, der auf mich eingeht und mir in Nöten und Sorgen beisteht.«

Bevor sich die Schwestern 2015 entschieden, eine Klosterstiftung zu gründen, setzten sie ihre Modernisierungspläne in innovativen Baumaßnahmen um und reagierten so auf die Bedürfnisse ihrer Zeit: Da die Schwestern älter und pflegebedürftiger wurden, entschloss der Konvent 1998, das Schwesternkrankenhaus zu erweitern, wo nun auch Senioren der Region liebevoll umsorgt und gepflegt werden. »Wichtig war der Bau eines hochkompetenten Demenzzentrums«, so Sr. Maria Paola. Auch das Marianum-Zentrum für Bildung und Erziehung wurde bis 2009 renoviert und erweitert. Wie bei einer Perlenkette reiht sich an der Klosterstraße Gebäude an Gebäude. Den Anfang macht das Hotel St. Elisabeth, das Ende das Marianum mit rund 640 Schülerinnen und Schülern.

Links an der Straße liegt das Haus Franziskus, Einkehrort

für junge Menschen. »Hier befinden sich unser Pilgerhaus Ulrika, die Verwaltung, Kloster und Konvent«, erläutert Sr. Maria Paola anhand eines Schaubilds, das die Größe des Klosterkomplexes vor Augen führt. »Baustellen haben das Kloster immer geprägt«, sagt Sr. Maria Paola und erzählt von den Anfängen des Konvents 1892, als Schweizer Schwestern das Schloss Hegne, die ehemalige Sommerresidenz der Konstanzer Fürstbischöfe, von einem wohlhabenden Rheinländer Fabrikanten kauften. Dieser hatte das Herrenhaus im Stil der Neorenaissance umgestalten lassen und den Obstgarten in einen Schlosspark verwandelt.

Besonders intensiv beschäftigte sich die Steuerungsgruppe damit, wie der klösterliche Auftrag »Gastlichkeit für Leib und Seele« im Hotel umzusetzen sei. Tagungsgäste, Einzelreisende, Familien und Urlauber wohnen und tagen hier und kommen mitunter erstmals mit einem Kloster in Berührung. Andere sind von dem spirituellen Kraftort angezogen und suchen Antworten auf Lebensfragen. »Es gab heiße Diskussionen, ob wir das ehemalige Gästehaus zu einer Wellness-Oase umbauen lassen sollten«, erinnert sich Sr. Maria Paola. Einigen ging ein Drei-Sterne-Hotel zu weit. Schließlich fand die Steuerungsgruppe einen Kompromiss zwischen Genießen und Spiritualität. Im Restaurant locken Speisen aus der regionalen Küche. Für Seminare und Konferenzen stellt das Hotel das notwendige Equipment bereit.

Die Hotelräume überzeugen durch qualitätsvolle Möbel, Weite und Rückzugsorte. Für den kleinen Geldbeutel gibt es einfache Unterkünfte mit Etagendusche. Unaufgeregt bietet das Haus die Möglichkeit, in der Kapelle, im Meditationsraum oder im Lesezimmer Stille zu erfahren. »Die Sehnsucht der Menschen nach Erdung, Spiritualität und Orientierung ist groß.« Wer möchte, kann geistliche Gespräche führen.

»Wir sind für jeden mit niederschwelligen Angeboten da, aber wir drängen uns nicht auf.«

Auch in der Kunst gehen die Schwestern mit der Zeit. In den Fluren stellen zeitgenössische Künstler aus. Im Andachtsraum hängt eine drei Meter lange Haselrute mit einer Hülle aus Sackleinen, Pappe, Asche, Dreck und Farbe, die an die im rheinländischen Grab zurückgebliebene Haut, eine Hülle, einen Kokon erinnern, den der Schmetterling zurücklässt – Ausdruck des Auferstehungsglaubens.

Die Hotel-Diskussion machte den Schwestern der Leitungsebene deutlich, dass es nicht ausreicht, Werte zu definieren und Leitbotschaften zu entwerfen. »Wir haben gemerkt, dass es auch nicht damit getan ist, Gebäude zu sanieren, sondern dass wir uns sanieren müssen«, erklärt Sr. Maria Paola, als die Stiftungsidee reifte, die von der Erzdiözese Freiburg und von Rom als richtiger Schritt bestätigt wurde. Ein Wirtschaftsberater prüft Vor- und Nachteile dieser Rechtsform. Es galt Vorbehalte mancher Schwester zu überwinden, die fürchtete, das Hotel nicht mehr betreten zu dürfen, wenn es eingestiftet ist. Wieder formten sich aus dem ursprünglichen Sendungsauftrag bleibende Aufgaben. So stehen die Kreuzschwestern für Beherbergung, Pflege, Bildung und Seelsorge.

»Wir wollten nicht festlegen, dass es in dreißig Jahren noch eine Realschule geben soll, sondern formulierten den Auftrag der Stiftung in der Satzung ›zukunftselastisch‹.«

Wichtig war den Schwestern, die Betriebe allmählich in die Stiftung zu überführen. Den Anfang machte das Marianum, das Hotel St. Elisabeth folgte. Beide tragen sich wirtschaftlich. Bislang haben die Schwestern nur die Betriebe eingestiftet, nicht den Grund und Boden, was bedeutet, dass die Ordensfrauen für die Instandsetzung aufkommen müssen. Die Stiftung besitzt einen nicht angreifbaren Kapital-Grundstock und einen Verbrauchsstock. Da die Ordensfrauen sparsam gewirtschaftet haben, ist der Grundstock sehr solide. »Für uns Kreuzschwestern war es ein Geschenk, die Gründungsurkunde der Stiftung am Festtag unserer seligen Mitschwester Ulrika Nisch unterschrieben haben«, sagt Sr. Maria Paola. Die Idee einer Stiftung habe sich erst in einem von Gott begleiteten längeren Prozess herausgeschält.

Derzeit sind die Schwestern im Stiftungsvorstand mit Sr. Benedicta Maria und im Stiftungsrat mit Sr. Maria Paola, Sr. Birgit-Maria und Sr. Maria Magdalena vertreten. »Mit der Stiftung soll ein gutes Alter für die Schwesternschaft gesichert sein«, meint die Provinzoberin, »und, wenn alles rund läuft, Entlastung für die Arbeit der Provinzleitung.« Besonders am Herzen liegt ihr die Theodosius Akademie, die 2020 eröffnete, um u. a. den »inneren, spirituellen Kern« des Ordens an Mitarbeitende und Auswärtige zu vermitteln. Die Akademie gehört zur Stiftung Kloster Hegne und bietet ein breites Programm: interne Führungskräfte schult sie in der »Ressource Spiritualität«, Interessierte können Fastenkurse oder Seminare für gutes Leiten belegen. Konzerte und Ausstellungen suchen den Dialog mit kirchlich nicht gebundenen Menschen. Im Jahre 2022 konnte ein Pilgerweg auf den Spuren der seligen Sr. Ulrika Nisch eingeweiht werden.

Wer Sr. Maria Paola mit ihrem Enthusiasmus zuhört, könnte meinen, dass sie immer Ordensfrau werden wollte. Dabei traf ihre Berufung sie im Mai 1974 wie ein Blitz. Nach einem Wochenende im Marianum fuhr sie auf der Fähre über den Bodensee. »Als ich am Bug stand und eine kreischende Möwe in den Himmel fliegen sah, dachte ich: So frei will ich auch werden! Und: Dazu muss ich ins Kloster gehen.« Sie verwirft zunächst den Gedanken ans Klosterleben, hält sich für »übergeschnappt«. Als Erzieherin bewirbt sie sich im Ausland und an Fachhochschulen für ein Sozialpädagogik-Studium. »Ich wollte nur weg und habe mit Gott einen Deal geschlossen. Nur, wenn ich keinen Studienplatz bekomme, trete ich ins Kloster ein.« Der Handel entscheidet für Gott: Es hagelt Absagen, weshalb sie 1976 ins Kloster Hegne kommt. Dann lässt die Fachhochschule Freiburg sie als »nette Volte Gottes« als Nachrückerin zu. Der Orden erlaubt das vierjährige Studium und die spätere Sozialpädagogin wohnt in der Breisgau-Metropole in einer Schwesterngemeinschaft.

Für die katholischen Eltern bedeutet der Eintritt ihrer einzigen Tochter einen Schock. Zu Hause herrschte eine liberale Atmosphäre. »Mach die Fenster zu, die Nachbarn denken wir streiten«, habe ihre Mutter sie angewiesen, wenn es am Küchentisch wieder laut zuging, weil über lange Haare, die Beatles oder Ähnliches diskutiert wurde. Die Familie ist Teil der Dorfgemeinschaft. Der Vater arbeitet wie viele aus dem Dorf »beim Daimler«, die Mutter führt den Haushalt und hilft bei einer bekannten Bauernfamilie mit, wenn zum Beispiel die Zwetschgen reif sind und geerntet werden müssen. Die Familie bewirtschaftet einen Acker, pflegt einen Hühnerhof und hat jährlich zwei Schweine.

Nach hitzigen Debatten über den Klostereintritt geht die junge Frau aus dem Haus in der Überzeugung, nicht mehr nach Hause zu können. Nach einem Jahr, beim achtzigsten Geburtstag der Großmutter, findet die Familie zusammen. »Meine Eltern haben gesehen, dass ich mit meinem neuen Leben glücklich bin«, erzählt Sr. Maria Paola, »und ich habe in dem einen Jahr innerlich gespürt, dass alles gut wird.«

1983 legte sie die Erstprofess ab. Am Beginn des Noviziates wählt sie den Klosternamen Maria Paola. Maria stehe für das Mütterliche, Paola für den Missionar Paulus. »Der Apostel hat mich fasziniert, weil er in seinem Wandel vom Christenverfolger Saulus hin zum Christen Paulus authentisch blieb«, berichtet die Provinzoberin, die – wie alle Kreuzschwestern weltweit – über ihrem Ordenskleid ein Brustkreuz aus zwei gleichlangen Balken trägt. »Das Kreuz steht für ein Plus, für Gewinn und Geschenk.« In den Klosterbetrieben werden die wenigen dort arbeitenden Schwestern als »ein Plus« wahrgenommen.

Kloster Hegne ist reich an künstlerisch gestalteten Kreuzen, die die Vielfältigkeit dieses Zeichens repräsentieren. Das Kirchenschiff der Klosterkirche schmückt ein Christuskorpus aus der Zeit um 1600. Der Gottessohn hängt an einem modernen Holzkreuz, an der Wand darunter die Inschrift: »Gesegnet der Mensch, der auf den Herrn sich verlässt und dessen Hoffnung der Herr ist.« Das Kreuz in der Krypta steht für die Einfachheit der Seligen Ulrika, deren Gebeine in einem Holz-Sarkophag ruhen. Die Kreuzschwester starb 1913 dreißigjährig an Tuberkulose. Bald pilgerten viele Menschen an das Grab der Köchin, um Hilfe zu erbitten. »Von der Liebe dieser einfachen wie herzensguten Frau können wir lernen, dass es kein ›höher, weiter, schneller‹ braucht.« Papst Johannes Paul II. sprach die »Mystikerin der Küche« 1987 selig.

»Heute gibt es rund 2.800 Kreuzschwestern in 18 Ländern, darunter Indien, Uganda, Taiwan, Tschechien, Slowenien, Slowakei, Deutschland, Österreich, Schweiz und USA«, zählt die Provinzoberin auf. Auch die Kreuzschwestern erleben eine Ungleichzeitigkeit und unterschiedliche Glaubensprägung. Während in Afrika und Asien junge Frauen ins Kloster gingen, befänden sich die europäischen und amerikanischen Ordensprovinzen im Niedergang. 2007 legte der Orden fünf Provinzen zur »Provinz Europa Mitte« zusammen. Die Ausbildung der Novizen erfolgt gemeinsam. »Heutige Frauen brauchen kein Kloster wie früher für eine solide Ausbildung. Den jungen Frauen soll vielmehr geholfen werden, in unser Leben hineinzufinden und noch viel mehr dabei, ihre ganz persönliche Berufung zu finden«, erläutert Sr. Maria Paola mit schwäbischem Einschlag. »Wer bei uns heute anfragt, hat studiert oder eine Ausbildung gemacht und ist in der Regel deutlich älter als früher.« In den vergangenen dreißig Jahren haben sich elf Frauen der Klostergemeinschaft angeschlossen. Die letzte Erstprofess wurde 2020 gefeiert.

»Wir werden sehen, wohin uns Gott führt. Die Mitarbeiterschaft möchte, dass Hegne als ein attraktiver und sinnerfüllter Arbeitsplatz zukunftsfähig bleibt. Die Schwestern wollen im Alter ihre Aufgaben als lebendige und spirituelle Gemeinschaft wahrnehmen.« In den kommenden Jahren wird sich die Klosterleitung mit der Frage auseinandersetzen müssen, was mit Liegenschaften und Gebäuden passieren soll, wenn die Gemeinschaft keine Verwendung mehr hat. Für die Provinz Baden-Württemberg bedeutet dies, weiter mit der Zeit zu gehen, was heißen könnte, sowohl die Regiebetriebe als auch Grund und Boden in die Stiftung zu überführen: »Wir müssen auch darüber diskutieren und nachdenken, ob wir als Provinz künftig noch Frauen aufnehmen können.« Im Laufe der Jahrhunderte sei die Entwicklung von Orden stets wellenförmig verlaufen. »Euer Mangel ist der fehlende Mangel«, zitiert Sr. Maria Paola aus dem Roman »Die Rättin« von Günther Grass. »Uns geht es im Vergleich zu vielen anderen Menschen gut. Vielleicht möchte die nächste Schwesterngeneration wieder mehr zu den Ursprüngen des franziskanischen Lebens zurück und ganz nach dem Armutsideal leben.« Letztlich vertraut die Oberin für ihr Leben und das der Schwestern in den Konventen auf die Fügung und Führung Gottes. »Ich bin das, was ich bin, aus der Gnade Gottes heraus mit allen meinen Schwachstellen, aber auch mit all meinem Können.«

| Transformation |

»Es war die Küche, die zum Katalysator für meinen buddhistischen Weg wurde..«

Dagmar Doko Waskönig

Zenmeisterin und buddhistische Nonne in Hannover

Wie Meditieren in Stille der Seele Frieden bringt

Alles ist an seinem Platz: Der Stuhl, der Tisch und die darüber befindliche Tuschezeichnung. Wer in Hannover freundlich von der Leiterin des Zentrums Zen Dojo Shobogendo begrüßt wird, spürt Klarheit und Ruhe. Seit 1983 leitet Dagmar Doko Waskönig das Meditationszentrum. Parallel hat die Kunsthistorikerin im vietnamesischen Kloster Viên Giác die Vollordination als buddhistische Nonne empfangen. Damit ist sie unter den deutschen Buddhisten eine Ausnahmeerscheinung. Der Zen-Buddhismus entwickelte sich als eine Strömung des Buddhismus in Ostasien. In der im Westen bekanntesten Form kommt er aus Japan. Im Mittelpunkt steht das Meditieren in Stille, das sogenannte Zazen. »Zazen ist das Tor zu Frieden und Wohlbefinden.« Unter Dojo versteht man einen »Ort der Übung«. Regelmäßig können Interessierte in Hannover an der Meditation teilnehmen, einführende Seminare über »Meditation und Buddha Lehre« oder »Einführung in den Zen-Buddhismus« besuchen oder sich unter der Leitung von Dagmar Doko Waskönig einer intensiven Praxis widmen.

Nach einer Loslösung vom Christentum entwickelte sich Dagmar Waskönigs Weg zum Buddhismus, in einer Zeit, als dieser hierzulande noch kaum präsent war. »Während der Beerdigungsfeier meiner Mutter spürte ich, dass ich den Glauben an Gott verloren hatte«, erzählt sie. Zuvor waren Zweifel an der christlichen Lehre aufgekommen, als sie sich in jungen Jahren intensiv mit dem Nationalsozialismus befasste und das Geschehen nicht mit der übermittelten Vorstellung eines eingreifenden Gottes in Einklang bringen konnte. Als Dagmar Waskönig ihren christlichen Glauben verlor, war sie 21 Jahre alt. Die Mutter hatte sich dem Christentum verbunden gefühlt, weshalb sie ihre damals noch ungetauften beiden Töchter in Wattenscheid in die evangelische Gemeinde schickte. Dagmar Waskönig fühlte sich seit ihrer Kindheit zur Religion hingezogen, besuchte regelmäßig den Kindergottesdienst und ging bis zum Abitur jeden Sonntag zur Kirche. »Ich stamme aus einer bildungsbürgerlichen Akademikerfamilie«, berichtet die im Ruhrgebiet Aufgewachsene. »Meine Mutter hat absolutes Vertrauen in mich gesetzt«, sagt sie und betont, wie unabhängig sie von der Mutter erzogen worden sei. Nicht zuletzt wurde auch ihr ästhetisches Bewusstsein durch die Mutter geschärft.

Mit 14 Jahren beginnt sie Klavier zu spielen und sich für die sakrale Kunst des Mittelalters zu interessieren. Die Liebe zur Musik, zur Schönheit und Ästhetik ist geweckt. Nach dem Abitur studiert Dagmar Waskönig in Tübingen und Hamburg Kunstgeschichte, gerät allmählich in das Fahrwasser der 68er und der Frauenbewegung und wird schließlich Marxistin. Durch ihren Mann kommt sie 1970 nach Hannover. Sie engagiert sich an einer neu gegründeten Gesamtschule, unterrichtet »linke« Kunstgeschichte und arbeitet in diversen Museen. Anfang der siebziger Jahre hat sie sich der evangelischen Kirche so weit entfremdet, dass sie die Kirche verlässt und austritt.

Im Rahmen einer generellen Gesellschaftskritik entdeckt Dagmar Waskönig die Wichtigkeit manueller Arbeit.

> *»Es war die Küche, die zum Katalysator für meinen buddhistischen Weg wurde«,*

erzählt sie. Durch ein von der japanischen Tempelküche beeinflusstes Kochbuch findet sie zu einem vegetarischen Lebensstil. Yoga-Unterricht nach einem Bandscheibenvorfall und ein Büchlein des populären Meisters Taisen Deshimaru Roshi, das im Bioladen ausliegt, führen sie zum Zazen, einer Meditationsform, die sie seit den siebziger Jahren übt. Der japanische Zenmeister lehrte einen Buddhismus, der das Alltagsleben im Zen-Stil einbezog und gründete 1980, kurz vor seinem Tod, in Frankreich den ersten Zen-Tempel Europas. Auch förderte er den interreligiösen Dialog mit Dominikanermönchen, Juden und Muslimen.

»Damit waren die Würfel gefallen«, erzählt die Italienliebhaberin, die 1983 erstmals zu einem neuntägigen Retreat an den Comer See reist – ihre Ehe war inzwischen gescheitert. Dort war der buddhistische Mönch Fausto Taiten Guareschi im Begriff, ein Kloster zu gründen. Der Italiener betrieb seit seiner Jugend in Fidenza in der Nähe von Parma Judo. Durch seinen Sportlehrer, der Meister Taisen Deshimaru Roshi persönlich kannte, war er in Berührung mit der japanischen Zen Sōtō Tradition gekommen. 1984 war das Kloster Shobozan Fudenji in Italien fertiggestellt. Dagmar Waskönig ist fasziniert von dem Charisma der Mönche und Nonnen, angetan von der besonderen Atmosphäre des Klosters in seiner lichten Weite. Der Italiener wird ihr erster Meister und ordiniert sie 1986 zur Zen-Nonne. »Der Meister war fordernd«, berichtet sie von ihren italienischen Jahren. Im Kloster Shobozan Fudenji erhält sie eine intensive Ausbildung, inklusive eines Studiums der buddhistischen Lehre. Sie übernimmt diverse Ämter, erlernt Instrumente des Klosters und praktiziert intensiv Zazen. Das für die Ordination benötigte traditionelle Flickengewand wird in dieser Tradition persönlich per Hand genäht. Zusammen mit dem Set der Essschalen wird es bei der Ordination übergeben. Damals erhielt sie den Namen Doko. Rahmen des Klosterbetriebs baute Fausto Taiten Guareschi ein buddhistisches Studien-Programm auf, an dem sie mit großem Interesse teilnimmt. Sie pendelt zwischen Hannover und Salsomaggiore und leitet bis 1996 in dem italienischen Kloster den Studiengang »Geschichte und Philosophie des Buddhismus« als Direktorin mit internationalen Kontakten.

Dann kommt es zum Bruch mit dem Meister. Dagmar Doko Waskönig intensiviert ihre Aktivitäten in Hannover und in den buddhistischen Dachverbänden. Seit Mitte der neunziger Jahre engagiert sie sich lange Jahre im Rat der Deutschen Buddhistischen Union, später im Vorstand der Deutschen Buddhistischen Ordensgemeinschaft. Ihr Blick weitet sich und sie lernt neben dem japanischen Zen-Buddhismus weitere Formen, Traditionen und Ausrichtungen kennen. So studiert sie den tibetischen Buddhismus und übt sich parallel in der Theravada-Meditation.

Außerdem dringt sie tief in die Lehre des japanischen Meisters Dōgen Zenji (1200-1253) ein, insbesondere in dessen philosophisches Hauptwerk mit dem Titel Shōbōgenzō. Dogen Zenji brachte die Soto-Richtung des chinesischen Chans (jap. Zen) nach Japan mit Betonung des Zazen, der gemeinschaftlichen Sitzmeditation. Lange Zeit galten seine Schriften als zu komplex, um interpretiert zu werden. Im Jahre 2000 organisiert Doko Waskönig in der Pagode in Hannover den Jahreskongress der Deutschen Buddhistischen Union und nimmt dies zum Anlass, den 800. Geburtstag von Dōgen Zenji besonders zu würdigen und ihn in buddhistischen Kreisen besser bekannt zu machen. Zu dem Kongress lädt sie auch den Zenmeister Gudo Wafu Nishijima Roshi aus Tokyo ein, einen der führenden Shōbōgenzō-Spezialisten. Später reist sie in sein Dojo, das heißt in sein Meditationszentrum, in Ichikawa, in der Nähe von Tokio.

»Seine umgängliche Art, seine Auslegung des Shōbōgenzō und des Zazens haben mich sehr angezogen«, erzählt die

Zenmeisterin, die von ihm 2003 in Japan die Dharma-Übertragung von ihm erhält. Im chinesischen Chan-Buddhismus sowie in der japanischen Form des Zens wird darunter die Übertragung der vollständigen Lehrautorisierung an die Schülerin oder den Schüler verstanden. Dies bedeutet, dass der Meister sie oder ihn als seinen würdigen Nachfolger, seine Nachfolgerin ansieht, was einen gewissen Reifegrad und eine vertiefte Zen-Praxis voraussetzt.

Die Vermittlung des Zen-Weges, wie Dagmar Waskönig dies bereits in Italien erfahren hat, wird durch vier Komponenten bestimmt: Zazen, die Sitzmeditation in Stille, das Arbeiten mit den Händen, rituelle Aktivitäten sowie die Lehrvermittlung. Die Vermittlung der Lehrgrundlagen spiele für sie wie auch für ihre beiden Lehrer eine zentrale Rolle. Im Zentrum Shobogendo bietet sie Meditationen und Vorträge zu Themen der Buddha-Lehre an und lehrt an vielen Orten. 2010 erschien ihr Buch mit Kommentaren zu Meister Dōgen Zenjis Werk Shōbōgenzō. Sieben Jahre vorher hatte sie eine Textsammlung von deutschen Buddhisten über ihren Weg zum Buddhismus herausgegeben und damit die Neugier mancher Laien gestillt, für die diese Lebensform noch immer etwas Exotisches hat. Sie selbst fasst zusammen: »Den Buddha-Weg zu ergründen heißt, sich selbst zu ergründen. Sich selbst zu ergründen heißt, sich selbst zu vergessen. Sich selbst zu vergessen heißt, eins mit den 10 000 Dingen zu sein. Eins mit den 10 000 Dingen zu sein heißt, Körper und Geist von uns selbst und Körper und Geist der Welt um uns fallen zu lassen. Die Spuren des Erwachens ruhen im Verborgenen, sie entfalten sich über einen langen Zeitraum.«

In Hannover spielt das buddhistische Leben eine besondere Rolle: Neben einem thailändischen Kloster zählt die vietnamesische Pagode Viên Giác zur den größten ihrer Art in

Europa. In Deutschland leben nach Angaben des Abts rund 80.000 Menschen mit vietnamesischen Wurzeln. »Ein deutscher Freund, der in der Pagode lebte, fühlte sich einsam und lud mich zu den Mittagessen ein«, erinnert sich Dagmar Doko Waskönig – der unbeabsichtigte Beginn einer sich vertiefenden Beziehung zur Pagode. 2005 erhält sie in der Pagode im Rahmen einer traditionellen Zeremonie die Vollordination zur Nonne gemeinsam mit anderen Nonnen und Mönchen, die aus Asien stammen. Sie gelobt über Jahrhunderte alte Gelübde, wie beispielsweise die Verpflichtung, zölibatär zu leben. Diese Regel hatte für sie als japanische Zen-Meisterin nicht gegolten, da in Japan das Zölibat spätestens Ende des 19. Jahrhunderts abgeschafft worden war.

Der bekannte Gründerabt Thich Nhu Dien integrierte sie mehr und mehr in die Pagode, die sich der »Reinen Land Schule« verpflichtet fühlt. Wenn sie nicht gerade lehrt, Vorträge oder Seminare hält, isst sie täglich mit den Mönchen zu Mittag und nimmt an den für Ordinierte verpflichtenden Dreimonats-Retreats im Sommer teil.

> »Vietnamesisch werde ich aber nicht mehr lernen«,

erzählt sie, das hätte sie lieber vor dreißig Jahren machen sollen. Im Buddhismus wird Mönchen und Nonnen nicht vorgeschrieben, an einem festen Ort oder in einem Kloster zu bleiben. Dagmar Doko Waskönig lebt deshalb weiterhin in einer kleinen Wohnung und finanziert ihren Unterhalt durch ihre Lehr- und Seminartätigkeit.

»Wie die meisten ausländischen Mönche und Nonnen leben die Mitglieder der Pagode weitgehend unter sich«, erklärt sie. Asiatische Nonnen seien häufig deutlich weniger gleichberechtigt als deutsche, an ein anderes Auftreten der westlichen Nonnen müssten sich die asiatischen Mönche allmählich gewöhnen. »Nur wenige Nonnen und Mönche können in Deutschland in einem Kloster leben«, erklärt Dagmar Doko Waskönig. Zwar gäbe es viele buddhistische Zentren für Laien, aber kaum Klöster für Ordinierte. Zudem existieren hierzulande unterschiedliche buddhistische Traditionen, was sich auch in einer etwas unterschiedlichen Befolgung von Vorschriften widerspiegelt. Um der Vereinzelung von Ordinierten verschiedener Traditionen entgegenzuwirken, wurde 2008 auf Anregung des vietnamesischen Abts Thich Nhu Dien die Deutsche Buddhistische Ordensgemeinschaft (DBO) gegründet. Seither treffen sich Ordinierte regelmäßig zu Treffen und sind untereinander besser vernetzt. »Wir diskutieren beispielsweise die schwierige Situation für Ordinierte in Deutschland.« Auch ein regelmäßiger Austausch über das jeweilige Umgehen mit den verpflichtenden Gelöbnissen und Vorschriften werde als hilfreich empfunden. Der Verein möchte künftig für eine bessere Ausbildung für Novizinnen sorgen und Mönche und Nonnen gegebenenfalls finanziell, etwa beim Abschluss einer Krankenversicherung, unterstützen. Bei der Gründung von Klöstern in Deutschland sollen in Asien praktizierte Strukturen jedoch nicht komplett übernommen werden. »Der frische Blick auf die Lehre und Praxis des Buddha-Weges, auf den man sich hier so gern beruft, sollte es ermöglichen, angemessene, wohl bedachte Wege zu beschreiten.«

| Transformation |

»Beim Fasten lerne ich, unabhängig von Süchten zu werden und mich zu fragen, wohin meine Sehnsüchte gehen.«

Mutter Ancilla Betting

Altäbtissin der Abtei Oberschönenfeld und Priorin der Abtei Marienkron, Mönchshof

Wie Fasten hilft, die eigentlichen Werte des Lebens zu entdecken

»Werde wie ein Wasserbecken und nicht wie ein Kanal. Dieser nimmt gleichzeitig auf und gibt weiter. Das Becken dagegen wirkt bis es voll ist und gibt dann weiter, ohne selbst einzubüßen.« Das Zitat des Zisterziensermönches Bernhard von Clairvaux schmückt den Eingangsbereich des frisch renovierten Kurhauses Marienkron nahe des Neusiedlersees. Nichts lenkt den Gast hier vom Wesentlichen ab. Eine in Rosé gehaltene Sitzgruppe, Holzlamellen, ein wohlsortierter Klostershop, ein Flügel und ein Empfangs-Desk verleihen dem Zentrum für Darm und Gesundheit eine puristische Eleganz, wie es für die zisterziensische Einfachheit bestimmend ist. 2019 öffnete das Kurhaus wieder seine Pforten, umgeben von einem weitläufigen Park mit Obstbäumen, Wiesen, Wildkräutern und Lavendelduft.

Es brauchte Mut, ein in die Jahre gekommenes Kneipphaus in ein lichtdurchflutetes Gesundheitszentrum zu verwandeln. Mutter Ancilla ist seit 2011 Priorin des Zisterzienserinnenklosters Marienkron. Da die Äbtissin erkrankt war, fragte der Generalabt Mutter Ancilla, ob sie bereit wäre, aus der Abtei Oberschönenfeld zunächst für ein Jahr ins Burgenland zu wechseln, um die Leitung des Konventes zu übernehmen, aber auch, um das an die Abtei angeschlossene Kurhaus aus den roten Zahlen zu führen. Die damals 73-jährige emeritierte Äbtissin packte ihre Koffer. Am nächsten Morgen saß sie im Zug.

> »Wenn Gott will, dass es gelingen soll, dann wird es gelingen«,

erklärt Mutter Ancilla ihre damalige Zuversicht.

Die österreichische Zisterzienserinnenabtei Marienkron war 1955 als Gebetsstätte in der Nähe des kommunistischen Ungarns und der Tschechoslowakei gegründet worden. Sechs Schwestern aus Kloster Seligenthal zogen zunächst in das Pfarramt in Mönchhof und lebten dort so lange provisorisch im Wechsel von Arbeit und Gebet, bis sie 1957 das neugebaute Kloster beziehen konnten. Die Schwestern experimentierten mit einer Haushaltsschule, investierten in eine Hühnerfarm und in die Landwirtschaft. 1969 eröffneten sie das erste Kneippzentrum in Österreich, was wirtschaftlich den Durchbruch für das Kloster brachte.

Als Mutter Ancilla über vierzig Jahre später ins Burgenland kam, blickte das Kurhaus auf eine bewährte Kneipptradition zurück, jedoch konnte das strapazierte Haus seit der Eröffnung nicht renoviert werden. Hohe Schulden belasteten den Konvent. Auf Mutter Ancilla warteten große Herausforderungen. An die österreichische Mentalität musste sie sich erst gewöhnen. Den aus 14 Schwestern bestehenden Konvent galt es für das Vorhaben zu gewinnen. Nach Sichtung der Finanzen wurde ihr rasch klar, dass der Konvent eine notwendige Gesamtsanierung samt Neuausrichtung nicht aus eigener Kraft bewältigen kann. »Schlaflose Nächte hatte ich deshalb trotzdem nicht«, meint sie trocken. Es gelang ihr, die Generaloberin der Grazer Elisabethinen zu überzeugen, in Marienkron – als Miteigentümer – zu investieren. Inzwischen gehören die Elisabethinen Linz-Wien, die Zisterzienserabtei Stift Heiligenkreuz und das Land Burgenland zu den Miteigentümern. Das Kurhaus stärkt die Grenzregion als wichtiger Arbeitgeber.

Lange Jahre genoss Marienkron wegen seiner innovativen Kneipptherapie einen guten Ruf und zog Kurgäste weit über Österreich hinaus an. Mutter Ancilla will diese Tradition bewahren und Dank der Eigentümer konnte ein gelungenes Gesundheitskonzept entwickelt werden, das den gestressten

Menschen mit seinen somatischen, psychischen und geistlichen Bedürfnissen in den Fokus rückt. Für den Um- und Neubau des Kurhauses wurden rund 13,5 Millionen Euro investiert. Heute verfügt das Haus über 67 hochwertige ruhige Gästezimmer, eine Sauna- und Schwimmbadlandschaft, einen Kneippbereich, ein medizinisch-diätologisches Betreuungskonzept sowie Physiotherapie, Osteopathie und Heilmassagen.

In den Fokus rückte der Darm, wofür das Kurhaus mit dem Berliner Professor für Klinische Naturheilkunde, Dr. Andreas Michalsen, zusammenarbeitet. Er gilt als der ausgewiesene, international renommierte Experte für Ernährungsmedizin und Fasten. »Der Darm ist das wichtigste Organ im Körper und bestimmt das seelische und körperliche Wohlbefinden.« In Marienkron begleiten Diätologinnen, Fachpersonal der Medizin, Physiotherapie und Massage sowie eine Psychologin den Kurgast bei seiner individuell abgestimmten Ernährungsumstellung oder beim Fasten, ergänzt durch Bewegung, Anwendungen, Meditation und spirituelle Impulse. Neben Stoffwechselerkrankungen werden Stress- und Schmerzen ganzheitlich behandelt. Die exzellente vegetarische Küche basiert auf regionalen Grundzutaten. Wichtig sind Gemüse und Vollkorn sowie pflanzliches Eiweiß zur vollwertigen Ernährung. Fett und Zucker werden sparsam verwendet. Fleisch kommt nur am Sonntag aufs Büffet. Dafür führt das Würzen mit Anis, Giersch, Gundermann, Estragon oder Wiesenklee zu neuen Geschmackserlebnissen.

Die Kombination eines innovativen Gesundheitskonzepts mit zisterziensischer Spiritualität erklärt die besondere Atmosphäre Marienkrons, die das Kurhaus zu einer Oase der Stille macht. »Wir wollen als Ordensfrauen ansprechbar und nicht unnahbar sein«, so Mutter Ancilla. Glaube findet hier mit selbstverständlicher Leichtigkeit – fast einem Augenzwinkern – statt. In jedem Gastzimmer befindet sich eine Bibel im schwebenden Holzregal. Die Wände am Weg zur Kirche zieren griffige Heiligenzitate; bewusst sind keine Bilder an den Wänden, um so Einfachheit und Konzentration auf das Wesentliche zu ermöglichen.

Morgens versorgt die Klausur-Oblatin Sr. Agnes die Gäste mit Tee und Kaffee. Am Empfang kümmert sich die Priorin Sr. Immaculata um die Wünsche der Gäste. Wer will, kann Seminare für eine ganzheitliche Gesundheitsförderung in Salutgenese und salutogener Resilienz buchen oder Lebensberatung, Exerzitien und geistliche Begleitung in Anspruch nehmen. »Viele Kurgäste sind auf der Suche.« Denn Fasten und die Reduktion von Essen lösen oft Fragen nach äußeren und mehr noch inneren Veränderungen im Leben aus. Manche leiden unter einer schwierigen Scheidung, andere müssen den Tod eines Angehörigen verarbeiten, haben berufliche Sorgen oder stehen vor dem Burnout. Als geistliche Begleiterin unterstützt Mutter Ancilla Kurgäste persönlich und bleibt oft nach deren Aufenthalt in E-Mail-Austausch. »Der Bedarf an Gesprächen ist so groß, dass ich mich den ganzen Tag um Menschen kümmern könnte.«

Die Ordensfrau vermittelt zisterziensische Werte über das Thema der Achtsamkeit. Eine Fokussierung auf den Moment helfe, stärker bei sich zu bleiben, statt die Reaktionen der anderen zu beobachten. »Eine wichtige Rolle, um zur Ruhe zu kommen, spielt der Atem«, beschreibt Mutter Ancilla ein Stück weit ihre Glaubenserfahrung.

> *»Ich weiß, ich bin ein Geschöpf Gottes.*
> *Es ist wichtig, dass es mich gibt. Für Gott*
> *bin ich wertvoll und kostbar.«*

Dieses uneingeschränkte Angenommensein vermittelt sie insbesondere an Frauen, die oft mit sich unzufrieden sind. »Im Einatmen werde ich von Gott beschenkt, im Ausatmen schenke ich mich an Gott zurück.«

Mit dem Thema Fasten greift das Kurhaus eine Ordenstradition auf. Schon die Heilige Hildegard von Bingen wusste um die positiven Auswirkungen. »Beim Fasten lerne ich, unabhängig von Süchten zu werden und mich zu fragen, wohin meine Sehnsüchte gehen«, so Mutter Ancilla. Für sie bedeutet Fasten innerlich frei zu werden und auf das zu verzichten, was nicht nötig ist, und seien es Marmeladebrote. »Wenn die Beziehung zu mir selbst und Gott stimmt, dann brauche ich das alles nicht.«

Unterstützt wird der Wunsch vieler Kurgäste nach einem gesünderen Lebensstil durch das Einbeziehen der Natur und von wertigen Materialien. Die Glasfront und Fenster lassen die üppige Natur in ihrer vielfältigen Farbigkeit ins Haus wachsen. Die hellgestalteten Gästezimmer mit Boxspringbett bieten einen Blick in den Park, in dessen Grün sich das Auge verlieren kann und von wo man am Morgen mit Vogelgesang geweckt wird. Vom großen Schwimmbad aus schaut der Gast in die Birkenallee. Der Saunabereich ist von Wildkräutern und Lavendel umgeben. Natürliche Hölzer, ein elegantes, modernes Design, das sich in den Hängelampen zeigt, die nackte Glühbirnen imitieren und die puristisch gestalteten Stationen mit Kräutertee prägen die lässige Atmosphäre des Kurhauses. Mutter Ancilla hat an der Inneneinrichtung einen großen Anteil. Helligkeit und Klarheit waren ihr wichtig. »Bei meinen Eltern in Essen habe ich jeden Sonntag in Möbelkatalogen geblättert.« Die Eltern besaßen ein Möbelgeschäft mit Schreinerei. Zu Hause richtete sich die Familie funktional und mit Liebe zu klaren Formen ein.

Nach Marienkron reisen gesundheitsbewußte Menschen, die sich nach Ruhe und Kontemplation sehnen. Seitdem es gelungen ist, das Angebot des Kurhauses in führenden Livestyle-Magazinen und Zeitschriften zu platzieren, kommen Jüngere. »Die eigene Schale muss gefüllt sein, sonst können sie niemand anderem zur Seite stehen«, sagt Mutter Ancilla in Anspielung auf das Zitat des Heiligen Bernhards. Insbesondere Frauen müssten darauf achten, ihre Grenzen wahr- und ernstzunehmen und mit den eigenen Kräften schonend umzugehen. »In der heutigen Zeit braucht der Mensch Orte für Oasen- oder Wüstentage.«

»Ich hätte mir früher nicht vorstellen können, in einen Orden einzutreten, der ein Kurhaus unterhält«, so Mutter Ancilla. Denn im Zentrum des kontemplativen Lebens der Zisterzienserinnen steht der Rückzug von der Welt. Der Konvent grenzt an das Kurhaus an, bleibt aber deutlich separiert. Die Klausur gibt den Schwestern den Schutzraum, ihr Dasein ganz auf Gott zu fokussieren. Wie in allen Zisterzienserklöstern üblich, wird der Tag von den sechs Gebetszeiten bestimmt, beginnend mit den Vigilien um 5 Uhr 45 bis zur Komplet um 19 Uhr 30. »Unser Gebet klingt in der ganzen Welt mit und bleibt offen für das Geheimnis Gottes«, erklärt Mutter Ancilla den Sendungsauftrag des Zisterzienserordens. Neben den gemeinsamen Gebetszeiten gehören das stille Gebet, die Lectio Divina sowie die Meditation zum geistigen Leben der Schwestern, die einen besonderen Wert auf Musikalität legen. Gäste sind herzlich eingeladen, in der modernen Klosterkirche an der Liturgie der Ordensfrauen teilzunehmen und dem Choral zu lauschen.

Bevor Mutter Ancilla nach Marienkron kam, war sie jahrzehntelang Äbtissin in der Abtei Oberschönenfeld in der Nähe von Augsburg. Dort war sie 1957 mit 19 Jahren als Agnes

Betting eingetreten und dort feierte sie sechzig Jahre später ihr Diamantenes Professjubiläum. Ihr Wunsch, Ordensfrau zu werden, stand als Jugendliche fest. In den Ferien und an Feiertagen hat sie bei den Mönchen in Gerleve das benediktinische Leben kennengelernt. »Ich wollte Gott lobpreisen, der Sühnegedanke war für mich eher fremd«, so Mutter Ancilla, die von ihren bayerischen Mitschwestern als »lutherisch« empfunden wurde. Ihre katholischen Eltern waren zunächst nicht erbaut, dass ihre einzige Tochter in den strengen Zisterzienserinnen-Orden eintrat, arrangierten sich aber mit der Entscheidung und halfen später tatkräftig mit. »Meine Mutter hatte Angst, mich nie wiederzusehen.« Geheizt wurden in den fünfziger Jahren nur die Gemeinschaftsräume des Klosters. Die Äbtissin zensierte die Briefe und unterband zu engen Kontakt zu Familie und Freunden. Die Schwestern durften nicht nach Hause fahren. Besuche von Angehörigen fanden hinter dicken Gittern statt. »Als junge Schwester habe ich Vieles hinterfragt und mich an der damaligen Äbtissin gerieben.« Althergebrachte Vorschriften, die nicht reflektiert wurden, überzeugten sie nicht. In ihrem Wunsch nach Reform wurde sie von nur wenigen Schwestern unterstützt. »Ich bin damals vorangeprescht und habe die Äbtissin liebevoll mitgezogen«, erzählt Mutter Ancilla. Heute fände sie es gut, dass die Gemeinschaft damals einen Mittelweg zwischen Tradition und Moderne eingeschlagen habe.

Als gelernte Bürokauffrau war Mutter Ancilla jahrelang für die Buchhaltung des über 800 Jahre alten Klosters zuständig, das über eine ausgedehnte Landwirtschaft mit Viehzucht, Wald, Jagd und Fischzucht verfügt. Von den Schwestern wird harte körperliche Arbeit erwartet. Die Novizin reagiert mit einer schweren, lebensbedrohlichen Krankheit auf die vielfältigen Anforderungen. Über Jahre bleibt unklar, ob sie überleben wird. »Ich hatte den Tod vor Augen, habe mich auf das Sterben gefreut und bin so innerlich frei und unabhängig geworden«, resümiert Mutter Ancilla ihre Erfahrung, die sie heute in Kurzexerzitien und Seminaren über den Tod weitergibt. Kaum wird sie gesund, ernennt Mutter Caritas sie mit 33 Jahren zur Priorin. Ähnlich wie später Marienkron steht auch Oberschönenfeld vor tiefgreifenden Veränderungen. Mutter Ancilla sorgt dafür, dass 100 Hektar Land und sämtliche Ökonomiegebäude verpachtet werden. Diese verwandelt der Bezirk Schwaben in ein beliebtes Natur- und Volkskundemuseum. Der ehemalige Kuhstall wird in eine moderne Backstube mit zwei großen Holzhöfen umgebaut, wo nach alten Klosterrezepten aus reinem Natursauerteig ein bekanntes Holzofenbrot gebacken wird. Das Brot wird in einem klostereigenen Laden verkauft und ist bis heute eine wichtige Einnahmequelle. Außerdem belebt die Priorin die benediktinische Gastfreundschaft mit Angeboten für Pilger, Familien, Gruppen und Singles, die in der renovierten, im 18. Jahrhundert erbauten Klosteranlage wohnen können. Sie initiiert »Kloster auf Zeit« und entwickelt ein anspruchsvolles Kursprogramm. Heute bietet Oberschönenfeld ein breitgefächertes Angebot für Firmlinge, Erstkommunion und Schulklassen an.

1975 vertraut ihr die Gemeinschaft die Ausbildung der Novizinnen an, die sie unterstützt, kritikfähig, weitsichtig und eigenständig zu werden. Hierfür hat Mutter Ancilla den Begriff vom »Selbststand« entwickelt, der für innere Unabhängigkeit und Freiheit steht. »Mir war wichtig, Frauen dabei zu begleiten, authentisch im Glauben zu werden, ohne sich hinter einer aufgesetzten Frömmigkeit zu verstecken.« Letztlich gehe es in der Ausbildung darum, als Persönlichkeit und im Glauben erwachsen zu werden, was eine profunde Berufsausbildung der Novizinnen einschließt.

1985 wählte der Konvent sie als Äbtissin. Ihre Amtszeit

stellt sie unter das Motto: »Ich will Gehilfin eurer Freude sein«, womit sie die Bedeutung ihres Ordensnamens Ancilla unterstreicht, der im Lateinischen für »Magd« oder »Dienerin« steht. »Als Äbtissin verrichte ich einen Hebammendienst und möchte helfen. Gebären muss jede selbst«, sagt sie in ihrer pragmatischen Art. Dieser ist es zu verdanken, dass sie die Gemeinschaft behutsam, aber zielstrebig in die Zukunft führte. In Oberschönenfeld schaffte sie erst das Gitter, dann den strengen Schleier ab und etablierte einen transparenten Führungsstil, der die Mitschwestern in verschiedenen Gremien und in Konventgesprächen an Entscheidungen beteiligt. Von diesen Reformen rückzuschließen, dass die Zisterzienserinnen weniger glaubensstreng als früher wären, hält sie für falsch. »Niemand sagt, dass etwas so zu sein hat. Man kann das doch ändern.«

Mit 70 Jahren tritt sie als Äbtissin zurück, um einer Jüngeren das Feld zu überlassen. Drei Jahre später sind es ihre Weitsicht, ihre Lebenserfahrung, Glaubensstärke und Charisma, die sie zu der richtigen Person für die Abtei Marienkron machen. Sorgen um eine Überalterung des Konvents und fehlende Novizinnen plagen sie nicht. Derzeit ist die Zukunft mit drei Nonnen in ihren Fünfzigern gesichert. Ob neue Schwestern hinzukommen oder nicht, stellt sie in Gottes Hand, zuversichtlich, dass es genau so weitergeht, wie es nach seinem Willen weitergehen soll. Und gefragt, wie lange sie ihre anspruchs- und verantwortungsvolle Aufgabe noch ausfüllen möchte, antwortet sie prompt:

> »Ich höre immer wieder, wann ich denn aufhören möchte. Ich möchte nicht aufhören. Wenn Gott will, dass ich aufhöre, dann wird er mir ein Zeichen schicken.«

Aussichten

Interview mit **Sr. Josefa Thusbaß**, Ökonomin der Missions-Dominikanerinnen Schlehdorf, und **Ulrike Rose**, Baukultur-Vermittlerin. Initiatorinnen des Vereins Zukunft Kulturraum Kloster e.V.

| Die Missions-Dominikanerinnen haben über 100 Jahre das bayerische Kloster Schlehdorf bewirtschaftet und 2018 verkauft. Wie kam es dazu?

Sr. Josefa: Wir wussten als Konvent, dass wir das große Klosterareal nicht halten, die Landwirtschaft nicht auf Dauer würden bewirtschaften können. 2004 ging unsere Mädchenrealschule in die Trägerschaft der Erzdiözese München-Freising über. Das Land hatten wir an eine Bio-Genossenschaft verpachtet und dann verkauft. 2013 haben wir uns entschlossen, unsere Klostergebäude zu veräußern.

| Hatten Sie Unterstützung der Kirche?

Unsere Vorstellung, einen kirchlichen Träger zu finden, entpuppte sich als Illusion. Wir haben unser Kloster dann auf dem freien Immobilienmarkt angeboten. Ein langwieriger und schmerzhafter Prozess. 2020 konnten wir das Areal an die Münchner Wohngenossenschaft Wogeno eG verkaufen, die Clusterwohnen anbieten, samt Gäste- und Seminarbetrieb.

| Wie reagiert die Kirche auf das Klostersterben?

Die Amtskirche hat noch nicht realisiert, dass mit dem Klostersterben der grundständige Glauben verloren geht. Klöster bischöflichen Rechts fallen an das Bistum. Um Klöster päpstlichen Rechts kümmern sich die unterbesetzten Ordinariate kaum. Es gibt keine einheitliche Strategie.

| Welche Unterstützung leisten Bund, Länder und Gemeinden?

Ulrike Rose: Zu meinem Erschrecken werden die Klöster mit der Transformation alleingelassen. Es ist uns allerdings gelungen, eine Förderung vom Bundesinnenministerium zu bekommen. Damit haben wir das Wissensportal »Zukunft Kulturraum Kloster« aufgebaut mit Basisinformationen für Orden und Nachnutzerinnen und Nachnutzern und wir haben einen gemeinnützigen Verein gegründet, um das kulturelle Erbe der Klöster in die Zukunft zu führen.

| Was ist in den vergangenen Jahren schiefgelaufen?

Sr. Josefa: Als Ordensfrauen haben wir zu wenig offensiv kommuniziert. Der jüngeren Generation in der Gesellschaft fehlt es an kirchlichem Grundwissen und Glaubenspraxis. Aufgrund der tiefgreifenden Krise der Amtskirche werden römisch-katholische Glaubenstraditionen abgelehnt und verachtet. Die christlichen Werte, die Spiritualität und Mystik, die dahinterstehen, wurden von der Kirche insgesamt zu wenig tradiert.

| Welche christlichen Werte sind wichtig?

In keiner anderen Religion heißt es, dass man seine Feinde und sich selbst lieben soll. Gott ist ein liebender Vater. Wir alle sind Christus.

| Welche Chancen ergeben sich aus der Klosterkrise?

Klöster hatten es lange nicht nötig, auf sich aufmerksam zu machen, denn sie waren wirtschaftlich weitgehend autonom und die Dienste, die die Klöster anboten, waren in der jeweiligen Region bekannt und auch gefragt. Heute arbeiten wir mit den unterschiedlichsten Menschen zusammen, deren Werte wir teilen. Diesen Weg werden jüngere Schwestern ordensübergreifend weitergehen. Diese Offenheit passt zur Erneuerung der Klöster.

> **Betrifft die Krise der Kirche auch das Verhältnis der Menschen heute zum Glauben?**

Es gibt eine ungebrochene Sehnsucht nach Spiritualität. In Zeiten der Pandemie und des Krieges müssen wir unsere Tore bewusst weit genug öffnen, damit Klöster wieder zu sicheren Häfen werden. Jetzt, da wir am meisten gefragt sind, sind wir am schwächsten, das ist eine neue Herausforderung, der wir uns, auch zu unserem eigenen Gewinn, stellen müssen.

Fazit

Im vergangenen Jahr bin ich von Kloster zu Kloster gereist, bin von ICEs in Regionalzüge umgestiegen, vom Bummelzug ins Taxi. Manchmal brachten mich Umwege ans Ziel. Einmal hielt die Bahn auf freier Strecke für mich. Da, wo es aussichtslos erschien, mit der Bahn in Klosternähe zu kommen, setzte ich mich ins Auto und fuhr durch Landschaften, die ich nicht kannte und durch Orte, deren Namen ich noch nie gehört hatte. Bisweilen sah ich die imposante Klosteranlage von Weitem. Bisweilen musste ich suchen. In Möhra umrundete ich drei Mal das Lutherdenkmal, bis ich das Schild »Buddhistisches Dharmazentrum« fand. Die Pluralität von Klöstern ließ sich an den Adressen ablesen. In Münster suchte ich hinter der Fußgängerzone ein Pfarrzentrum auf, in Murnau eine Dienstwohnung in einer Personalwohnanlage. Orthodoxe Klöster waren einfach zu finden: Hier hatten Nonnen ehemalige katholische Anlagen gekauft.

Ich wohnte im Prälaten-Zimmer in ausladenden Gründerzeitmöbeln, in einer geräumigen Gastwohnung mit einem Holzkreuz über dem Bett, das nachts mehrmals auf mich herunterfiel, und in einem Zimmer mit Stockbetten. Die Abende verbrachte ich allein im Zimmer mit Buddha-Schrein, christlicher Erbauungsliteratur und Bibel. Manche Klöster besaßen Restaurants. Dort las ich bei regionaler Küche und einem Klosterbräu im Kunstführer oder in der Vita der jeweiligen Ordensgründerin, des jeweiligen Ordensgründers. Irgendwann fühlte ich mich wie der Fisch im Wasser. Egal, wo ich war, ob auf der Kirchenbank oder Yogamatte, ob ich Psalmen, Sutten oder dem Stundengebet lauschte, ob weihrauchumflort oder nicht – stets quälte ich mich zu einer für mich nachtschlafenden Zeit aus dem Bett und griff im Flow auf vertraute Formen zurück. Bei den Buddhisten faltete ich die Hände, bei den Protestanten bekreuzigte ich mich. Bemühte ich mich am Anfang, mich religionskonform zu verhalten, wurde es mir zunehmend gleich. Denn mit der Zeit verschwammen alle Grenzen. Es blieb ein seit Jahrhunderten gleiches Skelett eines Klosterlebens im Wechsel von Arbeit, Gebet und Ruhe, maßvollem Essen, körperlicher Arbeit und unterschiedlich weit gehendem Alkoholverzicht. Stets hatten die Schwestern Armut, Gehorsam und Enthaltsamkeit versprochen und widmeten sich – in verschiedenem Umfang – der Sorge um andere, getragen von der Gewissheit an die Existenz einer höheren Macht.

Regelmäßiges Fasten, Beten und Meditieren tragen offenbar ebenso zum seelischen Wohlbefinden bei wie Loslassen und der Verzicht auf materielle Güter, Karriere und Leistung. Das Freiwerden von äußeren Umständen begünstigt innere Stärke und Freiheit, auch, wenn der Weg dorthin steinig ist, ein ständiges Ringen einschließlich Rückschläge bedeutet. Nichts scheint dem menschlichen Geist fremder als das Innehalten. Mich hat diese Lebensweise in ihrer radikalen Ausrichtung beeindruckt. Natürlich wusste ich, dass ich hierzu nicht in der Lage bin, mich dieser weitgehende Verzicht auf Irdisches unglücklich machen würde. Warum jemand im 21. Jahrhundert eine Berufung für ein derartiges Leben spürt, ist so individuell und so wenig zu erklären, wie die Frage, warum sich zwei Personen ineinander verlieben. Man sollte nicht versuchen, es zu erklären.

Menschen sind fasziniert von einem Leben jenseits von Alltag und Normen. Dies dürfte den Boom erklären, den Stücke auslösen, die das Leben von Nonnen in den Fokus rücken. In München eröffneten die Opernfestspiele 2022 mit »Die Teufel von Loudun«, einer schaurigen Teufelsaustreibung in einem Frauenkloster aus dem 17. Jahrhundert. Die ARD-Komödie »Um Himmels Willen« über Nonnen im fiktiven Kloster Kaltenthal gehörte zeitweise zu den beliebtesten deutschen Fernsehserien und die von dem Kirchenhistoriker Hubert Wolf erzählte Geschichte über Nonnen des Skandalklosters Sant'Ambrogio eroberte die Bestsellerliste. Wer tatsächlich in Klöster reist, dem ist dies gleichgültig. Immer mehr Menschen suchen in ihren Mauern Geborgenheit, Rat und Ruhe. Gläubige und Nichtgläubige verlangen nach Orten, wo gebetet und meditiert werden kann, wo Diskussionen über den Sinn des Lebens, das Antworten-Finden auf die letzten Fragen des Seins zugelassen und nicht pathologisiert werden.

Die katholische Kirche hat durch ihren skandalösen Umgang mit den Themen Missbrauch und Finanzen umfassend verspielt. Dagegen werden Klöster als Zwischen-Orte wahrgenommen. Sie erscheinen als »Gehäuse für Werte wie Nächstenliebe, Gerechtigkeit, Solidarität und Aussöhnung« und damit als die Institutionen, die der SZ-Autor Heribert Prantl als Sehnsuchtsorte ausmachte. Ordensfrauen bieten in ihrer Barmherzigkeit und Glaubensstärke genau jenes Quäntchen mehr, warum Menschen sich in katholischen Krankenhäusern, evangelischen Altenheimen und buddhistischen Meditationszentren gut aufgehoben fühlten. In Klöstern erhalten Obdachlose einen Teller Suppe, Arbeitslose einen Gartenjob, eine überschuldete Familie Hilfe für die Stromrechnung. Schwestern kümmern sich lautlos um Straffällige und Suchtabhängige. Stresserkrankten scheint eine »Auszeit im Kloster« weniger stigmatisierend als eine stationäre Behandlung in der Psychiatrie. Eine Reihe von Ordensfrauen bieten inzwischen psychotherapeutische Gespräche verschiedener Therapierichtungen an. Selbstgemachter Honig, Apfelgelee, Klosterbrot und Kräutermischung: Klosterprodukte tragen den Stempel des Qualitätsvollen. Seminare von Ordensschwestern über das Anlegen von Heil- und Kräutergärten und über Achtsamkeit sind lange im Vorhinein ausgebucht. Buddhistische Meditationsbücher stehen auf der Bestsellerliste. Auch beim ökologischen Wirtschaften, der nachhaltigen Landwirtschaft und dem Beleben alter Handwerkskünste erfüllen Klöster eine gesellschaftliche Vorreiterfunktion.

Und doch: Fast unbemerkt droht eine Jahrtausende alte klösterliche Tradition in Europa zu sterben, als Folge davon, dass kirchliche Milieus weggebrochen sind, eine umfassende Entchristlichung der Gesellschaft stattgefunden hat. Niemand geht mehr ins Kloster, um versorgt zu sein, arbeiten zu können oder eine Ausbildung zu machen. Heute zählt allein der Glaube, die Berufung. Diese empfinden nur wenige in Zeiten, in denen es unpopulär ist, sich überhaupt zu einer Kirche zu bekennen oder sich gar »ewig« zu binden. So wenige, dass in den kommenden zwanzig Jahren die Mehrheit katholischer Klöster verschwunden sein wird. An dieser Entwicklung sind sie selbst mitschuldig. Denn sie waren mit ihren Schulen, Kinderheimen und Kliniken zu lange Orte, an denen nicht immer christlich und bisweilen missbräuchlich mit den ihnen Anvertrauten umgegangen wurde. Orte der Bigotterie, eines falsch verstandenen Autoritäts-, Disziplin- und Gehorsamsverständnisses. Waren Klöster früher selbstverständlich, werden sie heute mehrheitlich ebenfalls als selbstverständlich wahrgenommen, doch ohne es zu sein. Eine Vision, eine Idee, was aus Jahrhunderte alten Bau- und Kulturdenkmälern werden soll, wenn die letzte Schwester das Kloster verlassen hat, haben weder Staat noch Kirchen, die die Augen vor dieser radikalen Transformation verschließen.

Genau hierin liegt die Chance der Kongregationen. Anders als die katholische Amtskirche sind Klöster autark. Sie spüren die Krise unmittelbar, was Ordensfrauen authentisch und mutig macht. So sind es Schwestern wie Emmanuela Kohlhaas,

Katharina Kluitmann, Philippa Rath oder Katharina Ganz, die für eine umfassende Kirchenreform samt Priesterweihe für Frauen und Abschaffung des Pflichtzölibats stehen. Als agile Organisationseinheiten übernehmen viele transformationswillige Orden für die Gesellschaft essenzielle soziale und spirituelle Aufgaben. Die Zukunft wird wohl den Gemeinschaften gehören, die es verstehen, Menschen unabhängig ihres Glaubens Angebote der Barmherzigkeit und der Nächstenliebe zu machen. Die Zukunft wird den Innovativen und Reformwilligen gehören, die neue Formen des Zusammenwohnens ausprobieren und kongregations- und ordensübergreifend zusammenarbeiten. Und die Zukunft wird hoffentlich denen gehören, die zu den Werten des Urchristentums zurückkehren. Alle anderen Orden werden keine Zukunft haben. In dem Umfang, wie die deutsche Gesellschaft pluraler und internationaler wird, wird sich die religiöse Landschaft weiter ausdifferenzieren. Gemeinschaften werden internationaler werden, zumal viele Mutterhäuser im Ausland liegen. Frauen werden in einem späteren Lebensalter und mit einer anderen Glaubensbiografie als bisher eintreten. Buddhistische und orthodoxe Schwesterngemeinschaften könnten wachsen. Evangelische und katholische Klöster zusammenwachsen. Eine Gesellschaft im Krisenmodus braucht verlässliche, werteorientierte Institutionen, die im Auf und Ab der Zeitläufte Krisen erfolgreich bewältigt haben. In dieser Situation könnten sich Frauenorden als Avantgarde erweisen. Eine Rolle, die sie ohnehin seit Jahrhunderten innehaben.

Glossar

A

Abtei: Kloster, dem ein Abt oder eine Äbtissin vorsteht.
Abtei Münsterschwarzach: Bekannte Benediktinerabtei in der Nähe von Würzburg.
Abtei Venio: Benediktinische Gemeinschaft mit Sitz in München und Prag, deren Schwestern außerhalb des Klosters berufstätig sind. Die Abtei ist aus der katholischen Laienbewegung hervorgegangen.
Äbtissin: Vorsteherin eines Nonnenklosters.
Aktion Sühnezeichen Friedensdienste: Verein, der Freiwilligendienste und Begegnungsprogramme in Europa, Israel und den USA organisiert, um den Verbrechen des Nationalsozialismus in der Gegenwart weltweite Friedensbemühungen entgegenzusetzen.
Altar: Eigentlich »Tisch des Herrn«, an dem die Eucharistie (kath.) oder das Abendmahl (evang.) gefeiert wird.
Aneñja Vihara: Buddhistisches Nonnenkloster der Theravada-Tradition im Allgäu.
Apostel: Vom auferstandenen Christus Berufene, die das Evangelium verkünden.
Archimandrit (orthodox): Vorsteher eines Klosters, vergleichbar mit einem Abt.
Arme Franziskanerinnen von der Heiligen Familie: Römisch-katholischer Frauenorden, der von Paul Josef Nardini zur Linderung wirtschaftlicher und sozialer Not 1855 gegründet wurde. Die Ordensfrauen werden auch »Mallersdorfer Schwestern« genannt und haben. Niederlassungen in Rumänien und Südafrika.
Askese: Streng enthaltsame Lebensweise.

B

Barmherzige Schwestern vom Heiligen Vinzenz von Paul: Römisch-katholische Ordensgemeinschaft, die Teil der vinzentinischen Familie ist und auf den Ordensgründer Vinzenz von Paul zurückgeht.
Barmherzige Schwestern vom heiligen Kreuz: Römisch-katholischer Frauenorden der franziskanischen Familie, der 1856 in der Schweiz gegründet wurde.
Bauernkriege (1524-1526): Im Zuge der Reformation rebellierten Bauern in Thüringen, Sachsen und Süddeutschland gegen ihre Dienstherren, den Adel. Sie forderten mehr Rechte, u. a. die Abschaffung der Leibeigenschaft. In den kriegerischen Auseinandersetzungen zwischen Bauern und Rittern wurde der bäuerliche Aufstand niedergeschlagen, Bauern wurden verstümmelt oder getötet.
Benediktinische Gelübde: Gehorsam, Beständigkeit und klösterlicher Lebenswandel.
Benediktus-Regel; Benedikt-Regel; Benediktiner-Regel: Regeln des Hl. Benedikt, ursprünglich für das Kloster Monte Cassino verfasst. Der Ordensgrün-

der schafft mit der Verfassung für ein ausgeglichenes Leben zwischen Arbeit und Gebet bis heute gültige Regeln, die das abendländische Ordensleben prägen: »Bete und arbeite!«
Benediktinerinnen (OSB): Ältester katholischer Frauenorden, der auf Benedikt von Nursia im 6. Jhd. zurückgeht.
Benediktinerinnen Angermund: Die Benediktinerinnen aus Köln-Raderberg übernahmen 2022 das Dominikanerinnenkloster Sankt Katharina von Siena in Düsseldorf-Angermund.
Benediktinerinnen Köln-Raderberg (Herz-Jesu-Kloster): Benediktinerinnen-Kloster, das 1895 eingeweiht wurde. Aufgrund des Zuwachses an Nonnen gründeten die Schwestern eine Zweigstelle des Klosters in Düsseldorf.
Berg Athos: Orthodoxe Mönchsrepublik in Griechenland, in der Frauen keinen Zutritt haben.
Berg Karmel: Gebirgszug in Israel, der im Alten Testament verschiedentlich eine Rolle spielt.
Berufung: Gottes Ruf, sich ganz ihm zu widmen, z. B. im Priesteramt oder in der Missionsarbeit.
Bettelorden: Im 13. Jhd. entstandene christliche Ordensgemeinschaften, die der Armutsregel verpflichtet sind (vor allem Dominikaner und Franziskaner).
Bischof: Hohes Verwaltungsamt in der Kirche. Dem Bischof unterstehen in der römisch-katholischen Kirche Priester und Gemeinden, in evangelischen Kirchen ist er meist höchster Repräsentant einer Landeskirche.

Bistum: Abgegrenzter, kirchlicher Verwaltungsbezirk.
Bhikkhuni (Pali), Bhikshuni (Sanskrit): Vollordinierte buddhistische Nonne.
Bodhisattva: Wörtlich: Erleuchtungswesen.
Boatpeople: Vor den Kommunisten geflohene Vietnamesen.
Brambosch-Schaelen-Stiftung der Deutschen Buddhistischen Union e.V.: Stiftung zur Förderung buddhistischer Nonnenprojekte und der Unterstützung buddhistischer Frauen auf dem Weg zur Ordination.
Buchreligionen: Religionen, die auf schriftlicher Überlieferung beruhen. Es gibt drei Buchreligionen: Judentum, Christentum, Islam.
Buddha: Der Erleuchtete, der Erwachte; der historische Buddha, Siddharta Gautama lebte vor rund 2.500 Jahren in Indien.
Byzantinischer Gesang: Kirchliche Gesänge aus dem alten Byzanz.
Byzantinischer Ritus: Ostkirchliche Liturgie, die von den meisten orthodoxen Kirchen praktiziert wird.

C

Chan-Buddhismus: Im Ursprungsland China Form des Zen-Buddhismus.
Chanting: Im Buddhismus das Singen und Rezitieren religiöser Lieder und Mantren.
Charisma: Griechisch: Gabe des Hl. Geistes, der Menschen mit besonderen Fähigkeiten im Dienst der Gemeinschaft ausstattet.

Chung Tai Chan-Kloster: Eines der größten buddhistischen Klöster in Taiwan.
Christus-Pavillon: Gemeinsamer Kirchenbau aus Stahl und Glas, den die katholische und evangelische Kirche durch den Architekten Meinhard von Gerkan für die EXPO 2000 herstellen ließen. Heute steht er in Kloster Volkenroda.
Choral: Geistliche Gesänge.
Chordienst: Verpflichtung, an Stundengebet, Messe oder Gottesdienst teilzunehmen.
Chorgebet: Stundengebet in christlichen Klöstern.
Chorgestühl: Sitzmöglichkeit für Kleriker hinter dem Altar.
Communität Christusbruderschaft Selbitz: Evangelische Schwestern- und Brüdergemeinschaft, die sich der Ökumene verpflichtet sieht und von dem Pfarrerehepaar Hanna und Walter Hümmer 1948 gegründet wurde. Das Mutterhaus befindet sich im oberfränkischen Selbitz.

D

Dachauer Dialoge: BR-Sendung von Michael Bernstein von 2015, die Max Mannheimer und Sr. Elija im Gespräch zeigt.
Dalai Lama: Wörtlich: Lehrer, dessen Weisheit so groß ist wie der Ozean. Ehrentitel für den höchsten Meister der tibetischen Gelug-Schule.
Damenstift: Religiöse Lebensgemeinschaft für Frauen, die im Unterschied zu Nonnen dafür kein Gelübde ablegen.
Derwisch (Islam): Mitglied der muslimischen Gemeinschaft, die asketisch lebt und als Ausdruck ihres religiösen Empfindens den Derwischtanz aufführt.
Deutsche Buddhistische Union e.V. (DBU): Traditionsübergreifender Dachverband der Buddhisten und der buddhistischen Gemeinschaften in Deutschland
Deutsche Buddhistische Ordensgemeinschaft e.V. (DBO): Gruppe deutschsprachiger Nonnen und Mönche aus verschiedenen buddhistischen Traditionen.
Deutsche Ordensoberenkonferenz (DOK): Der Verein ist der Zusammenschluss der Höheren Oberen der derzeit ca. 410 Orden und Kongregationen. Er vertritt 12.600 Ordensschwestern und 3.500 Ordensbrüder in Deutschland.
Dhamma, (Pali) Dharma (Sanskrit): Die Lehre Buddhas, das Wort hat aber eine vielfältige Bedeutung und kann zusätzlich zu »Lehre« auch »Gesetz«, »Gesetzmäßigkeit« oder auch »gedankliche Fomrationen« heißen.
Dhammayana: Lehre, Fahrzeug, in dem die ursprüngliche Lehre Buddhas im Vordergrund steht, wie im Frühbuddhismus oder Theravada-Buddhismus.
Dharma-Übertragung: Im Zen/Chan-Buddhismus kann ein Meister seinen Schüler, seine Schülerin als Nachfolger, Nachfolgerin anerkennen.
Dharmazentrum Möhra: Buddhistisches Studien- und Meditationszentrum in Thüringen, an dem die Buddha-Lehre entsprechend

der tibetischen Karma-Kagyü-Linie unterrichtet wird.
Diakonin: Bei den Protestanten Frauen, die analog zu Diakonen im Rahmen einer mehrjährigen Ausbildung eine theologisch-diakonische Qualifikation erworben haben und nun inner- und außerhalb der Kirche in der Gemeindearbeit, Pflege, Heilpädagogik und Sozialarbeit tätig sind. Damit übernehmen sie andere Aufgaben als die Diakone in der katholischen Kirche, die ein Theologiestudium absolviert haben und bei denen die Assistenz im Gottesdienst und bei den Sakramenten zu den Kernaufgaben gehört. Frauen steht dieses Amt nicht offen.
Diamantweg: Sonderform des westlichen Buddhismus. In Deutschland wird dieser Begriff vor allem für buddhistische Zentren verwendet, die von dem dänischen Ehepaar Hannah und Ole Nydahl gegründet worden sind in Anlehnung an die tibetische Karma-Kagyü-Tradition.
Diözese, Bistum: Abgegrenzter kirchlicher Verwaltungsbezirk.
Dojo (japanisch): Raum der buddhistischen Gemeinschaft.
Dominikanerinnen (OP): Bettelorden, der auf den Hl. Dominikus zurückgeht. Das erste römisch-katholische Frauenkloster wurde von Dominikus im Jahr 1205 gegründet.
Dominikanerinnen von Bethanien: Römisch-katholischer Frauenorden, der 1866 in Frankreich von dem Dominikaner-Pater Johannes Josef Lataste gegründet wurde, um straffällig gewordenen Frauen ein Leben als Ordensschwestern zu ermöglichen. In Deutschland wurde der Orden vor allem wegen den von ihm unterhaltenen Kinderdörfer bekannt.
Don Bosco Schwestern (FMA): Römisch-katholischer Frauenorden, der 1872 in Italien von Maria Mazzarello und dem Priester Don Bosco als »Töchter Mariä Hilfe der Christen« gegründet wurde. Die Don Bosco Familie kümmert sich vornehmlich um benachteiligte Kinder und Jugendliche, denen sie einen besseren Start ins Leben ermöglicht.

E
Englische Fräulein (IBMV): Römisch-katholischer Frauenorden, der 1609 von der englischen Ordensschwester Mary Ward gegründet wurde. Der Sendungsauftrag der Maria-Ward-Schwestern ist Mädchenbildung. Der Orden folgt der jesuitischen Spiritualität.
Einkleidung: Feierliche Übergabe des Ordensgewands.
Einsegnung: Feierlicher Gottesdienst in der protestantischen Kirche, bei dem eine Person durch Handauflegen in ihr neues Amt eingeführt wird.
Einsiedler: Menschen, die in völliger Einsamkeit leben.
Enthaltsamkeit: Bewusster Verzicht auf Genüsse und Wünsche.
Eremit: Einsiedler in Wüste und Wald.
Erzdiözese: Diözesen, die sich zu einer größeren Verwaltungseinheit in der römisch-katholischen Kirche zusammengeschlossen haben.

Erzengel: Führender Engel in der Engelschar.
Erlöser: Synonym für Jesus Christus.
Eucharistie: Heilige Messe, in der katholischen Eucharistiefeier wird Brot und Wein geopfert.
Eucharistische Anbetung: Gebetsform in der römisch-katholischen Kirche, in der die konsekrierte Hostie verehrt wird.
Eucharistischer Weltkongress 1960: In München fand vom 31.7. bis 7.8.1960 der Eucharistische Weltkongress statt, das erste internationale Großereignis der Nachkriegszeit, bei dem sowohl die Neuerungen der liturgischen Bewegung als auch Gespräche mit anderen Religionsgemeinschaften im Mittelpunkt standen.
Evangelist: Bezeichnung für den jeweiligen Autor der vier Evangelien der Bibel: Markus, Matthäus, Lukas und Johannes.
Evangelium: Griechisch für »frohe Botschaft« von Jesus Christus. Das Neue Testament enthält als zentrale Texte vier Evangelien, die von Jesus Christus erzählen.
Ewige Profess: Ordensgelübde auf Lebenszeit.
Exerzitien: Geistliche Übungen, die auf Ignatius von Loyola, den Gründer des Jesuiten-Ordens zurückgehen.
Expo 2000: Weltausstellung in Hannover, die unter dem Motto »Mensch, Natur und Technik – Eine neue Welt entsteht« im Sommer 2000 in Hannover stattfand.

F

Fasten: Bewusster Verzicht auf Essen und Trinken.
Franziskanerinnen (OSF): Verschiedene römisch-katholische Frauengemeinschaften, die aus dem dritten Orden des Heiligen Franziskus hervorgingen.
Franziskanerinnen von der Buße und von der christlichen Liebe: Römisch-katholische Ordensgemeinschaft, die zur Familie der Franziskaner zählt. 1835 in den Niederlanden ohne festen Sendungsauftrag gegründet, leben sie »mitten unter den Menschen« und nehmen wechselnde soziale Aufgaben war.
Fürbitte: Einzelne Gebetsanliegen, die vor Gott gebracht werden.
Fo-Guan-Shan-Tempel: Buddhistischer Tempel, der 1993 in Berlin gegründet wurde und sich der Missionsarbeit widmet.

G

Gehorsam: Römisch-katholisches Gelübde gegenüber Gott, der Äbtissin oder dem Bischof gehorsam zu sein.
Gelobtes Land: Bezeichnung für Israel, auch Hl. Land.
Gelongma (tibetisch): weiblicher Lama.
Gelübde: Lebenslanges Versprechen von Ordensleuten.
Gelug-Schule (tibetischer Buddhismus): Eine der vier Richtungen des tibetischen Buddhismus.
Generalat: In der römisch-katholischen Kirche Sitz der Generalleitung einer Ordensgemeinschaft.

Gerontas: Geistlicher Vater in der Orthodoxie.
Gerondissa (orthodox): Geistliche Mutter in der Orthodoxie.
Gesellschaft apostolischen Lebens: Spezielle Lebensform des Gemeinschaftslebens in der römisch-katholischen Kirche, die dem Ordensleben gleicht. Ihr gehören Kleriker und Laien an. Die abzulegenden Versprechen sind weniger bindend als Ordensgelübde und eher privater Natur.
Gospelmusik: Christliche Musikrichtung, die sich im 20. Jahrhundert im afro-amerikanischen Raum herausgebildet hat.
Gottes missbrauchte Dienerinnen: 95-minütiger französischer ARTE-Film von 2019, der den geistigen und sexuellen Missbrauch von Ordensschwestern weltweit durch Kleriker thematisiert. Aufgrund einer einstweiligen Verfügung musste ARTE den Film zeitweilig aus der Mediathek nehmen beziehungsweise den Film anpassen.
Gregorianischer Choral: Einstimmiger liturgischer Gesang auf Latein.
Gregoriana: Päpstliche Universität in Rom, die aus der 1551 von Ignatius von Loyola gegründeten Jesuitenschule hervorgegangen ist.
Guru: Titel für einen spirituellen Lehrer im Hinduismus, Sikhismus und im tantrischen Buddhismus.

H
Habit: Ordensgewand.
Häresie: Irrlehre bzw. Auffassungen, die von der Kirchenlehre abweichen.
Hagiografie: Darstellung des Lebens von Heiligen sowie ihrer wissenschaftlichen Erforschung.
Hauskapitel: Versammlung von Mitgliedern eines Konvents.
Heilige: Menschen, die mit ihrem Leben ein besonderes Zeugnis für Gott gegeben und Vorbildfunktion für andere haben. Die römisch-katholische Kirche kann solche Menschen mit bestimmten Verfahren nachträglich heiligsprechen.
Heiligenkalender: Kalendarisches Verzeichnis von Heiligen in der römisch-katholischen Kirche.
Heiligenviten: Erzählungen über das Leben von Heiligen.
Heiliger Geist: Seinsweise Gottes, die den Menschen mit besonderen Gaben im Glauben ausstattet.
Heiliges Land: Region, die in der Bibel Kanaan oder als Eretz Israel bezeichnet wird; »heilig« verkörpert die Bedeutung für die Buchreligionen.
Heiliges Orthodoxes Kloster Dionysios Trikkis & Stagon: Griechisch-orthodoxes Frauenkloster im ehemaligen Kloster Arnstein, das seit 2019 von der Äbtissin Diodora geleitet wird.
Heiligsprechung: Der Papst spricht Christen nachträglich heilig, die durch ihr Leben und ihre Taten den Glauben bezeugt haben.
Heiliger Stuhl: Symbolisch für den Bischofssitz in Rom; souveränes Völkerrechtssubjekt des Papstes für die römisch-katholische Kirche und für den Staat Vatikanstadt.
Hinayana-Buddhismus: Eine der drei Hauptströmungen des Buddhismus, die frühbuddhistische Lehre, die sich auf den Pali-Kanon

stützt. Mönche und Nonnen spielen eine besondere Rolle: Nur sie können durch konsequente Übung und Meditation ins Nirwana gelangen. Vor allem in Südasien und Sri Lanka verbreitet. Der Begriff Hinayana wird heute nicht mehr verwendet, da er dismkriminierend ist. Trotzdem findet man ihn noch in vielen Texten.

Hore: Von lateinisch »hora«, die Stunde, selbständiger Teil des Stundengebets.

Hostie: Eigentlich »Opfer«; bestehend aus Weizenmehl und Wasser ist es sakramentales Element (»Leib Christi«) in der Eucharistie bzw. im Abendmahl, das der Gläubige empfängt.

I

Ich-Illusion: Im Buddhismus ist das »Ich« dem Wandel unterworfen, d.h. es gibt kein konstantes Ich und kein ewiges Ich.

Ignatianische Exerzitien: Sammlung geistiger Übungen, die auf Ignatius von Loyola zurückgehen und in der Regel sechs bis zehn Tage dauern.

Ikone: Kult- und Heiligenbilder in der Orthodoxie.

Ikonostase: In der Orthodoxie mit Ikonen geschmückte Wand, die Haupt-, und Altarraum trennt.

Inneres Gebet: Besondere spirituelle Gebetsform, die von Teresa von Ávila geprägt wurde.

Institut bischöflichen Rechts: In der römisch-katholischen Kirche Ordensinstitut, das direkt der Aufsicht des Diözesanbischofs untersteht.

Interkonfessionell: Zwischenkirchliche, ökumenische Beziehungen.

Inquisition: Juristisches Prozessverfahren, das im Spätmittelalter und in der Frühen Neuzeit der Bekämpfung der Ketzerei, der Häresie, diente.

J

Jahreskreis: Christlicher Festkalender: Abfolge der Sonntage und besonderer Tage im Kirchenjahr.

Jakobsweg: Pilgerweg durch ganz Europa, der zu der angeblichen Grabstätte des Apostels Jakobus im spanischen Santiago di Compostela führt.

Jerusalem-Syndrom: Seit den 30er-Jahren beobachtetes Phänomen psychischer Auffälligkeit bei dem Besuch der heiligen Stätten in Jerusalem. Hiervon sind in der Regel Tiefgläubige oder Menschen mit psychiatrischen Vorerkrankungen betroffen, die sich für Heilige oder für Jesus Christus halten.

Jesus-Bruderschaft Kloster Gnadenthal: Ökumenische Gemeinschaft von zum Teil ehelos lebenden Schwestern, Brüdern und Familien. Die geistig-spirituelle Gemeinschaft ist protestantisch geprägt. Der Hauptsitz der Jesus-Bruderschaften befindet sich in Kloster Gnadenthal. Außerdem existiert eine unabhängige Jesus-Bruderschaft u. a. in Kloster Volkenroda.

Johannissingen: Chorgesang am Gedenktag Johannes des Täufers, das zum Beispiel in Kloster Walsrode begangen wird.

Juniorat: In katholischen Orden sechs- bis neunjährige Probezeit nach der ersten Profess.

K

Kanonissin: Frau, die ohne Gelübde in einer geistlichen Gemeinschaft lebt.
Kapelle: Freistehender kleiner Gebets- und Andachtsraum.
Kapitel: Versammlung einer klösterlichen Gemeinschaft.
Kapitelsaal: Versammlungsstätte einer klösterlichen Gemeinschaft.
Kardinal: Ranghohes Weiheamt in der römisch-katholischen Kirche unmittelbar nach dem Papst.
Karma / Kamma: Gute oder schlechte Taten im Buddhismus, wonach jede unserer Handlungen ein Resultat hat.
Karma-Kagyü-Schule: Eine der vier Richtungen des Buddhismus in Tibet.
Karmel: Kloster der Karmelitinnen.
Karmel Maria Regina Martyrum: Kontemplatives Frauenkloster in Berlin, das 1982 in der Nähe der Gedenkstätte Plötzensee gegründet wurde.
Karmelitinnen (OCarm): Im 15. Jhd. gegründeter weiblicher Zweig der Karmeliten, eines kontemplativen Ordens.
Ketzer: Vertreter von Auffassungen, die von der Kirchenlehre abweichen.
Kirchenlehrerin: Heilige, die vom Papst für ihr theologisches Werk ausgezeichnet wird. Die erste Deutsche ist die Hl. Hildegard, die 2012 zur Kirchenlehrerin erhoben wurde.

Kirchensteuer: Steuer, die der deutsche Staat zugunsten der Religionsgemeinschaften einzieht, wovon diese ihre religiösen Aufgaben finanzieren.
Kirchenvater: Frühchristliche Autoren, die nach römisch-katholischem Verständnis die Lehre und das Selbstverständnis des Christentums prägten. Als bedeutende Kirchenlehrer gelten u. a. Papst Gregor der Große und Augustinus.
Kommunität: Geistliche Lebensgemeinschaft.
Konsekrierte Hostie: In der römisch-katholischen Kirche Hostie, die in der Messe gewandelt wurde in den Leib Christi.
Klausur: Abgeschirmter Lebensraum von Ordensleuten.
Klarissen (OSCI): Franziskanischer Frauenorden.
Kleines Fahrzeug: Siehe Theravada-Buddhismus.
Kloster auf Zeit: Angebote für Laien, eine bestimmte Zeit im Kloster zu verbringen und sich geistlich begleiten zu lassen.
Kloster Břevnov: Erzabtei der Benediktiner-Mönche in Prag, die im 10. Jhd. gegründet wurde. 1989 erhielt der Benediktinerorden die zerfallene Barockanlage zurück und es gelang, die Abtei komplett zu restaurieren und mit neuem, spirituellem Leben zu füllen.
Kloster Cîteaux: Mutterkloster aller Zisterzienserinnen und Zisterzienser, gegründet 1098 n. Chr. als Reformkloster.
Kloster Hegne: 1895 in Baden-Württemberg gegründetes Kloster der Barmherzigen Schwestern vom heiligen Kreuz. Auf Grund von

Nachwuchsmangel übertragen die Schwestern ihre Betriebe sukzessive in die 2018 gegründete Stiftung Kloster Hegne.

Kloster Karmel Heilig Blut: 1964 in Dachau gegründetes Karmelitinnen-Kloster in der Nähe des ehemaligen Konzentrationslagers.

Kloster Reutberg: Das 1618 gegründete bayerische Franziskanerinnen-Kloster Reutberg sollte u. a. wegen Nachwuchsmangel von der Erzdiözese München und Freising geschlossen werden, wogegen es zu Protesten kam.

Kloster Shobozan Fudenji: Buddhistisches Zen-Kloster in Italien.

Kloster Volkenroda: Ehemalige Zisterzienserabtei in Thüringen, die 1994 von der ökumenischen Jesus-Bruderschaft gekauft und umfassend renoviert wurde. Heute hat sich das Kloster zu einem wichtigen Arbeitgeber und zu einem geistig-spirituellen Zentrum entwickelt.

Kloster Walsrode: Evangelisches Frauenstift in der Lüneburger Heide.

Koinóbitentum (orthodox): Orthodoxe Mönchsgemeinschaft.

Komplet: Liturgisches Nachtgebet, letztes Gebet des Tages.

Kommunion: Spende der konsekrierten (geheiligten bzw. gesegneten) Gaben von Brot und Wein in der Messe bzw. dem Gottesdienst.

Konfession: Christliche Glaubensfamilien wie z. B. protestantisch, römisch-katholisch, orthodox oder auch freikirchlich.

Kongregation: Regionaler Zusammenschluss von Klöstern eines Ordens.

Kontemplativer Orden: Orden, die sich der »[geistigen] Betrachtung«, d. h. vor allem dem Gebet, der Lesung der Hl. Schrift und der Handarbeit widmen.

Konvent: Klostergemeinschaft, Niederlassung von Ordensleuten.

Konventualin: Angehörige des Franziskanerordens oder eines evangelischen Stifts oder Klosters.

Konverse: Laienbruder oder Laienschwester, der bzw. die ohne Gelübde in einer klösterlichen Gemeinschaft lebt.

Konzil: Päpstlich geleitete Versammlung der Bischöfe, um über Fragen der römisch-katholischen Weltkirche zu beraten.

Konzil von Trient (1545-1563), Tridentinum: In diesem Konzil wurde die konfessionelle Trennung Europas zementiert. Die katholische Kirche grenzte sich gegen protestantische Überzeugungen ab und bestand beispielsweise auf die sieben Sakramente. Das Tridentinum leitete eine innerkatholische Erneuerung ein, wie etwa Verbesserungen der Klerikerausbildung, zugleich als Reaktion darauf aber auch die Gegenreformation.

Konzentrationslager Dachau, KZ Dachau: 1933 von den Nationalsozialisten eingerichtetes Lager in der Nähe von München, in dem mindestens 200.000 Häftlinge unter unmenschlichen Bedingungen lebten und arbeiteten. Davon starben 41.500 Gefangene.

Kreuzgang: Überdachter, gewölbter Gang in einem Kloster oder Stift.
Kreuzschwestern: Abkürzung für die Barmherzigen Schwestern vom heiligen Kreuz.
Kulturkampf (1871-1887): Auseinandersetzung des preußisch dominierten Kaiserreichs mit der römisch-katholischen Kirche. Reichskanzler Otto von Bismarck versuchte, ihren Einfluss durch Dekrete zurückzudrängen.

L

Lama: Spiritueller Lehrer im tibetischen Buddhismus.
Langhaus einer Kirche: Langgestreckter Hauptraum mit Kirchenschiffen.
Laudes: Liturgisches Morgengebet.
Lektor, Lektorin: Amt des Vorlesers, der Vorleserin im Gottesdienst.
Liturgie: Ordnung bzw. religiöse Zeremonien des Gottesdienstes.

M

Märtyrer: Menschen, die wegen ihres Glaubens verfolgt, gefoltert und/oder hingerichtet werden und daher als Glaubenszeugen gelten.
Mahayana-Buddhismus: Eine der Hauptrichtungen des Buddhismus, die ungefähr zur Zeit von Christi Geburt entstand. Höchstes Ziel ist das Heil aller Wesen; in China, Japan, Taiwan, Vietnam, Tibet, Korea und Bhutan verbreitet. Schulen sind beispielsweise der Chan-Buddhismus und Zen.
Mallersdorfer Schwester: Siehe Arme Franziskanerinnen von der Heiligen Familie.
Mandala: Symbolische Darstellung kosmischer Kräfte in hinduistischen und buddhistischen Kulturen.
Mantra: Im Buddhismus Spruch oder heilige Silbe, der/die in der Meditation beständig wiederholt wird.
Maria 2.0: Eine seit 2019 von Frauen in der römisch-katholischen Kirche gestartete Initiative, die sich für Gleichberechtigung in der Kirche einsetzt.
Maria-Ward-Schwestern (IBMV): Siehe Englische Fräulein.
Meditation: Geistesübungen, die mithilfe der Aufmerksamkeitssteuerung, Denken, Fühlen und Erleben verändern können.
Messdienerin: Seit 1992 lässt die katholische Kirche Mädchen als Messdienerinnen zu, die inzwischen die Mehrheit der Messdienenden stellen. Ihre Aufgabe ist es, verschiedene Aufgaben während des Gottesdienstes zu übernehmen.
Messe: Eucharistischer Gottesdienst in der römisch-katholischen Kirche.
Messias: Im Jüdischen »Gesalbter«, soll nach dem Alten Testament den Willen Gottes als »König der Juden« durchsetzen. Im christlichen Glauben wird die Bezeichnung auf Jesus von Nazareth mit dem Titel Christus (gr. »Gesalbter«) übertragen.
Metta: eine Herzqualität, die in der Metta-Meditation geübt wird.

Metropolit: Im frühen Christentum ein Oberbischof, der mehreren Bistümern vorsteht. Heute existiert das Amt vor allem in orthodoxen Kirchen.
Miao Fa Zentrum: Buddhistisches Zentrum in Berlin, das dem chinesischen Chan (= Zen)-Buddhismus folgt.
Ministrantin: Synonym für Messdienerin.
Missionarinnen Christi (MC): Römisch-katholische Frauengemeinschaft, die 1956 entstand. Die Schwestern leben allein oder in kleinen Gruppen. Sie arbeiten in ihren Berufen und sind in Deutschland, Österreich, Brasilien und Afrika aktiv.
Monastisch: Spezielle Lebensform von Nonnen und Mönchen, die u. a. Kleidung, Disziplin, Lebensort und Ausbildung umfasst.
Morgenländisches Schisma: Kirchenspaltung der orthodoxen und der katholischen Kirche im Jahr 1054 n. Chr. wegen theologischer und politischer Differenzen.
Mornese: Oberitalienisches Dorf, in dem vor 150 Jahren Don Bosco Schwestern familiär mit Jugendlichen lebten.
Muezzin: Mann, der die muslimische Gemeinde fünfmal täglich zum Gebet ruft.
Muslime: Angehörige des Islam.
Mystiker/in: Jemand, der/die eine tiefe, spirituelle Gotteserfahrung macht.

N

Nirvana (Buddhismus): Im Buddhismus: Wörtlich »Erlöschen« meint den Zustand, in dem alles Leid endet und es keine weiteren Geburten mehr gibt.
Noviziat: Probezeit für angehende Nonnen oder Mönche, die mit der ersten Profess endet.
Novizin/Novize: Angehende Nonne oder Mönch in der Probezeit in einer christlichen Ordensgemeinschaft sowie im Buddhismus.
Nuntius: Botschafter im Dienste des Vatikan.

O

Ober/in: Vorsteher/in eines Klosters, einer Ordensgemeinschaft.
Oblation: Verpflichtung von Laien, nach einer bestimmten Klosterregel zu leben.
Oblatengemeinschaft: Laien, die ein christliches Leben in enger Anbindung an ein Kloster führen.
Ökumene: Weltumspannende Gemeinschaft der Christenheit.
Ökumenische Bewegung: Die ökumenische Bewegung ging Anfang des 20. Jahrhunderts zunächst von den protestantischen Kirchen aus. Die katholische Kirche öffnet sich seit dem Zweiten Vatikanum für den interkonfessionellen Dialog. Sie zielt auf eine weltweite Einigung und Zusammenarbeit der verschiedenen Konfessionen.
Ora et labora: Lateinische Benediktinerregel, dt.: »Bete und arbeite«.
Orden: Klösterliche Lebensgemeinschaft.

Ordensaustritt (katholisch): Ordensleute können bis zur »Ewigen Profess« jederzeit aus dem Orden austreten. Danach ist bei Instituten bischöflichen Rechts der jeweilige Bischof, bei Instituten apostolischen Rechts der Papst zuständig. In Deutschland treten in der Regel im Jahr rund 50 Personen aus, davon deutlich mehr Mönche als Schwestern. Der Austritt als Prozess ist mit einer Ehescheidung vergleichbar.

Ordensgemeinschaften Österreich: Interessengemeinschaft österreichischer Orden, die es sich zur Aufgabe gesetzt hat, umfassend über Ordensleben zu berichten und dabei auf neue Kommunikationskanäle setzt.

Ordensname: In christlichen Orden erhalten Schwestern oder Nonnen bei der ersten Profess einen neuen Namen. Seit dem Zweiten Vatikanum kann dies auch der Taufname sein.

Ordenspatronin: Heilige, die einem Orden als Vorbild dient.

Ordensregeln: Spezifische Regeln des Zusammenlebens für Nonnen und Mönche, zum Beispiel die Benediktsregel bei den Benediktinern.

Ordination: Gottesdienstliche Handlung mit Handauflegung zur Beauftragung für ein geistliches Amt. In der römisch-katholischen Kirche ist der Begriff Weihe üblich, in der protestantischen Kirche bezeichnet Ordination die gottesdienstliche öffentliche Beauftragung eines Pfarrers oder Pfarrerin zu Wortverkündigung und Sakramentsverwaltung.

Österreichische Bischofskonferenz: Zusammenschluss der Bischöfe der österreichischen Diözesen. Ihre Aufgaben sind das Studium und die Förderung gemeinsamer pastoraler Aufgaben, die gegenseitige Beratung und notwendige Koordinierung der kirchlichen Arbeit, der gemeinsame Erlass von Entscheidungen sowie die Pflege der Verbindungen zu anderen Bischofskonferenzen.

P

Pagode (Buddhismus): Ein turmartiges Gebäude mit Terrassen.

Pali-Kanon: älteste zusammenhängende Sammlung von Lehrreden Buddhas.

Parament: Im Kirchenraum und im Gottesdienst verwendete Textilien. In der römisch-katholischen Kirche zählen hierzu auch Messgewänder.

Parlatorium: »Sprechzimmer«, in dem Mönche bzw. Nonnen Besuch empfangen dürfen.

Patriarchat (Orthodoxie): Regionale Verwaltungseinheit, die den Ehrenvorsitz besitzt: Antiochia, Alexandria, Jerusalem, Konstantinopel.

Perfectae Caritatis: Päpstliches Dekret von 1965 zur Erneuerung der Orden in der römisch-katholischen Kirche.

Plum Village: Buddhistisches Meditationszentrum in Südfrankreich, das 1982 von dem vietnamesischen Mönch Thich Nhat Hanh gegründet wurde und (Laien-)Buddhisten aus der ganzen Welt anzieht.

Postulat: Probezeit für die Eignung zum Ordensleben.
Postulatin: Ordensanwärterinnen.
Präbende: Schenkung an Konventualin.
Prädikantin: In der evangelischen Kirche Personen, die nach einer theologischen und liturgischen Schulung eigene Predigten im Gottesdienst halten und Abendmahlsfeiern leiten dürfen.
Priorin: Vorsteherin einer Klostergemeinschaft, die das Amt der Äbtissin nicht kennt; in manchen Fällen auch Stellvertreterin der Äbtissin.
Priesterblock: Baracken im KZ-Dachau, in denen Geistliche verschiedener Konfessionen und Nationen inhaftiert waren.
Priestermönch (orthodox): Orthodoxe Mönche mit Priesterweihe.
Priesterweihe für Frauen: In der katholischen Kirche können Frauen nicht zu Priestern geweiht werden. Gegen die Ungleichbehandlung von Frauen wenden sich Reformkatholiken, insbesondere Mitglieder des »Synodalen Wegs« und von »Maria 2.0«.
Profess: Ordensgelübde.
Prophet: Von Gott beauftragter Mensch, seine Botschaft zu überbringen.
Psalm: Kurzer poetischer Text mit liturgischer Bedeutung, meist Gebet, Lied oder Klage, aus dem Alten Testament.

Q
Qigong: Chinesische Meditationsform mit einem bestimmten Bewegungsablauf.

R
Recollectio-Haus: Einrichtung der Abtei Münsterschwarzach, die der kirchlichen Mitarbeiterschaft, Geistlichen und Ordensleuten eine therapeutische, geistige, spirituelle Begleitung anbietet, um sich psychisch und körperlich zu sammeln und Krisen zu überwinden.
Refektorium: Speisesaal eines Klosters.
Reformation: Religiöse Erneuerungsbewegung in Deutschland im 16. Jahrhundert, die in Deutschland von dem Mönch Martin Luther angestoßen wurde. Mit seinen 95 Thesen geißelte der Reformator Missstände und das Ablasswesen in der katholischen Kirche. Die Reformation führte letztlich zu einer konfessionellen Spaltung zwischen römisch-katholischer Kirche und den protestantischen Kirchen. Dies führe zu jahrzehntelangen Auseinandersetzungen. Seit dem Augsburger Religionsfrieden von 1555 war es Fürsten freigestellt, die Konfession für ihr Herrschaftsgebiet zu wählen.
Reichstag zu Worms (1521): Der Reichstag zu Worms wurde von Kaiser Karl V. kurz nach seiner Wahl und Krönung einberufen. Der Augustinermönch Martin Luther sollte vor dem Kaiser seine Schriften widerrufen, um eine Reichsacht zu verhindern. Papst Leo X. hatte im Januar 1521 den Kirchenbann gegen Luther verhängt. Reichsfürsten und Stände beharrten darauf, dass Luther auf dem Reichstag zunächst verhört wurde. Nach dem Reichstag verhängte Karl V. das Wormser

Edikt, die Reichsacht, gegen den Reformator.
Reinkarnation: Wiederholtes Erdenleben.
Rekreation: Rückgewinnung verbrauchter Kräfte.
Reliquie: Kultisch verehrtes Körperteil eines Heiligen oder eines Überbleibsels aus dessen Besitz.
Remter: Auch Refektorium: Speisesaal eines Klosters.
Retreat: Spiritueller Rückzug, Ruhepause für buddhistische Mönche und Nonnen, heute auch für Laien.
Römisch-katholische Kirche: Konfession, die die Mehrheit der Christen weltweit repräsentiert.
Rosenkranz: Rituelles Gebet in der römisch-katholischen Kirche, das anhand einer Gebetskette vollzogen wird.
Roshi (jap.): Meister im Zen-Buddhismus.

S

Säkularisation: Staatliche Einziehung und Nutzung kirchlicher Besitztümer sowie ab 1803 Aufhebung von Klöstern nach Untergang des Hl. Römischen Reichs.
Sakrament: »Gnadenmittel« bzw. sichtbare Worte oder rituelle Handlungen in der christlichen Tradition: Taufe, Kommunion, Firmung, Ehe, Eucharistie, Beichte, Priesterweihe, Krankensalbung (Katholiken und Orthodoxe); Taufe und Abendmahl (Protestanten).
Sakristei: Nebenraum in einer Kirche, in der Gegenstände für den Gottesdienst (u. a. Gewänder, Kelche, Kerzen) aufbewahrt werden. Er dient auch als Ort, an dem Priester und Pfarrer sich vor dem Gottesdienst mit den liturgischen Gewändern bekleiden.
Salesianerinnen Don Bosco Schwestern: Siehe Don Bosco Schwestern.
Salvatorianerinnen (SDS): Römisch-katholischer Frauenorden, der 1888 von Johann Baptist Jordan und Therese von Wüllenweber, der späteren Sr. Maria von den Aposteln, als sozialtätige Gemeinschaft gegründet wurde, um alle Menschen mit der heilenden Kraft Jesus Christus in Verbindung zu bringen. Im Orden leben rund 1.000 Schwestern in 30 Ländern.
Sāmanerī(thail.): Buddhistische Nonnennovizinnen.
Sangha: Gemeinschaft buddhistischer Nonnen und Mönche, bisweilen auch Laiengemeinschaft.
Schisma: Spaltung, Trennung in der Kirche.
Schlacht am Weißen Berg (8. November 1620): Erste Schlacht im Dreißigjährigen Krieg, bei der sich eine Truppe der katholischen Habsburger den Truppen der evangelischen, böhmischen Adligen gegenüberstanden. Die Schlacht bei Prag endete mit einem Sieg der Habsburger. Das evangelische Böhmen musste wieder katholisch werden, was auf heftige Gegenwehr stieß.
»Den Schleier nehmen« (katholisch): Umgangssprachlich für »in ein Kloster eintreten«.
Schule des Reinen Landes: Die Lehre setzt darauf, dass vor allem Laienbuddhisten durch die Fürsprache des Buddha Amitabha in ein Vornirvana kommen.

Sekte: Von der Mehrheitskirche abgespaltene oder abgetrennte Glaubensgemeinschaft, die sich häufig im Besitz der alleinigen religiösen Wahrheit glaubt und einem Sektenführer folgt. Das Verhältnis zur Außenwelt ist meist von Konflikten bestimmt.

Sendungsauftrag: Aufgaben, die von Orden übernommen werden, um die Ordensziele zu erreichen.

Shōbōgenzō: Das Hauptwerk des Mönches Dōgen, der den Chan-Buddhismus nach Japan brachte.

Siddhartha: 1922 erschiene Erzählung des Dichters Hermann Hesse über den historischen Buddha.

Silentium: Zeit der Stille und des Gebets im Kloster.

SOLWODI: »solidarity with women in distress«; internationale Menschenrechts- und Frauenhilfsorganisation, die sich als Verein weltweit gegen Menschenhandel, Zwangsprostitution und Beziehungsgewalt einsetzt.

Soto-shu: Eine der Hauptrichtungen des japanischen Zen-Buddhismus.

Steyler Missionare (SVD): Römisch-katholischer Missions-Orden, der 1875 gegründet wurde.

Stiftsdame: Bewohnerin eines Damenstifts.

Stiftsmantel: Bekleidungsstück von Stiftsdamen, das von Stift zu Stift variiert.

Störgefühl: Buddhismus: Leiderzeugende Geisteszustände.

Stundengebet: Gebete, die den Tag strukturieren.

Sufismus: Mystische Glaubensströmung im Islam.

Sutra, Sutta (Buddhismus): Kurze Lehrtexte und Verse

Synodaler Weg (Katholizismus): Strukturierter Dialog von Laien und Geistlichkeit zu umstrittenen Themen wie Frauenweihe.

T

Tantra (tibetischer Buddhismus): Meditationstechniken, Yoga und Geheimlehre für Fortgeschrittene.

Tertiärgemeinschaft: In evangelischen Kommunitäten eine Gruppe von Alleinstehenden, Verheirateten und Familien, die sich verbindlich an eine Gemeinschaft binden.

Tai Chi: Chinesische Kampfsportart.

Theravada-Buddhismus: Der Theravada-Buddhismus ist eine der ursprünglich 18 Richtungen des Urbuddhismus, der zunächst nur Mönchen und Nonnen vorbehalten war. Heute ist er vor allem in Kambodscha, Laos, Sri Lanka, Myanmar und Thailand verbreitet.

Tipitaka/Tripitaka: Drei Bereiche des Pali-Kanons.

Töchter der christlichen Liebe: Seit 1668 anerkannte Gesellschaft apostolischen Lebens in der römisch-katholischen Kirche, die ihren Schwerpunkt in der Armen- und Krankenpflege hat.

U

Ulrikaweg: 2022 eingeweihter, 124 km langer Pilgerweg auf den Spuren der seligen Ulrika Nisch (1882-1913).

Unbeschuhte Karmelitinnen (OCD): Reformorden der Karmelitinnen von Teresa v. Ávila im 16. Jhd. gegründet.
Unfehlbarkeit des Papstes: Dogma, das der Papst in Glaubens- und Sittenfragen nicht irren kann.
Urchristentum: Frühzeit des Christentums.
Ursulinen (OSU): Von Angela Merici im 16. Jhd. gegründeter Frauenorden für Mädchenerziehung.

V

Vatikan, Vatikanstaat: Souveräner Stadtstaat in Rom mit dem Papst an der Spitze.
Vesper: Gottesdienst am frühen Abend.
Viên Giác: Hannoveraner Pagode mit buddhistischem Kloster, die von vietnamesischen Boatpeople gegründet wurde.
Vigilien: Nachtwache.
Vinzentinische Familie: Katholische Ordensgemeinschaften, die entweder auf den Heiligen Vinzenz von Paul zurückgehen oder in seinem Geiste geführt werden.
Visionen: Übersinnliche Schau bzw. Wahrnehmung als religiöse Erfahrung.
Vita communis: Gemeinschaftliches Leben von Ordensleuten und Klerikern.

W

Weiheamt: In der katholischen Kirche gibt es die Weihestufen Diakon, Priester, Bischof, von denen Frauen ausgeschlossen sind.
Weihbischof: In Deutschland übliche Bezeichnung für den Bischofsvertreter; er ist im Blick auf den Weihegrad Bischof, er verwaltet jedoch keine Diözese.
»Wie Gott uns schuf«: ARD-Dokumentation von 2022, in dem gläubige Katholiken sich an die Öffentlichkeit wagen, die ihre Sexualität nicht an der Norm ihrer Kirche ausrichten.
Wiedergeburt: Im Buddhismus wird der Mensch so lange wiedergeboren, bis er erleuchtet ist und alle Lebewesen und Dinge wertfrei betrachten kann.
»Wort zum Sonntag«: ARD-Sendung, die seit 1954 am Samstagabend im Wechsel von evangelischen und katholischen Sprechern ausgestrahlt und von knapp zwei Millionen Zuschauern angesehen wird.

Z

Zazen: Meditationsmethode im Zen-Buddhismus.
Zelle: Schlicht eingerichtetes Zimmer von Ordensfrauen, das nur von ihnen selbst betreten werden darf.
Zen-Buddhismus: Japanische Richtung des Mahayana-Buddhismus, die auf Meditation fokussiert ist.
Zen Dojo Shobogendo: 1982 in Hannover gegründetes Zentrum des Zen-Buddhismus.
Zisterzienserinnen (OCist): Weibliche Form der Zisterzienser, im 12. Jhd. gegründet, beeinflusst v. Bernhard v. Clairvaux.
Zölibat: Versprechen, keusch und ehelos zu leben.

Zuflucht nehmen: Persönliche Entscheidung, Buddha, Dharma, Sangha im alltäglichen Leben zu achten.

Zweites Vatikanisches Konzil (1962-1965): Reformkonzil, das die Öffnung der katholischen Kirche zur Welt beinhaltete, sowie eine Reform der Orden vorsah.

Personenverzeichnis

Lea Ackermann (1937): Römisch-katholische Schwester des Missionsordens »Unserer Lieben Frau von Afrika«. Sie gründete 1985 den Verein SOLWODI in Kenia, um gegen Zwangsprostitution und Frauenhandel zu kämpfen. Inzwischen hat sich SOLWODI zu einer international tätigen Hilfsorganisation entwickelt.

Sr. Agape Gensbaur (1922-2015): Tschechische Musikwissenschaftlerin, Oberin der späteren Abtei Venio (1973-1993).

Marianne Johannes (1900-1993), spätere Sr. Agnes: Münchner Fürsorgerin, die sich mit jungen Frauen regelmäßig zum Stundengebet traf. Später verpflichtete sich Marianne Johannes zum monastischen Leben mit Berufstätigkeit und legte die Grundlage für die spätere Abtei Venio.

Anselm Grün, OSB (1945): Benediktinermönch und langjähriger Ökonom der Abtei Münsterschwarzach. Sachbuch- und Ratgeberautor zu spirituellen Lebensfragen und zum Thema Führungskultur.

Antonius der Große (um 250- um 356): Ägyptischer Mönch, Eremit und Einsiedler, gilt als Vater des Mönchtums.

Ayya Tathaaloka (1968): Amerikanische buddhistische Nonne der Theravada-Tradition. Mitbegründerin des kalifornischen Nonnenklosters Dhammadharini Vihara, dem sie als Äbtissin vorsteht.

Cosmas Damian Asam (1686-1739): Deutscher Maler und Architekt des Spätbarocks.

Anna von Behr (-1545): Seit 1509 Priorin des Klosters Walsrode, wurde kurz vor ihrem Tod abgesetzt, da sie dagegen protestierte, dass Kloster Walsrode ein protestantisches Damenstift wurde.

Benedikt v. Nursia (um 480-547 n. Chr.): Begründer des abendländischen Mönchstums, stellte die Benediktinerregeln auf, die noch heute die Grundlage monastischen Lebens bilden – im Wechsel von Arbeiten und Beten (ora et labora). Abt auf dem Monte Cassino. Der Heilige wurde von Papst Paul VI. zum Patron Europas erhoben.

Bernhard v. Clairvaux (um 1090-1153): Bedeutender Reformzisterzienser, Abt, Kreuzzugsprediger, Heiliger, Kirchenlehrer.

Catharina Damen, Mutter Magdalena (1787-1858): Niederländische Ordensgründerin der »Franziskanerinnen von der Buße und der christlichen Liebe«.

Sr. Christamaria Schröter (1934): Künstlerin, Autorin, evangelische Ordensschwester der Communität Christusbruderschaft Selbitz, stattete zahlreiche Kirchen, Gemeindezentren und Krankenhäuser mit Glasfenstern, textiler Malerei und Mosaiken aus.

Julius August Döpfner (1913-1976): Erzbischof von München und Freising, Kardinal, der das Zweite Vatikanum maßgeblich prägte.

Dominikus (um 1170-1221): Spanischer Heiliger, der den Bettelorden der Dominikaner und Dominikanerinnen gründete. Als Prediger kämpfte er gegen die Häresien seiner Zeit an, weshalb er großen Wert auf die theologische Ausbildung seiner Gemeinschaft legte. Von Beginn an waren die Dominikaner in der Missionsarbeit tätig und breiteten sich rasch in Europa aus.

Don Giovanni Bosco (1815-1888): Italienischer, Priester und Ordensgründer, der gemeinsam mit Maria Mazzarello den römisch-katholischen Frauenorden »Töchter Mariens Hilfe der Christen« gründete, die Don Bosco Schwestern genannt werden. 1859 war der männliche Zweig, die »Gesellschaft des Heiligen Franz von Sales«, entstanden. Ziel beider Orden war es, benachteiligten Kindern und Jugendlichen durch ein familiäres Umfeld bessere Startbedingungen zu schaffen.

Ernst der Bekenner (1497-1546): Herzog von Braunschweig-Lüneburg ab 1520, überzeugter Protestant, der in seinem Herzogtum den evangelischen Glauben einführte.

Michael v. Faulhaber (1869-1952): Erzbischof von München und Freising ab 1917, Kardinal ab 1921.

Theodor Fliedner (1800-1864): Pastor, Sozialreformer, gemeinsam mit seiner Frau Friederike gründete er in Kaiserswerth bei Düsseldorf das erste deutsche Diakonissenmutterhaus, eine Lebens- und Glaubensgemeinschaft, in der unverheiratete Frauen unter anderem einen sozial anerkannten Beruf als Krankenschwester oder Sozialarbeiterin erlernen konnten.

Theodosius Florentini (1808-1865): Schweizer Kapuzinerpater und Sozialreformer, der 1856 gemeinsam mit Mutter Maria Theresia die »Barmherzigen Schwestern vom heiligen Kreuz« gründete.

Fausto Taiten Guareschi (1949): Italienischer Zen-Mönch, der 1984 das buddhistische Kloster Fudenji in Italien gründete.

Viktor Frankl (1905-1997): Österreichischer Psychiater und Neurologe, der seine Erfahrungen in verschiedenen Konzentrationslagern in die Logotherapie einfließen ließ. Die Existenzanalyse gilt als »Dritte Form der Psychotherapie« der Wiener Schule.

Franz von Assisi (1181/82-1226): Wanderprediger, auf den sich die franziskanische Familie zurückführt. 1223 verfasste Franziskus eine vom Papst bestätigte Ordensregel und empfing später die Wundmale Christi. Berühmt wurde der »Sonnengesang« des Heiligen, in dem er die Schöpfung Gottes lobt. Franziskus zählt zu den bekanntesten Heiligen der Kirchengeschichte. Er gründete die Fratres Minores und die Klarissen.

Franz von Sales (1567-1622): Fürstbischof von Genf, Autor des Weltklassikers »Anleitung zum frommen Leben«, »Abhandlungen über die Gottesliebe«, Mystiker, Kirchenlehrer, gründete 1610 gemeinsam mit Johanna-Franziska von Chantal den römisch-katholischen Frauenorden »Von der Heimsuchung Mariens«, die Salesianerinnen genannt werden. 1665 von Papst Alexander VII. heiliggesprochen.

Justus Frantz (1944): Deutscher Pianist und Dirigent.

Thomas Frings (1960): Römisch-katholischer Priester, der 1987 geweiht wurde; Pfarrer der Heilig-Kreuz-Gemeinde in Münster. Er legte 2016 seine Ämter im Bistum Münster nieder und lebt inzwischen in der Benediktinerinnenabtei Köln.

Gendün Rinchen (1999): Leiter des Dharmazentrums in Möhra. Er gilt als Wiedergeburt von Gendün Rinpoche.

Gendün Rinpoche (1918-1997): Lama der tibetischen Karma-Kagyü-Linie. In Tibet geboren, lebte er über dreißig Jahre als Einsiedler. Auf Bitten von Ranjung Ripge Dorje verbreitete er die Buddha-Lehre in Europa und gründete in Frankreich Retreat-Zentren.

Meinhard von Gerkan (1935): International renommierter Architekt, der 1965 das Architekturbüro gmp gründete. Vielfach ausgezeichnet, gehören der Berliner Flughafen Tegel und der Hauptbahnhof in Deutschland zu seinen bekanntesten Werken. Für die EXPO 2000 konstruierte er den Christus-Pavillon.

Romano Guardini (1885-1968): Theologe, Religionsphilosoph und Jugendseelsorger, der die liturgische Bewegung ebenso prägte wie die Liturgiereform des Zweiten Vatikanums.

Thich Nhat Hanh (1926-2022) vietnamesischer Mönch des engagierten Buddhismus, der das buddhistische Zentrum Plum Village in Frankreich gründete. Autor von Lebensberatungs-Büchern.

Václav Havel (1936-2011): Letzter Staatspräsident der Tschechoslowakei (1989-1992), erster Staatspräsident der Tschechien Republik (1993-2003), während des Kommunismus einer der führenden Regimekritiker, Menschenrechtler, Dramatiker, Autor, setzte sich für die Aussöhnung von Tschechen und Deutschen ein.

Heinrich IV. (1050-1106): Römisch-deutscher König und Kaiser (1084-1105) aus dem Geschlecht der Salier, der vom Papst gekrönt wurde. In der Auseinandersetzung zwischen Papst und Kaiser, wer das eigentliche Oberhaupt der Christenheit sei, muss sich Heinrich im sogenannten »Bußgang nach Canossa« unterwerfen.

Sr. Henrika Dominika Bernier (1822-1907): Französische Ordensfrau, die den Dominikanermönch Johannes Josef Lataste dabei unterstützte, die Dominikanerinnen von Bethanien zu gründen.

Hanns Herpich (1934-2022): Textilkünstler, ehemaliger Professor für Textilkunst an der Nürnberger Kunstakademie.

Hildegard v. Bingen (um 1098-1179): Universell gebildete Benediktinerin, Mystikerin, Dichterin, Komponistin, Politikberaterin, Predigerin, Kirchenlehrerin und Heilige. Eine der bekanntesten Heiligen der Kirchengeschichte.

Hanna Hümmer (1910-1977): Musikerin und Sängerin, die gemeinsam mit ihrem Mann die Communität Christusbruderschaft Selbitz gründete und die wachsende Gemeinschaft vor allem spirituell und durch ihre Predigten prägte.

Walter Hümmer (1909-1972): Evangelischer Pfarrer, gründete gemeinsam mit seiner Frau Hanna die Communität Christusbruderschaft Selbitz, die er geistlich und wirtschaftlich leitete.

Ignatius von Loyola (1491-1556): Der spanische Heilige gründete die »Societas Jesu«, den Jesuitenorden, der sich insbesondere dem Papst verpflichtet fühlte und zu einer Erneuerung der römisch-katholischen Kirche nach der Reformation beitragen wollte. Ignatius prägte eine eigene Mystik, die sich in Exerzitien, in besonderen geistlichen Übungen zeigt.

Rainer Maria Jilg (1978): Deutscher Fernsehmoderator, für RTL, 3sat, ZDFkultur, den Bayerischen Rundfunk und den SWR tätig. Gemeinsam mit Sr. Jordana begibt er sich auf eine Reise
nach Jerusalem. »Die Nonne und Herr Jilg« wird als dreiteilige Reportage 2012 von ZDFkultur ausgestrahlt.

Johannes XXIII. (1881-1963): Reformpapst (1958-1963), der 1962 das Zweite Vatikanische

Konzil einberief, um die römisch-katholische Kirche zu reformieren. Der in der ganzen Welt wegen seiner Leutseligkeit geschätzte Papst wurde 2014 heiliggesprochen.

Johann Baptist Jordan (1848-1918): Römisch-katholischer Priester, gründete 1888 mit Therese von Wüllenweber die Salvatorianerinnen. Sein geistliches Tagebuch gilt als Grundlage der salvatorianischen Spiritualität. Der sprachbegabte Priester wurde im Jahr 2021 von Papst Franziskus seliggesprochen.

Johannes-Paul II. (1920-2005): Polnischer Priester, Erzbischof und Kardinal. 1978 als erster Pole zum Papst gewählt. Seine Bedeutung liegt vor allem in seiner Versöhnungspolitik mit (post-)kommunistischen Regimen. Der Papst erließ 14 Enzykliken. In seinem Schreiben »Ordinatio Sacerdotalis« lehnte er die Frauenordination zum Priesteramt für alle Zeiten ab. 2014 heiliggesprochen.

Johannes der Täufer (um 30 n. Chr.): Jüdischer Bußprediger, Vorläufer und Unterstützer Jesus Christus, mit dem er im Neuen Testament eng verbunden ist. Taufte Jesus im Jordan.

Johannes vom Kreuz (1542-1591): Heiliger, der Teresa v. Ávila bei der Reform und Neugründung ihres Ordens unterstützte und selbst in schweren Konflikt mit der Amtskirche kam. Er gilt als einer der wichtigsten Kirchenlehrer der mystischen Theologie.

Jordan von Sachsen (um 1200-1237): Ab 1222 Ordensgeneral des Dominikanerordens in Paris und Nachfolger des Heiligen Dominikus. Der Selige sorgte für eine fundierte Ausbildung der Mönche und gewann viele neue Ordensmitglieder.

Sr. Josefine Karoline von Fürstenberg-Stammheim, Mutter Josefine (1835-1895): Benediktinerin, seit 1863 Priorin, gründete ein Kloster in Viersen, stiftete 1890 aus ihrem Vermögen das Benediktinerinnenkloster in Köln, in dem sie kurz nach der Einweihung 1895 starb.

Karl V. (1500-1558): Kaiser des Heiligen Römischen Reiches Deutscher Nation, der angetreten war, die Reformation zu verhindern, was ihm misslang. Reichsstände stellten sich auf die Seite Martin Luthers und sicherten ihm wie der sächsische Kurfürst Friedrich der Weise freies Geleit.

Katharina von Siena (1347-1380): Italienische Mystikerin und Heilige, die Papst Gregor XI. 1376 überzeugte, von Avignon nach Rom zurückzukehren. Kirchenlehrerin und Patronin Europas.

Klara von Assisi (um 1193-1253): Italienische Heilige, die unter dem Einfluss von Franz von Assisi den kontemplativen Orden der Klarissen gründete, die zur franziskanischen Familie gehören.

Johannes Josef Lataste (1832-1869): Französischer Dominikaner, der wegen seines Engagements in der Gefängnisseelsorge auch als »Apostel der Gefängnisse« genannt wird. Gründete gemeinsam mit der Ordensfrau Henrika Dominika Bernier 1866 die Dominikanerinnen von Bethanien, um strafentlassenen Frauen als Ordensschwestern eine neue Perspektive zu bieten.

Martin Luther (1483-1546): Deutscher Augustinermönch und Theologie-Professor an der Universität Wittenberg. Er berief sich auf die Gnadenlehre und kritisierte die römisch-katholische Kirche insbesondere wegen ihres Ablasshandels. Er musste sich auf dem Reichstag von Worms für seine Thesen rechtfertigen. Mit seiner Kirchenkritik löste er die Reformation aus, die zu einer Spaltung der Kirche in Protestantismus und Katholizismus erfolgte. Seine Bibelübersetzung ins Deutsche war nicht nur von fundamentaler Bedeutung für die weitere Kirchengeschichte, sondern prägt auch die deutsche Sprache maßgeblich.

Maria Magdalena: Weggefährtin von Jesus Christus, die laut Neuem Testament das leere Grab vorfand und Zeugin seiner Auferstehung wurde. Seit dem 4. Jhd. wird die Heilige als Prostituierte dargestellt, wofür es in der Bibel keinen Anhaltspunkt gibt.

Sr. Maria Theresia Scherer (1825-1888). Schweizer Ordensfrau und Lehrerin. Die Selige wurde erste Generaloberin der Barmherzigen Schwestern vom heiligen Kreuz und führte den Orden nach dem frühen Tod von Pater Theodosius Florentini weiter, den sie entschuldete.

Sr. Maria-Theresia, Dr. Berta Vorbach (1911-1970): Unbeschuhte Karmelitin, Priorin des Karmels St. Joseph in Bonn, siedelt während der Bauarbeiten in das von ihr initiierte Karmel in Dachau um.

Sr. Maria Mazzarello (1837-1881): Italienische Ordensfrau, gründete gemeinsam mit dem Priester Don Bosco 1872 die »Töchter Mariens Hilfe der Christen«, die auch Don Bosco Schwestern genannt werden. 1951 von Papst Pius XII. heiliggesprochen.

Sr. Maria von den Aposteln, Therese von Wüllenweber (1833-1907): Römisch-katholische Ordensfrau, die gemeinsam mit Johann Baptist Jordan 1888 den Frauenorden der Salvatorianerinnen gründete. Sie wurde 1968 von Papst Paul VI. seliggesprochen.

Max Mannheimer (1920-2016): Kaufmann, Schriftsteller und Maler, der sich als Auschwitz-Überlebender für Versöhnung einsetzte. Ab 1990 Präsident der Lagergemeinschaft Dachau, seit 1995 Vizepräsident des Internationalen Dachau Komitees.

Angela Merici (1474-1540): Die italienische Heilige gründete den römisch-katholischen Frauenorden der Ursulinen, der sich als Schulorden für eine verbesserte Mädchenbildung einsetze.

Joachim Meisner (1933-2017): Römisch-katholischer Theologe, Erzbischof, Kardinal.

Meister Dōgen (1200 bis 1253 n. Chr.): Japanischer, buddhistischer Mönch, der als Begründer des Sōtō-Zen gilt, der sich aus dem chinesischen Chan-Buddhismus entwickelte.

Thabo Mbeki (1942): Südafrikanischer Politiker, von 1999-2008 Präsident von Südafrika, leugnete die AIDS-Erkrankungen in seinem Land.

Paul Josef Nardini (1821-1862): Priester, Stadtpfarrer von Pirmasens. Gründer der Armen Franziskanerinnen von der Heiligen Familie, 2006 seliggesprochen.

Johannes Neuhäusler (1888-1973): Weihbischof im Erzbistum München und Freising, Sonderhäftling in Dachau.

Sr. Nicole Grochowina (1972): Historikerin und evangelische Ordensschwester der Communität Christusbruderschaft Selbitz.

Hannah Nydahl (1946-2007): Lehrerin der buddhistischen Karma-Kagyü-Linie, verbreitete gemeinsam mit ihrem Mann den Diamantweg. 2018 setzte sich ein Dokumentarfilm mit ihrem Leben auseinander.

Ole Nydahl (1941): Dänischer Gründer und Lehrer des buddhistischen Diamantwegs der Karma-Kagyü-Linie, errichtete über 600 Zentren, wegen seiner rechtsradikalen Äußerungen in der Kritik.

Otto III. (980-1002): Deutscher König aus dem Geschlecht der Ottonen, 996 in Rom zum Deutschen Kaiser gekrönt.

Pachomios (um 292-346): Ägyptischer Mönch und Heiliger, der eines der ersten christlichen Klöster gründete.

Paul VI. (1897-1978): Ab 1963 Papst, der das Zweite Vatikanische Konzil beendete und damit eine Erneuerung der Kirche ermöglichte, wie die Abkehr von der lateinischen Messe. Bis heute umstritten ist seine Enzyklika »Humanae Vitae« mit der er jeder Form der Empfängnisverhütung eine Absage erteilte. Paul VI. wurde 2018 heiliggesprochen.

Ilka Piepgras (1964): Journalistin, Redakteurin »ZEIT-Magazin«, Sachbuchautorin u. a. von »Meine Freundin, die Nonne«; »Das Tier meines Lebens«.

Pius IX. (1792-1878): Papst von 1846-1878, auf ihn geht das Dogma von der »Unbefleckten Empfängnis Mariens« zurück. In der Enzyklika »Quanta cura« wendete er sich gegen die »Hauptirrtümer seiner Zeit«, worunter er u.a. die Pressefreiheit und den Liberalismus fasste. Das von ihm einberufene Erste Vatikanische Konzil bestätigte die These von der Unfehlbarkeit des Papstes in Glaubens- und Moralfragen sowie die oberste Leitungsgewalt des Pontifex in der Kirche.

Stephanie Guiot du Ponteil (1830-1886): Stifterin, Philanthropin, erbte als einzige Nachkommin ihres Bankiervaters ein großes Vermögen. Da ihre Ehe kinderlos blieb, stiftete sie ihr Vermögen der Evangelischen Diakonissenanstalt Augsburg.

Ranjung Rigpe Dorje (1924-1981): Oberhaupt, 16. Gyalwa Karmapa der Karma-Kagyü-Linie des tibetischen Buddhismus. Er ordinierte seit den sechziger Jahren buddhistische Nonnen, vornehmlich aus dem Westen.

Johannes-Wilhelm Rörig (1959): Unabhängiger Beauftragter für Fragen des sexuellen Kindesmissbrauchs (2011-2022).

Luigi Rulla (1922-2002): Römisch-katholischer Priester, Buchautor und Psychotherapeut, der über christliche Berufungen publizierte und ein psychologisches Institut an der Päpstlichen Universität in Rom gründete, das er als Direktor leitete.

Scholastika von Nursia (um 480-um 542): Zwillingsschwester von Benedikt von Nursia, lebte ebenfalls in einem Kloster, auf sie sollen die Benediktinerinnen zurückgehen.

Siddhartha Gautama (563-483 v. Chr.): Nachdem er sein reiches Elternhaus in Nepal verlassen hatte, gelangte er mit 35 Jahren meditierend unter einem Feigenbaum zur Erkenntnis aller Dinge. Er begründete den Buddhismus, der sich vor allem in Asien ausbreitete und gilt als erster Buddha, der den Menschen half, sich vom Leid zu befreien und in Frieden zu leben.

Filippo Sega (1537-1596): Katholischer Bischof und seit 1591 Kardinal, Diplomat in Wien, Prag, Spanien, Frankreich und Flandern.

Taisen Deshimaru Roshi (1914-1982): Japanischer Zen-Meister und Mönch, der den ersten Zen-Tempel in Europa gründete

Tenzin Gyatso (1935): 14. Dalai Lama, buddhistischer Mönch, Linienhalter der Gelug-Schule des tibetischen Buddhismus, gilt als geistiges Oberhaupt der Tibeter. Er trat 2011 von seinen politischen Ämtern zurück. 1989 wurde ihm der Nobelpreis verliehen.

Teresa v. Ávila (1515-1582): Heilige, Schutzpatronin Spaniens, Mystikerin, Kirchenlehrerin und Gründerin des Reformordens der unbeschuhten Karmelitinnen.

Sr. Teresa Benedicta, Edith Stein (1891-1942): Jüdische Philosophin, die 1933 als Nonne bei den unbeschuhten Karmelitinnen eintrat und im KZ Auschwitz ermordet wurde. In der römisch-katholischen Kirche als Heilige und Märtyrin verehrt.

Thérèse v. Lisieux (1873-1897): Französische unbeschuhte Karmelitin, die in der römisch-katholischen Kirche als Heilige und Kirchenlehrerin verehrt wird.

Sr. Ulrika Nisch (1882-1913): Selige des Klosters Hegne, die dort als Küchenschwester arbeitete und deshalb auch als Mystikerin der Küchentöpfe bezeichnet wird.

Vinzenz von Paul (1581-1660): Heiliger, der als Begründer der modernen Caritas gilt, da er in Frankreich zahlreiche soziale Einrichtungen im Bereich der Kranken- und Armenpflege schuf. Er gilt als Mitbegründer der vinzentinischen Familie.

Mary Ward (1585-1645): Englische Ordensfrau, die sich in der Mädchenbildung engagierte.

Sie gründete 1609 eine Frauengemeinschaft, um nach jesuitischen Regeln zu leben. Erst 1703 erhielten die »Englischen Fräulein« die päpstliche Anerkennung.

Wei Chueh (1928-2016): Chinesischer Mönch in Taiwan, gründete 1987 den Chung Tai Shan-Orden.

Josef Wiedemann (1910-2001): Architekt und Professor an der TU München, nach dessen Plänen das Karmel Dachau gebaut wurde.

Rainer Maria Woelki (1956): Theologe, Priester, ab 2012 Kardinal und seit 2014 Erzbischof in Köln. Wegen seines Verhaltens im Missbrauchsskandal kam es zu einer Vertrauenskrise im Erzbistum. Über sein Angebot eines Amtsverzichtes hat der Papst noch nicht entschieden.

Literaturverzeichnis

Ackermann, Lea: Der Kampf geht weiter. Damit Frauen in Würde leben können. Pathos Verlag 2017.

Allione, Tsültrim: Tibets weise Frauen. Zeugnisse weiblichen Erwachens. Goldmann-Verlag 2015.

Altmann, Petra: Starke Frauen aus dem Kloster. Zehn Ordensschwestern im Porträt. Präsenz Verlag 2011.

Altmann, Petra: Wie Mönche und Nonnen leben. Vier-Türme-Verlag 2009.

Altmann, Petra: Die 101 wichtigsten Fragen: Orden und Klosterleben. Mit Antworten von Abtprimas Notker Wolf. Beck'sche Reihe 2011.

Baker, Esther: Ich war eine buddhistische Nonne. Mein Weg vom Nirwana zu Christus. fontis-Brunnen 2011.

Boeck, Christiane: Selbstbewusst im Kloster. Nonnen sprechen über ihr Leben. Kösel-Verlag 1996.

Boeck, Christiane: Himmlische Schwestern. Nonnen heute: Zehn Porträts. Evangelische Verlagsanstalt 2007.

Booth, Anne: Kleine Wunder. Drei Nonnen versuchen ihr Kloster zu retten. Ullstein 2022.

Bossard-Kälin, Susanne; Hanner, Christoph: Im Fahr. Die Klosterfrauen erzählen aus ihrem Leben. Hier und jetzt Verlag 2018.

Boßler, Elija: Karmel Heilig Blut Dachau, Kunstverlag Josef Fink 2021.

Brem, Maria Hildegard: Zweite Liebe? Geistliche Lebenswenden. Bernardus Verlag 2016.

Bremer, Thomas u. a. (Hg.): Orthodoxie in Deutschland. Aschendorff Verlag 2016.

Caplow, Florence; Moon, Susan, Hg.: Das verborgene Licht. 100 Geschichten erwachter Frauen aus 2500 Jahren, betrachtet von (Zen-)Frauen heute. edition steinrich 2016.

Chavanne, Johannes Paul: Wie der Himmel klingt. Styria Buchverlag 2022.

Clévenont, Michel: Große Ordensleute. Topos Premium 2018.

Curb, Rosemary; Manahan, Nancy: Die ungehorsamen Bräute Christi: Lesbische Nonnen brechen das Schweigen. Knaur Taschenbücher 2018.

Dachs, Karin: Die Nonnenfrau. Ein ungewöhnlicher Weg. edition riedenburg 2009.

Dahmen, Ute: Sonnengesang. Unser Kloster ist die Welt. Wie Ordensfrauen heute leben, lieben, glauben und in die Zukunft gehen. 150 Jahre Franziskanerinnen vom Göttlichen Herzen Jesu. Herder-Verlag 2016.

Dalai Lama, Desmond Tutu: Das Buch der Freude. Random House 2016.

Dalai Lama: Die vier edlen Wahrheiten. Die Grundlage buddhistischer Praxis. Fischer Verlag 2014.

David, John: Gesichter der Freiheit. Zehn spirituelle Lehrer und ihre faszinierenden Lebenswege. Open Sky Press 2020.

Demel, Sabine: Frauen und kirchliches Amt. Grundlagen – Grenzen – Möglichkeiten. Herder-Verlag 2021.

Diderot, Denis: La Religieuse. Flammarion 2009.

Eckholt, Margit: Frauen in der Kirche. Zwischen Entmächtigung und Ermächtigung. Franziskanische Akzente. Echter 2020.

Eco, Umberto: Der Name der Rose. Dtv 1982.

Fässler, Thomas; Steiner, Philipp: Himmelsstürmer – Berufungsguide zum Ordensleben. Herder-Verlag 2021.

Farley, Margaret A.: Verdammter Sex. Für eine neue christliche Sexualmoral. wbg Theiss 2015.

Florin, Christiane: Trotzdem! Wie ich versuche, katholisch zu bleiben. Kösel-Verlag 2020.

Florin, Christiane: Der Weiberaufstand. Warum Frauen in der katholischen Kirche mehr Macht brauchen. Kösel-Verlag, 3. Aufl. 2017.

Freudenberg, Katharina: Kloster Volkenroda 1990-2001. Westdeutsche Kommunitäten in einem ostdeutschen Dorf. Evangelische Verlagsanstalt Leipzig, 2. Aufl. 2016.

Frings, Thomas; Kohlhaas, Emmanuela: Ungehorsam. Eine Zerreißprobe. Herder-Verlag 2021.
Ganz, Katharina: Frauen stören. Und ohne sie hat Kirche keine Zukunft. Echter Verlag 2021.
George, Carolin: Und dann kam Gott. Warum ich Glaube nie brauchte – und mich mit 42 konfirmieren ließ. Brunnen Verlag 2021.
Görlich, Jutta; Rose, Ulrike Maria (Hg.): Klosterfrauen. Frauenkloster. Eine künstlerische Untersuchung zu Frauenklöstern im Wandel. Jovis Verlag 2022.
Gruber, Roswitha: Unglaubliches Schicksal einer Nonne. Rosenheimer 2020.
Grün, Anselm: Was gutes Leben ist. Eine Orientierung in herausfordernden Zeiten. Herder-Verlag 2020.
Haas, Michaela: Buddhas furchtlose Töchter. 12 außergewöhnliche Frauen, die den heutigen Buddhismus prägen. Knaur Verlag 2017.
Halik, Tomáš: Die Zeit der leeren Kirchen. Von der Krise zur Vertiefung des Glaubens. Herder-Verlag 2021.
Hanh, Thich Nhat: Wie Siddharta zum Buddha wurde. Eine Einführung in den Buddhismus. O.W. Barth 2020.
Hanh, Thich Nhat: Das Wunder der Achtsamkeit. Theseus 2009.
Herrmann, Alfred: Sich Gott nähern. Frauenorden in Deutschland. Bonifatius 2017.
Hertewich, Ursula; Kussin, Mirko: ZweiSichten: Gedanken über Gott und die Welt. Adeo 2018.
Howley, Adrienne: The naked Buddha. A practical guide to the Buddha´s Life and Teachings. Da Capo Livelong books 2003.
Imbach Josef: Die geheimnisvolle Welt der Klöster. Was Mönche und Nonnen zum Rückzug aus der Welt bewegt. Topos 2015.
Keuler, Dorothea: Beherzte Schwestern. Südwestdeutsche Klosterfrauen aus sechs Jahrhunderten. Silberburg 2016.
Khema, Ayya: Ich schenke euch mein Leben. Die Lebensgeschichte einer deutschen Buddhistin. Jhana-Verlag 2012.
Khema, Ayya, Chödrön, Pema: Offenes Herz – mutiger Geist. Die Kraft buddhistischer Nonnen für den Westen. Jhana Verlag 2004.
Kirchinger, Johann: Kinder, Küche, Krankenzimmer. Ordensschwestern auf dem Land. Volk Verlag 2014.
Kluitmann, Katharina: Die Letzte macht das Licht an? Eine psychologische Untersuchung zur Situation junger Frauen in apostolisch-tätigen Ordensgemeinschaften in Deutschland. dialog verlag 2007.
Kluitmann, Katharina: Wachsen – über mich hinaus. Echter 2021.
Kohlhaas, Emmanuela: Die neue Kunst des Leitens. Wie Menschen sich entfalten können. Top-Down war gestern. Herder Verlag 2022.
KZ-Gedenkstätte Dachau. Das Überleben Festhalten. Fotoportraits von Elija Boßler. Begleitband zur Ausstellung mit biografischen Texten. Dachau 2013.
Kötter, Lisa: Schweigen war gestern: Maria 2.0 – Der Aufstand der Frauen in der katholischen Kirche. Benel 2021.
Kreidler-Kos, Martina; Kuster, Nikolaus: Bruder Feuer und Schwester Licht. Franz und Klara von Assisi. Patmos 2021.
Kruip, Gerhard; Prcela, Frano (Hg.): Die Zukunft der Orden. Echter Verlag 2016.
Leimgruber, Ute: Avantgarde in der Krise: Eine pastoraltheologische Ortsbestimmung der Frauenorden nach dem Zweiten Vatikanischen Konzil. Herder-Verlag 2011.
Leimgruber, Ute: Frauenklöster – Klosterfrauen. Leben in Ordensgemeinschaften heute. Matthias-Grünewald Verlag 2008.
Leimgruber, Ute: Catholic Women. (Hg.) Menschen aus aller Welt für eine gerechtere Kirche. Echter 2021.
Lenzen, Majella: Das möge Gott verhüten: Warum ich keine Nonne mehr sein kann. Dumont Buchverlag 2017.

Lüdecke, Norbert: Die Täuschung. Haben Katholiken die Kirche, die sie verdienen? wgb Theiss 2021.

Ma, Dipa: Die furchtlose Tochter des Buddhas. Arbor Verlag 2004.

Mackenzie, Vicki: Das Licht, das keinen Schatten wirft. Die außergewöhnliche Lebensgeschichte von Tenzin Palmo. Theseus Verlag 2017.

Manzoni, Alessandro: Die Nonne von Monza. Classic edition 2013.

Martel, Frédéric: Sodom. Macht, Homosexualität und Doppelmoral im Vatikan. S. Fischer Verlag 2019.

Mende, Stephanie: Um Gottes willen. Warum Menschen heute ins Kloster gehen. Adeo 2020.

Mesrian, Maria; Kötter, Lisa: Entmachtet diese Kirche und gebt sie den Menschen zurück. bene! 2021.

Murcott, Susan: First Buddhist Women. Poems and Stories of Awakening. Parallax Press 2006.

Nghiem, Sister Dang: Ich war einmal ein Fluss. Mein Weg von der Ärztin zur buddhistischen Nonne. Theseus Verlag 2012.

Nonn, Nikolaus: Tage im Kloster. Topos Taschenbücher 2011.

Nouwen, Henri J. M.: Ich hörte auf die Stille. Sieben Monate im Kloster. Herder-Verlag 2018.

Annalena Muller (Hg.), Nonnen. Starke Frauen im Mittelalter. Religiöse Lebensformen der Frauen im Mittelalter. Hatje Cantz, Katalog 2020.

Ohler, Norbert: Mönche und Nonnen im Mittelalter. Patmos 2008.

Palmo, Gelongma Lama: Shangrila meines Herzens. Mein Weg zur buddhistischen Priesterin. Rütten + Löning 2012.

Palmo, Tenzin: Weibliche Weisheit vom Dach der Welt. Arbor Verlag 2007.

Peters, Veronika: Was in zwei Koffer passt. Klosterjahre. Goldmann 2007.

Piepgras, Ilka: Meine Freundin, die Nonne. Knaur 2011.

Pollner, Agnes: Die weibliche Seite des Buddha. Ein Lesebuch. Theseus 2010.

Priesmeier, Christian: Geistliche Gemeinschaften und Kommunitäten in den evangelischen Kirchen Deutschlands. Diskurs über Spannungsfelder innerhalb der reformatorischen Tradition. BoD 2019.

Quartier, Thomas: Rituale Leben: Suchbewegungen im Mönchtum. Echter 2021.

Rath, Philippa: »Weil Gott es so will« – Frauen erzählen von ihrer Berufung zur Diakonin und Priesterin. Herder 2021.

Rath, Philippa; Hose, Burkhard (Hg.): Frauen ins Amt! Männer der Kirche solidarisieren sich. Herder Verlag 2022.

Reisinger, Doris; Röhl, Christoph: Nur die Wahrheit rettet. Der Missbrauch in der katholischen Kirche und das System Ratzinger. Piper 2021.

Rothe, Wolfgang: Missbrauchte Kirche. Eine Abrechnung mit der katholischen Sexualmoral und ihren Verfechtern. Droemer 2021.

Rothe, Wolfgang (Hg.): Gewollt. Geliebt. Gesegnet. Queer-Sein in der katholischen Kirche. Herder-Verlag 2022.

Rut-Maria, Schwester: Auch Nonnen haben Parkplatzprobleme. Mein Leben im Kloster. Herder-Verlag 2009.

Rutschmann, Myriam: Andere Weiblichkeiten. Biographische Geschlechter (re)konstruktionen katholischer Ordensschwestern. Transcript 2015.

Schießler, Rainer M.; Alof, Stephan Maria: Seid ihr noch zu retten?! Einfach mal machen und so Kirche verändern. bene! 2022.

Schireson, Grace: Zenfrauen. Jenseits von Teedamen, Eisernen Jungfrauen und Macho-Meisterinnen. edition steinrich 2014.

Schlotheuber, Eva: Klostereintritt und Bildung. Mohr Siebeck 2004.

Schmidt, Jordana; Rohmann, Iris: Auf einen Tee in der Wüste. 11.000 Kilometer bis Jerusalem. Rowohlt Taschenbuch Verlag, 15. Aufl. 2019.

Schmidt, Jordana; Rohmann, Iris: Ente zu verschenken. Barfuß auf dem Weg zu mir selbst. Rowohlt Taschenbuch Verlag, 2015.

Schmitt, Hanspeter (Hg.): Kirche, reformiere dich! Anstöße aus den Orden. Herder-Verlag 2019.

Schnabel, Nikodemus; Hellen, Sascha:

#FragEinenMönch. 100 Fragen (und unzensierte Antworten). adeo Verlag 2021.

Schnabel, Pater Nikodemus: Zuhause im Niemandsland. Mein Leben im Kloster zwischen Israel und Palästina. Herbig-Verlag 2019.

Schridde, Katharina: … und plötzlich Nonne. Herder-Verlag 2009.

Siegel, Anne: Die Ehrwürdige. Kelsang Wangmo aus Deutschland wird zur ersten weiblichen Gelehrten des tibetischen Buddhismus. Benevento Publishing 2017.

Slade, Emma: Befreit. Von der Bankerin zur buddhistischen Nonne. Kösel-Verlag 2018.

Slouk, Monika; Mayrhofer Beatrix (Hg.): »Ein bisserl fromm waren wir auch.« Styria Premium 2016.

Sturm, Andreas: Ich muss raus aus dieser Kirche. Weil ich Mensch bleiben will. Herder-Verlag 2022.

Tannier, Kankyo: Danser au milieu du chaos. Secrets d´une nonne bouddhiste. Flammarion 2021.

Theodosius Akademie der Stiftung Kloster Hegne (Hg.): Kloster Hegne. Einblicke in Geschichte und Gegenwart. Beuroner Kunstverlag 2020.

Tsedroen, Jampa; Mohr, Thea (Hg.): Mit Würde und Beharrlichkeit: Die Erneuerung buddhistischer Nonnenorden. edition steinrich, 2011.

Vorburger, Esther: Ordensschwestern in der Ostschweiz im 20. Jahrhundert. Theologischer Verlag Zürich 2018.

Vorburger-Bossart, Esther: Lebensgeschichten von religiösen Frauen im 20. Jahrhundert. Eine Analyse identitätsgeschichtlicher Themen. Theologischer Verlag Zürich 2020.

Wagner, Doris: Nicht mehr ich. Die wahre Geschichte einer jungen Ordensfrau. Knaur TB 2016.

Wagner, Doris: Spiritueller Missbrauch in der katholischen Kirche. Herder-Verlag 2019.

Wagner, Doris; Schönborn, Christoph: Schuld und Verantwortung. Ein Gespräch über Macht und Missbrauch in der katholischen Kirche. Herder-Verlag 2019.

Warmuth, Marco; Pruschmann, Tina: Gottgewollt. Das Leben der Ordensschwestern von der heiligen Elisabeth. Mitteldeutscher Verlag 2019.

Waskönig, Dagmar Doko (Hg.): Mein Weg zum Buddhismus. Deutsche Buddhisten erzählen ihre Geschichte. Scherz Verlag 2003.

Wetzel, Sylvia: Das Herz des Lotus. Frauen und Buddhismus. edition steinrich New Edition. 2018.

Wiesche, Anna-Maria aus der; Lilie, Frank (Hg.): Kloster auf evangelisch. Berichte aus dem gemeinsamen Leben. Vier-Türme-Verlag, 2. Aufl. 2017.

Wolf, Hubert: Die Nonnen von Sant'Ambrogio. Eine wahre Geschichte. C.H. Beck 2013.

Wolf, Hubert: Der Unfehlbare. Pius IX. und die Erfindung des Katholizismus im 19. Jahrhundert. C.H. Beck Verlag 2020.

Zischler, Hanns: Meine spirituelle Autobiografie. Hörbuch 2009.

Abbildungsnachweis

Seite 22: Sr. Elija Boßler, Karmel Heilig Blut Dachau, Foto: »Titelbild« für den Film »Dachauer Dialoge« von Michael Bernstein und Marina Maisel, © Michael Bernstein und Marina Maisel.

Seite 36: Äbtissin Sr. Francesca Šimuniová, Abtei Venio, Foto: Sr. Teresa Spika, © Abtei Venio.

Seite 46: Sr. Katharina Kluitmann, Franziskanerinnen von Lüdinghausen, Foto: Jule Lauterbach, © Sr. Katharina Kluitmann

Seite 58: Sr. Anne Strubel, Mallersdorfer Schwestern, Foto: Kloster Mallersdorf, © Kloster Mallersdorf.

Seite 64: Lama Yeshe Sangmo, Buddhistisches Studien und Meditationszentrum Dharmazentrum-Möhra, Foto: Dhagpo Möhra, © Buddhistisches Studien und Meditationszentrum Dharmazentrum-Möhra.

Seite 72: Sr. Jordana Schmidt, Dominikanerinnen von Bethanien, Foto: © Andreas Kühlken

Seite 86: Sr. Maria Fokter, Missionarinnen Christi, Foto: © Maria Fokter.

Seite 96: Äbtissin Dr. Eva v. Westerholt, Kloster Walsrode, Foto: © Dr. Eva v. Westerholt.

Seite 106: Sr. Gisela Porges, Don Bosco Schwestern, Foto: © Don Bosco Schwestern

Seite 112: Shifu Simplicity, Miao Fa Zentrum für Meditation und Chan Buddhismus, Foto: © Miao Fa Zentrum.

Seite 120: Ulrike Köhler, Jesus-Bruderschaft Kloster Volkenroda e.V., Foto: Mirjam Beitz, © Jesus-Bruderschaft

Seite 130: Äbtissin Diodora, Heiliges Orthodoxes Kloster »Dionysios Trikkis & Stagon«, Foto: © Heiliges Orthodoxes Kloster »Dionysios Trikkis & Stagon«.

Seite 144: Sr. Emmanuela Kohlhaas, Benediktinerinnen Köln, Foto: © Benediktinerinnen Köln.

Seite 154: Sr. Maria Schlackl, Salvatorianerin, Foto: © Maria Schlackl.

Seite 162: Priorin Sr. Birgit-Marie Henniger, Communität Christusbruderschaft Selbitz, Foto: © Kloster Selbitz.

Seite 172: Sr. Josefa Maria Grießhaber, Barmherzige Schwestern vom heiligen Vinzenz vom Paul, Foto: © Barmherzige Schwestern.

Seite 180: Ulrike Kühn & Sr. Erika, Evangelische Diakonissenanstalt Augsburg, Foto: © Evangelische Diakonissenanstalt Augsburg.

Seite 190: Ayya Phalañyānī, Aneñja Vihāra, Foto: © Aneñja Vihāra.

Seite 200: Sr. Maria Paola Zinniel, Barmherzige Schwestern vom heiligen Kreuz, Kloster Hegne, Foto: © Kloster Hegne.

Seite 214: Dagmar Doko Waskönig, Zen Dojo Shobogendo, Foto: © Archiv Waskönig.

Seite 222: Mutter Ancilla Betting, Zisterzienserinnen Kloster Marienkron, Foto: © Kloster Marienkron.

S. 234: Sr. Josefa Thusbach und Ulrike Rose, Schlehdorf, © Ulrike Rose